KB234166

내일도 무사히
출근했습니다

내일도 무사히 출근했습니다

우경명 지음

내 인생 목표 중 하나는 죽기 전에 책을 쓰는 것이었다. 평생 몸담았던 경영 관련 책이 아니라 자서전 형식의 TV 드라마용 시나리오를 써보는 것이 목표였는데, 드라마 시나리오까지는 아니더라도 직장생활에서 얻은 나름의 경험과 시행착오들을 엮어 이렇게 글을 쓰게 되었으니 다행이다. 믿을 만한 사람인지 내 이야기로 시작하는 것이 순서일 것이다. 직장생활이 35년이 넘었으니 이 책을 읽을 젊은 세대들과의 세월 차이로 다소 어색하게 느껴지는 내용들도 있겠으나 '꼰대'도 좋고, '직장생활 왕 선배'로 봐도 좋다. 지금 무엇인가로 힘들어하는 당신에게 딱 필요한 그것을 이 책에서 찾을 수 있다면 나로서는 충분히 흐뭇할 것이다.

고등학교 3학년 무렵에야 전기가 들어왔던 완벽한 시골 촌놈 출신인 나는, 초등학교 시절 아버지의 사업실패와 함께 아무런 희망이나 목표 없이 학교에 다녔다. 어머니의 교육열 덕분에 고등학교에 갈 수 있었지만, 언감생심 대학교 진학을 포함해 장래에 대한 어떤 꿈도 가질 수 없었기 때문에 학교 수업에도 관심이 없었고 공부도 하지 않았다. 그러던 어느 날이었을까, 내 기억으로는 고등학교 2학년 2학기 방학이 끝난 직후였는데 문득 이렇게 살다가 혹시 나중에 내 자식들이 왜 대학에 못 갔느냐고 물으면 어떻게 대답하지? 싶은 마음이 들었다. 대학은 못 가더라도 성적은 좋아야 돈이 없어 대학에 못 갔다는 변명이라도 할 수 있을 것 같아 일단 공부라는 것을 시작했다. 그런데 막상 공부해보니까 새로운 것을 알아간다는 것이 너무 재미있었고, 매달 시험을 볼 때마다 내가 노력한 만큼 결과가 나타나니 신이 났다. 처음에는 전체 360명 중 240등 정도로 올랐다가 연말에는 60등 정도가 되었고, 졸업할 때는 10등 정도였던 것으로 기억한다.

그러나 늦은 공부로 기초가 부족했던 탓인지 그해 대학 입시에 실패해 결국 재수를 하게 되었고 다행히 다음해에 C 대학 약학과에 입학할 수 있었다. 신생 약학과여서 졸업 1기가 되는 바람에 사회에 나와서도 선배가 없어 나름 힘들었지만, 오히려 모든 약학계의 형님들을 선배로 생각하며 행동하는 계기가 되었다. 지금도 나를 걱정하고 응원해주는 분들이 많다.

졸업 후 모 대기업 중앙연구소에 입사했다. 병역특례혜택까지 받아 동기들보다 일찍 직장생활을 시작한 덕분에 어려운 가계를 책임질 수 있었다. 그러나 부모님의 빚과 무리하게 진행된 결혼으로 생긴 사채를 갚기에는 월급만으로는 턱없이 부족했다. 할 수 없이 6년 근무한 시점에서 퇴직을 결정했고 퇴직금으로 가계부채를 해결해 숨통을 튼 후 1988년에 모 제약회사로 이직하게 되었다.

입사 당시 매출액 60억 원이었던 회사였다. 24년 동안 근무하면서 새롭게 도입된 페니실린 항생제의 품질을 오리지널 제품보다 우수하게 개선시켰고, 국내에서 최초로 제네릭 제품 즉, 복제약으로 다국적 제약사의 오리지널 제품의 매출을 추월하는 사례를 만들어내었다. 또 90년대 초부터 일본 시장 개척

 프롤로그

에 일조하여 지금도 가장 경쟁력 있는 페니실린 의약품 공장을 운영 중이다. 24년 동안 매출 1000억 원의 회사가 되었으나, 내가 주도해서 설립하고 일본 수출을 개척한 계열회사의 매출이 500억 원을 달성한 시점에서 2세 오너와 코드가 맞지 않아 퇴사하고, 현재는 다른 중견기업 K사에서 6년째 근무 중이다.

34년 넘는 기업체 근무로 연구, 품질관리, 생산을 경험하고 복제약 페니실린제의 개발로 오리지널 제품을 이기는 데 기여했던 경험과 국내 및 일본의 OEM 영업을 개척했던 시절이 지금도 기억에 남는다. 이제 나이도 50대 후반을 넘어섰고 공장장 생활만 15년이 넘다 보니 점점 나의 관심사는 후진을 양성하고 공장의 전반적인 운영체계를 확립하여 누가 공장장이 되어도 시행착오를 겪지 않고 쉽게 적응하게 하는 것이 되었다.

언제부턴가 경영에 관심이 많아지면서 관련 서적을 읽고 공장운영에 반영하곤 했지만 정작 현장에서 구체적으로 적용하기 위해 필요한 내용은 많이 부족했고 대부분 이론적, 원칙적인 얘기만 나열되어 있었다. 회사의 배려로 속성 MBA 과정 등을 통해 만난 경영대 교수님들과 많은 대화를 해봤지만 회사 경영에 인재가 중요하다고 강조하면서도 구체적으로 어떻게 인재를 구하고 육성하는지에 대해서는 속 시원한 해답을 얻지 못했다. 원인을 분석한 결과 대부분의 경영학자들이 현장경험이 없다는 점을 발견하게 되었다. 현장에서 직접 생산하고 품질을 관리하고, 현장에서 인재를 구하고 키우고 문제점을 해결하는 등의 실무경험이 없는 사람들이 하는 말이 과연 현장에서 근무하는 사람들에게 얼마나 도움이 되겠는가 하는 의문이 들었다.

자연스레 내가 직접 현장의 경험을 중심으로 공장 경영 관련 책을 써보면 어떨까 싶은 생각이 들었고, 좋은 기회를 만나 여기까지 왔다. 물론 현장의 경험만을 토대로 쓴 책이기 때문에 이론적인 배경이 부족한 부분도 있을 것이다. 그러나 한 가지 확실한 것은 대부분의 내용이 나의 경험을 통해 검증되었다는 점이다. 당연히 경영서적에서 배운 것을 활용했지만, 공자님 말씀 같은 경영서적에서 찾지 못한 실마리를 현장의 경험에서 찾으려는 시도로 보면 좋겠다.

이 책은 소위 경영서 또는 리더십을 얘기하는 책이 아니다. 그간의 경험을 통해 공감하는 사람을 찾고 내 생각과 그분들의 생각을 합해 현장에서 유능한 인재들을 키우고, 상황을 개선하고, 모든 임직원들이 목표와 비전을 공유하고 함께 성공하길 바라는 마음을 담았다.

한때 모 대통령 덕분에 '아침형 인간'이라는 말이 유행했었다. 아침에 일찍 일어나면 여러 가지 좋은 점이 많다고 온 나라가 떠들썩하더니 언제부턴가 우리의 관심에서 사라졌다. 나는 전형적인 아침형 인간이다. 시골 출신인 관계로 중학교 때부터 첫차를 타기 위해 아침 5~6시면 일어나던 것이 습관이 되어서 40년이 넘도록 지속되고 있다. 지금도 아침 5시에 일어나고 아침을 먹은 후 6시면 집을 나서고 6시 30분경이면 직장에 도착한다. 당연히 내가 제일 먼저 출근한다. 출근시간보다 2시간 이르다.

늦잠 좀 자보려고 휴일에 맘먹고 누워있어 보면 채 한 시간도 지나지 않아 허리가 아파온다. 소위 말하는 머슴병인 모양이다. 그렇게 아팠던 허리가 일어나서 몇 걸음 걸으면 언제 그랬나 싶게 멀쩡해진다. 아침에 일찍 일어나면 참 좋은 점이 많다. 보통 회사에 출근하면 하루의 계획과 연락, 지시사항 등은 30~40분 정도면 대충 마무리된다. 아직 아무도 없고 전화 올 일도 없고 기계 돌아가는 소음도 없으니 업무에 집중하기에 제격이다. 더불어 아침운동으로 공장 주변을 걸으면서 밤사이 이상은 없는지 살펴보고 건강을 위해 4000보 정도를 걷는다. 매일 아침이 나에게는 늘 새로운 일이나 사고 등에 대한 기대로 즐겁고 신나는 시간이다. 아침에 현관에서 출근하는 직원들을 웃으면서 맞이하는 것도 큰 즐거움이다.

이 책을 읽는 모든 직장인들도 자신만의 삶의 모토를 가지고 즐겁게 살아갔으면 한다. 자신에게 가장 가치 있는 것들을 만끽하며 한 번뿐인 삶을 온전

히 자신의 것으로 만들어갔으면 한다. 그것이 내가 35년 동안 쉼 없이 전진할

수 있었던 큰 버팀목이었기 때문이다.

Part 1 성공한 직장인들의 핵심 가치: 조직의 생리

1장 직장인의 정의: 나에게 일과 조직이란 무엇인가?

2장 직장인으로 산다는 것: 조직의 기본 원리에 눈을 떠라

3장 프로 직장인이 되는 법: 사고의 전환 없이는 불가능한 것

Part 2 자기 혁신적 인재: 남다른 직업관의 목표 지향적 인재

4장 조직이 원하는 사람: 프로의식과 주인의식이 충만한 사람

5장 굿 스타팅의 조건: 향후 커리어에 대한 견고한 트랙 세팅

6장 목표의 정직함: 지금 생각하는 곳까지 갈 수 있다

Part 4 오래 가는 직장인: 학벌, 스펙, 배경을 초월하는 신뢰성, 준비성, 정치력

10장 능력 있는 관리자 : 부하가 조직에서 가장 신뢰하는 사람

11장 경영자 마인드 : 최고경영자를 이미지 트레이닝 하라

12장 정치력 트레이닝 : 자신의 진정한 가치를 구현하는 방법

PART 1

성공한 직장인들의 핵심가치

조직의 생리

당신이 자신의 인생을
열렬히 사랑하고 있다는 것을
주위의 모든 사람들이 알게 하는 것이
성공의 지름길이고 그것이
자기 인생의 주인공으로 사는 길이다.
그리고 항상 마음속으로 이렇게 외쳐보자.

"나는 대단한 사람이다!"

1장 직장인의 정의
나에게 일과 조직이란 무엇인가?

인재란 다음 세 가지를 만족하는 사람이라고 한다.

첫째, 일처리가 빠른 사람. 일처리가 빠르다는 것의 의미는 다분히 상대적이다. 보통은 주위의 동료나 선후배와 비교할 때 빠르다는 뜻이다. 물론 상사가 생각하는 처리 기한보다 항상 일찍 업무를 끝낼 수 있다면 확실하게 일처리가 빠른 사람이다. 팔다리만 빨라서 될 일이 아니다. 같은 업무를 처리하더라도 남들보다 더 많은 경우의 수를 생각하고 더 많은 궁리를 하고 누구에게 도움을 요청할지 여부를 판단하는 등 남다른 지혜와 열정이 필요하기 때문이다. 특히 신입사원처럼 경험이 많지 않은 사람이 일처리를 빠르게 하기 위해서는 누군가의 도움을 받는 것이 필요하며, 필요한 것이 무엇인지에 대해서 코칭해줄 사람을 빨리 만드는 것도 하나의 방법이 되겠다.

둘째, 생각이 긍정적인 사람. 생각이 긍정적이어야 한다는 의미는 항상 가능한 방법을 찾으려는 마음자세를 말한다. 대부분의 직원들은 어떤 업무를 지시하면 안 되는 이유를 대면서 어렵다고 한다. 기술적으로 어렵고, 비용도 필요하고, 인력도 부족하고 등등이다. 그러면 우리 직원들은 안 되는 것만 연구하려고 입사했나? 이런 직원들에게 되는 이유를 찾아보라고, 어떻게 하면 되겠는지를 물어보면 갑자기 벙어리가 된다. 그렇다. 긍정적인 마음을 가진다는 것이 생각보다는 매우 어렵다는 뜻이다. 누구나 처음 접하는 일, 새로운 일에 대해서는 본능적으로 두려움을 갖게 된다. 이것을 극복하는 것이 바로 용기와 젊은 패기인데 요즘은 이런 사람을 찾기가 점점 어려워지고 있다. 긍정적인 마음자세야말로 자신을 남들과 차별화시킬 수 있는 무기가 아닐까 한다.

셋째, 행동이 도전적인 사람. 행동이 도전적이어야 한다는 뜻은 과감하게 현장으로 달려가고, 도움을 요청할 사람에게 매달리고, 문제 해결을 위해 몸을 아끼지 않고 뛰는 것을 말한다. 새로운 업무가 맡겨지거나 문제가 발생하면 피하지 않고 몸으로 부딪치는 도전 정신을 가지고 있는 사람이다. 조직생활에서는 말만 앞세우는 사람보다는 행동으로 실행하는 사람이 필요하다. 특히 경력이 쌓이고 지위가 높아지면 게을러지고 행동으로 모범을 보이기 힘들어지는데, 행동이 도전적인 신입사원이 있다면 자기반성의 계기가 될 수도 있을 것이다.

이런 세 가지를 만족하는 직원이 있다면 무조건 핵심인재라고 말할 수 있다. 당연히 회사발전에 큰 역할을 할 준비가 되어 있는 직원이므로 회사 차원에서도 미래의 주인공으로 육성하는 것은 당연하다고 본다.

월급의 의미

─────────────── 신입사원들이 들으면 부럽다 싶겠지만 내 경우뿐만 아니라 다른 회사의 임원들과 대화를 해봐도 일정 이상의 지위가 되면 월급 액수에는 별 관심이 없어진다고 한다. 즉 이들의 동기부여 수단으로서 월급은

성공한 직장인들의 핵심 가치

더 이상 큰 의미가 없다는 뜻이다. 물론 월급 많이 준다는데 일부러 거절할 사람이야 없겠지만, 일정 지위 또는 일정 수준 이상의 월급을 받게 되면 물질적인 것 이상의 뭔가가 더 중요해진다는 의미일 것이다.

그런데 가만히 관찰해보면 조직 내에서 불평불만이 많은 사람일수록 월급에 대한 말을 많이 하는 경향이 있다. 그들은 '월급이 적다, 일한 만큼은 월급을 줘야 되는 것 아닌가?' 등 공공연하게 월급에 대한 불평불만을 전파하고 다닌다. 직원 교육 시에 월급의 의미에 대해서 꼭 하는 말이 있다. "회사는 직원들이 각자가 맡은 업무를 통해 회사가 원하는, 회사에 도움이 되는 일을 수행해서 궁극적으로 이익을 창출할 것이라는 전제하에 월급을 주는 것입니다."

그러므로 직원 자신이 좋아하는 일, 편한 일만을 하고자 한다면 월급을 받을 자격을 상실하게 된다는 뜻이다. 현실에서 만나는 대부분의 직원들은 아직도 회사가 원하는 일을 하기 싫어하는 것은 물론 자신이 좋아하는 일이나 자신 또는 자기 부서 위주의 일만을 하려는 경향이 있다. 또한 상사가 업무를 지시했을 때 이 일이 회사에 얼마나 도움이 될까를 생각하는 것이 아니라 나의 시간과 노력을 얼마나 투자해야 할지를 기준으로 판단하여 안 되거나 못하는 이유에 대해서만 열심히 찾고 있는 것처럼 보일 때도 있다.

처음 입사했을 때의 초심으로 돌아가 과연 지금의 나는 얼마나 초심과 멀어졌는지 생각해보자. 적어도 당신이 임원이 되고 경영자가 되고 싶은 생각이 있다면 더더욱 월급의 의미를 되새겨야 한다. 아직도 월급이 적어서 열심히 일하지 않는다고 주장하는 직원이 있다면 상사 입장에서 보면 퇴출 1순위로 생각할 수도 있다. 그런 직원이 과연 월급을 올려준다고 열심히 일할까? 먼저 열심히 일하라. 그러면 상사가 당신의 월급을 기꺼이 올려줄 것이다.

우리 회사는 매달 25일이 월급날이다. 나이를 먹어서 그런지 점점 월급날이 빨리 찾아오는 것 같다. 내가 처음 직장생활을 시작했을 때 한동안은 월급봉투에 담겨진 월급을 받았었다. 그때는 월급날이 되면 퇴근할 때 통닭이 담긴

종이 봉지와 월급봉투를 자랑스럽게 아내와 가족에게 내밀 수 있었고, 적어도 그날만은 가족들에게 수고했다는 말을 들을 수 있었던 행복한 기억이 있다. 지금은 월급이 은행계좌로 입금되기 때문에 과거의 영화(?)는 옛 추억이 되었지만 말이다.

월급날이 되면 나는 한 번씩 스스로에게 질문을 던지곤 한다. '너는 이 달에 월급 받기 미안하지는 않니? 월급을 당당하게 받을 수 있을 만큼 열심히 일했니?' 이 질문에 대한 나의 대답이 만족스럽지 않으면 적어도 다음 달에는 좀 더 열심히 노력해야겠다고 다짐한다. 사장님 입장에서 볼 때 월급이 아깝지 않은 임직원이라면 인정받고 있는 것일 터다. 이왕이면 내가 회사에 기여한 정도가 월급보다 크고 오히려 다른 직원의 월급을 주거나 또 다른 용도로 활용할 수 있을 만큼 넘친다면 회사나 나 자신을 위해서도 최선의 결과일 것이다.

지위가 높다고 무조건 월급을 많이 주는 것은 아니기 때문에 그렇다면 당연히 나 자신은 물론 내가 관리하는 직원들 모두가 월급 주기 아깝지 않은 직원으로 만들어야 할 의무가 있다고 생각한다. 임원이라면 적어도 자신의 연봉의 20배 정도는 회사에 기여해야 한다고 생각한다. 팀장도 자신의 연봉의 5배 정도는 기여해야 한다. 원가절감을 하거나 생산성을 향상시키거나 새로운 고객을 발굴하여 매출향상에 기여해야 하고, 항상 돈 되는 생각을 하고 모든 업무를 이익과 연계하여 판단하는 습관을 가져야 한다.

존재감

한때 모 연예 프로그램에서 일부 출연자의 존재감과 관련하여 '미친 존재감'이라는 말이 유행한 적이 있다. 존재감이란 결국 그 사람을 떠올렸을 때 생각나는 이미지 또는 평판이 아닐까 싶다. 좋은 것이나 혹은 나쁜 것이라도 아무것도 연상되지 않는다면 그야말로 그 사람은 존재감 자체

                                          성공한 직장인들의 핵심 가치

가 없다는 뜻이다. 부하직원들이 내 사무실을 방문하는 경우는 그리 흔하지 않다. 주로 잘못을 저질러서 혼나러 오거나 진행된 업무에 대해 보고하러 오거나 잘한 일에 대해서 칭찬받으러 오거나 가끔은 부서회식에 초대하러 오는 정도이다. 이렇다 보니 내 사무실을 찾아주는 직원들이 이유를 떠나서 고마울 수밖에 없다. 그래서 공장장으로 부임한 후 2년간 내 사무실을 방문하는 직원들에게 볼펜을 한 자루씩 제공했는데 확인해보니 약 200자루 정도가 되었다. 공장 직원이 약 350명이었고 이들 중 업무상 내 사무실을 방문할 일이 전혀 없을 것으로 생각되는 직원 100여 명을 제외하면 나머지 약 250명 중 절반 이상은 내가 주는 볼펜을 받았을 것이다.

문제는 아직도 내가 주는 볼펜을 받지 못한 직원들이다. 이들은 지난 2년간 나, 즉 공장장에게 혼날 일도, 칭찬받을 일도, 심지어는 면담 신청을 한 적도 없는 사람들인데 결국 존재감이 없는 '그 외 다수'에 해당하는 직원들이다. 이들 중에서 장차 회사를 이끌어나갈 인재를 찾을 수 있을까? 어떤 외국회사에서는 매년 인사고과 계절이 돌아오면 지난 한 해 동안 시도했으나 성과를 내지 못한 임직원보다 새로운 시도를 전혀 하지 않아 실패도 하지 않은 임직원의 경우 1순위로 해고한다고 한다. 실패가 없으니 책임질 것도 없고 적어도 중간은 갈 것이라는 안이한 생각을 가진 사람들이다.

깨어있는 조직이라면 이런 사람들을 방치해서는 안 된다. 만약 이런 사람들이 조직의 상층부에 위치한다면 그 조직의 미래는 상식적으로 봐도 암울하지 않을까? 잘 해보려고 나름대로 궁리하고 실행한 결과가 비록 회사에 손실을 끼쳤다 하더라도 장래의 더 큰 손실을 예방하고 일종의 수업료를 지불했다는 개념으로 시행착오를 권장한다면 오히려 조직의 창의력을 키우고 활력을 높일 수 있다고 생각한다.

내 인생의
주인공은 나

요즘 젊은 사람들과 대화하다 보면 가끔 이상한 생각이 들 때가 있다. 자기 얘기를 남의 얘기하는 것처럼 말할 때가 많기 때문이다. 자신이 노력했던 일인데도 결과가 나쁘면 남의 탓으로 돌린다거나 아무런 목표가 없는 사람처럼 행동하기도 한다. 내가 알고 있는 젊은이들 중에 뚜렷한 인생목표를 가지고 있는 사람을 거의 발견하지 못했다. 좋은 결과를 얻기 위해 일하는 것이 아니라, 실패를 남의 탓으로 돌리고 실패할 수밖에 없었던 이유를 찾으려 노력하는 것처럼 보이기도 한다.

영화나 드라마의 주인공을 생각해보자. 출연한 영화나 드라마가 성공하면 가장 크게 혜택을 받는 즉, 금전적으로나 인기를 얻는 사람은 당연히 그 누구도 아닌 주인공일 것이다. 그런데 주인공이 영화 촬영 내내 자기 생각만 하고 조연이나 스태프들을 배려하지 않고 사사건건 남 탓만 한다고 가정해보라. 과연 그 영화가 성공할 수 있을까. 그 영화가 실패한다면 가장 크게 피해를 보는 사람 역시 주인공이 아닐까. 그러므로 주인공으로 발탁된 연기자는 영화 촬영 내내 자신은 물론 조연, 단역 출연자, 나아가서 모든 스태프들과 좋은 팀워크를 유지하고 최고의 결과를 만들어내기 위해 최선을 다해야 한다. 그렇게 해도 성공한다는 보장이 없기 때문에 아마 목숨 걸고 노력해야 할지도 모른다. 이런 노력과 열정의 결과로 스타가 탄생한다고 생각한다.

개인의 인생도 마찬가지다. 내 인생의 주인공은 바로 나다. 나 이외의 사람들, 직장에서의 상사, 동료, 부하, 가정의 가족, 친척 그리고 친구들은 모두 내 인생의 성공을 도와줄 조연이고 단역 연기자이고 스태프들이다. 그렇다면 내 인생의 성공을 위해서는 나뿐 아니라 내 주위의 모든 사람들이 함께 노력해야 하고, 그들이 노력하게 하려면 나 역시 그들에게 진정성과 열정을 가지고 노력하는 모습을 보여주어서 그들의 도움을 얻어내야 한다.

    성공한 직장인들의 핵심 가치

다시 처음으로 돌아가자. 이제부터는 말투부터 바꿔야 한다. 누가 들어도 자신의 인생을 사랑하고 그런 인생을 성공적으로 살기 위해 자신의 일을 사랑하고 주위의 모든 분들을 사랑할 필요가 있다. 이제 큰 소리로 주위의 조력자들에게 "사랑합니다, 감사합니다, 덕분입니다"라고 말해보자. 당신이 자신의 인생을 열렬히 사랑하고 있다는 것을 주위의 모든 분들이 알게 하는 것이 성공의 지름길이고 그것이 자기 인생의 주인공으로 사는 길이다. 그리고 항상 마음속으로 외쳐보자. "나는 대단한 사람이다. 그러므로 무슨 일이든지 해낼 수 있다."

타고난 성격은 바꿀 수 없어도
습관은 바꿀 수 있다

─────────────── 내 성격은 내가 봐도 참 내성적이고 새롭게 사람들을 만나고 친해지는 것을 정말로 힘들어한다. 워낙 시골에서 태어나서 마을 어른들이나 동네 친구들 외에는 거의 교류할 기회도 없었고, 체격도 왜소한 편이라 운동이나 활동적인 것보다는 조용히 혼자서 하루 종일 책을 읽는 것이 가장 즐거운 취미였다. 그래도 다행히 고등학교는 도시인 천안에서 다녔지만, 재수 후 약학대학에 진학해서도 동급생들에게 먼저 말도 잘 못 거는 그런 내성적이고 답답한 성격이었다.

물론 지금도 내성적이고 다소 완벽주의자이기는 하지만 나를 알고 있는 사람들은 대부분 내가 상당히 외향적이고 활동적이며 다른 사람들과 잘 어울리는 성격이라고 알고 있다. 이렇게 된 데에는 나름의 사연이 있다. 재수를 하고 약학대학에 입학하여 신입생 오리엔테이션이 끝나고 동급생들과 첫 공통교양과목을 듣는 날이었다. 그날따라 비도 내리고 분위기도 별로였는데 문득 한쪽 구석에 혼자 앉아있던 나 자신을 보니 이건 아니어도 정말 아니었다. 그

순간, 지금도 왜 어떻게 그럴 수 있었는지 모르겠다. 용기를 내어 강의실 연단으로 올라가서 모두에게 주목하라고 외치고 나서 이렇게 말했다. "여러분, 저는 시골 촌놈 출신으로 성격도 내성적이고 아직까지 여자들에게 말 한 번도 걸어보지 못한 못난 놈입니다. 여자들에게 관심이 없는 것은 아니지만 용기가 없어서 이렇게 궁상맞게 살아왔습니다. 지금부터는 좀 다르게 살고 싶으니 여러분들이 나를 좀 도와주십시오. 부탁드리는데 저를 만나면 먼저 말 좀 걸어주세요. 그러면 저도 열심히 노력해서 명랑하고 쾌활한 학생으로 거듭나겠습니다."

효과는 매우 좋았다. 대부분의 동급생들이 말을 걸어주었고 특히 여학생들이 적극 협조해준 덕분에 사람들을 대하는 나의 태도도 점점 바뀌어갔고 언제부턴가는 자연스럽게 사람들을 대할 수 있었다. 그럼에도 불구하고 고백하자면 나는 아직도 사람들을 새로 사귀는 것이 많이 어렵다. 비록 습관적으로 모든 사람들에게 친절하고 배려하는 행동을 하고 있지만 아직도 매우 힘든 일이다. 아내는 내가 사람들과 수다를 떨고, 걱정해주고, 웃으며 배웅하고 돌아설 때도 내가 그 사람을 정말로 좋아하는지 아닌지를 귀신같이 안다. 그래서 나는 세상 여자들 중에서 아내가 제일 무섭다.

습관의 힘

———————————— 사람들은 좋은 습관이 성공의 열쇠라고 말한다. 세 살 버릇이 여든까지 간다는 속담도 있다. 한번 들인 습관은 그만큼 바꾸기 어렵다는 말인데, 거꾸로 보면 습관을 바꿀 수 있으면 성공할 수 있다는 뜻도 되지 않을까. 우리가 알고 있는 좋은 습관으로는 책 읽는 습관, 공부하는 습관, 메모하는 습관, 일찍 일어나는 습관 등이 있는데 사실 습관으로 만들기에 쉬운 것은 없는 것 같다. 반대로 나쁜 습관으로는 담배 피우기, 늦잠 자기, 뒤로

   성공한 직장인들의 핵심 가치

미루기, 거짓말하기 등이 있는데 나쁜 습관 만들기는 비교적 쉬운 대신에 벗어나기는 아주 힘들다는 특징이 있다.

전문가들에 의하면 약 2주일만 참고 반복하면 습관으로 만들 수 있다고 한다. 2주일만 일찍 일어나거나 2주일만 담배를 끊거나 2주일만 열심히 운동하면 그다음부터는 비교적 쉽게 적응하게 되고 결국은 습관으로 몸에 배게 된다. 안타깝게도 2주일은 평범한 사람들에게는 의외로 매우 긴 시간이다. 오죽하면 작심삼일이라는 속담까지 생겼겠는가. 일찍 일어나기, 담배 끊기, 다이어트하기, 운동하기, 독서 등 우리는 수없이 습관을 바꾸기 위해 시도하지만 결국 2주일을 버티지 못하고 작심삼일로 끝나는 경우가 대부분이다. 아침에 30분만 일찍 일어나도 얼마나 더 많은 일을 할 수 있는지 겪어보지 않은 사람들은 모른다.

성공학자들은 말한다. 일단 목표를 아주 구체적으로 정하고 목표를 달성했을 때의 느낌으로 일하면 결국에는 목표를 달성하게 된다고. 이것 역시 성공하려면 먼저 좋은 습관을 가져야 한다는 뜻이다. 습관의 놀라운 점을 소개한 책에서 읽은 기억이 있는데, 뇌수술을 해서 모든 것을 3초밖에 기억하지 못하는 사람이 갑자기 없어져서 찾아보니 늘 가족과 함께 산책을 하던 동네 길을 혼자서 산책하고 있는 것을 발견했다고 한다. 습관은 이렇게 무서운 능력을 가지고 있다.

일단 습관으로 만들 수만 있으면 무의식 속에서도 습관적으로 행동한다는 것을 술 좀 먹어본 사람들은 잘 알고 있을 것이다. 너무 많이 마셔서 필름이 끊겨도 깨어 보면 자기 집에 와있는 신기한 경험 한 번쯤은 다들 있지 않은가. 그러므로 만약 좋은 습관을 가질 수 있다면 무의식적으로라도 좋은 행동을 하게 해주니까 결국 그 습관 덕분에 성공하게 되는 것이 아닌가 싶다.

해야 하는 것과
할 수 있는 것

우리 모두가 알고 있으면서도 항상 간과하는 것이 있다. 일상생활에서나 직장생활에서나 우리는 대부분 '해야 하는 것'과 '할 수 있는 것'을 잘 알고 있으면서도 잘 구별하지 못해 일의 효율을 떨어뜨리거나 일에 파묻혀 힘들어한다. 그러나 우리는 해야 하는 것을 다 할 수 없다는 것 역시 잘 알고 있다. 그렇기 때문에 일을 시작할 때는 항상 해야 할 것의 목록을 작성하고 각각의 일에 대한 중요성과 시급성에 따라 우선순위를 정해야 한다. 이렇게 정한 우선순위에 따라서 우리가 할 수 있는 능력을 감안해 다시 할 수 있는 일의 목록을 작성해야 한다.

예를 들어서 해야 할 일의 가짓수가 100개인데, 이 중 할 수 있는 일이 80개밖에 안 된다면 우선은 해야 할 일 80개라도 완벽하게 해낼 수 있는 진행계획을 짜서 실행해야 한다. 욕심을 부려서 해야 할 일 100가지를 다 하겠다고 무리한 계획을 밀어붙이다가 할 수 있는 일 80개조차도 제대로 해내지 못하는 현실을 너무 많이 보아왔다.

그럼 해야 한다는 것을 알면서도 하지 말라는 것이냐는 반론도 있을 것이나 냉정하게 판단해보면 어쩔 도리가 없지 않은가 말이다. 해야 할 일을 포기하라는 뜻은 아니다. 다른 한편으로는 나머지 해야 할 일 20개에 대한 중장기 실행계획도 필요하다. 지금은 인력이나 예산 등이 부족하여 당장 실행하기가 어렵다는 것이기 때문에 이런 환경적인 부분의 개선을 포함한 지속적인 노력을 전제로 한 번에 안 되면 단계를 정해서라도 분명히 진행해야 하고 그렇게 할 것을 관련자들 모두와 명확하게 공유해야 한다.

내가 알고 있는 사람 중에 매일 저녁 퇴근하기 전에 꼭 다음날의 계획을 짜는 사람이 있었다. 해야 할 일 모두를 정리한 다음 각각의 일을 중요도와 시급성에 따라서 정렬한다. 예를 들면 중요도 1, 2, 3 시급성 A, B, C처럼 말이

   성공한 직장인들의 핵심 가치

다. 그다음 1A에 해당하는 업무는 무슨 일이 있어도 그날 끝내고 퇴근하는 식이다. 이렇게 매일 1A에 해당하는 중요하고 시급한 일만 밀리지 않고 해결해 나가도 전체 업무의 70~80% 정도는 저절로 실행된다는 말을 들었다. 스스로가 계획성이 부족하다고 느낀다면 한번 활용해보길 바란다.

출근할 때
피해야 할 말

———————— 우리 집에서는 직장에 출근하는 사람에게 절대로 쓰지 않는 말이 있다. 일종의 금기어인 셈인데 "일찍 들어오세요."라는 말이다. 출근하는 사람에게 일찍 들어오라는 말은 왠지 직장에서도 집 생각, 배우자 생각, 아들딸 생각을 하라는 무언의 압력 같은 느낌이 들기 때문이다. 예전에 전 직장에서 사직하고 다른 직장을 구하던 약 1개월간 아내와 입장이 바뀐 적이 있었다. 나는 집에 있고 아내는 출근하는 상황이었다. 출근하는 아내와 달리 갑자기 하루 종일 집에만 있어야 하거나 매일의 계획을 생각하면서 살아야 하는 입장이 되어 보니 나도 모르게 출근하는 아내에게 일찍 들어오라는 말을 할 수도 있겠다는 생각이 들었다. 그러나 출근할 때 강조하는 그 한마디가 근무 중에도 많은 영향을 줄 수 있다는 생각에 꾹 참았다. 백수생활을 하는 한 달 동안 출근하는 아내에게 절대로 일찍 들어오라고 하지 않았다. 대신 열심히 최선을 다하라고 격려하면서 배웅했다. 당신은 직장 일에 최선을 다하고 대신에 나는 집안일에 최선을 다하겠으니 열심히 일하고 저녁에 즐겁게 다시 만나자고 말이다.

대부분의 직장인들은 출근길에서부터 무한경쟁을 시작한다. 복잡한 대중교통, 막히는 길 등의 교통문제, 업무 스트레스, 상사와 부하, 사내 또는 사외적인 갈등 등 적어도 직장에서 일할 때만큼은 집안일을 포함해 모든 것을 잊고 오로지 직장 일에만 몰두해도 무한경쟁에서 살아남을 가능성이 그리 크지 않은데, 업무 중간에 집안일까지 신경 쓰게 만들면 과연 그 무한경쟁에서 승리할 수 있을까? 차라리 출근하는 사람에게 "오늘 하루도 최선을 다하세요, 출근한 후에는 집안일에 신경 쓰지 말고 열심히 일해요."라는 말로 배웅하면 어떨까 싶다.

전에 근무하던 직장에서의 일이다. 퇴근 시간이 오후 6시였는데 매일 5시 30분경이면 전화해서 정시에 퇴근하는지 여부를 확인하는 아내가 있었다. 다행히 그날 일이 끝나서 일찍 퇴근할 수 있을 때는 별 문제가 없었으나 해야 할 일이 남아서 잔업을 해야 할 경우 그 직원의 마음은 전화받는 표정만 봐도 알 수 있었다. 하루는 안 되겠다 싶어서 그 직원 아내의 전화를 내가 대신 받았다. 그리고 이렇게 말해줬다. "당신은 분명히 아침에 출근하는 남편에게 일찍 들어오라고 말했을 것입니다. 그리고 지금 이렇게 전화해서 빨리 들어오라고 또 채근하고 있습니다. 그렇게 하루 종일 남편을 옆에 두고 감독하고 싶으면 차라리 내일부터 남편을 출근시키지 말고 집에 붙잡아 두세요. 사실 매일 퇴근시간에 전화해서 퇴근을 독촉하는 당신 때문에 당신 남편에게 일을 시키는 데 눈치가 보입니다. 결국 당신 남편 대신에 다른 직원들이 남아서 업무를 하고 있으니 아마 그 직원들이 승진승급에서 당신 남편보다 유리할 겁니다. 이렇게 계속 전화하지 말고 생각을 바꿔보면 어떨까요? 만약 당신의 남편이 직장에서 인정받고 성공하기를 바란다면 내일부터는 아침에 출근하는 남편에게 집안일은 걱정하지 말고 직장에서 열심히 일하고 최선을 다하세요. 대신에 나는 집안일을 책임지겠다고 말하세요."라고 말이다. 효과는 금방 나타났다. 다음 날부터 퇴근시간 전에 전화하는 일이 없어졌고, 내가 기억하기로는 그 직원도 회사에서 제법 인정받았다. 지금은 어디에서 어떻게 지내고 있는지 궁금하다.

 성공한 직장인들의 핵심 가치

출근할 때
버려야 하는 것

내가 처음 직장생활을 시작하던 무렵 나 자신에게 입버릇처럼 했던 말이 있다. "너는 출근할 때 자존심을 꺼내어 정문 입구 하수구에 넣어놨다가 퇴근할 때 다시 꺼내서 넣고 가야 한다."였다. 그 당시 우리 집의 경제 형편이 너무도 어려워서 직장생활에서 받는 월급이 그야말로 생명과도 같았다. 지금이야 직장에서도 다양성과 개성이 어느 정도 인정되지만 내가 처음 직장생활을 시작한 1980년대 초반만 해도 대부분의 직장은 군대 조직과 비슷했다. 동일한 작업복을 입고 모자를 쓰고 인사도 거수경례를 하고 조회도 하고 상사의 지시는 무조건 따라야 하는 것 등이 그렇다.

만약 조직의 기준, 관례를 무시하면 견디기 어려운 상황, 즉 상사나 선배들의 압력에 시달려야 했다. 특히 나처럼 병역특례요원의 경우 직장에서 퇴출, 도태된다는 것은 병역특례기간 5년 내라면 언제든지 현역으로 입대해야 한다는 것을 의미했고, 나의 경우는 우리 가족의 생계가 달려 있었기 때문에 더더욱 절실했다. 지금은 기간이 3년 정도이고 병역특례기간 중에 다른 회사로 이직이 가능한 것으로 알고 있다. 군대 대신 5년간 직장생활을 하면 외부에서 볼 때는 남들 군대에서 고생할 때 월급까지 받고 편했을 것이라고 생각하지만 툭하면 말 안 들으면 퇴출시키겠다고 하니 아무리 힘들어도 도망갈 데가 없다는 약점 때문에 자존심 상하는 일이 많았다.

그래서 자기최면을 걸게 되었고 실제로 상당한 효과를 얻었다. 그 증거가 지금이다. 대학 시절에 나를 알던 사람들 대부분은 내가 회사 같은 조직생활이 불가능할 것이라고 말하곤 했었지만 실제로는 30년 넘게 직장생활을 하고 있지 않는가 말이다. 물론 주위 환경 탓으로 어쩔 수 없이 자존심을 꺾어야 하는 경우도 많을 것이다. 그러나 조금 길게 보고 나의 최종 목표를 생각한다면 지금의 고난은 목표를 성취해가는 과정이라고 볼 수도 있다. 순간의 자존심

상함을 참을 수 있다면 오히려 목표 달성이 더 쉬워질 수도 있지 않을까.

예를 들어 어떤 직원이 못된 상사를 만나 매일매일 시달림과 모욕을 당하고 있다고 하자. 집에 와서 부모나 아내에게 하소연하면 당연히 부모나 아내는 당신 편을 든다. 같이 화를 내면서 그런 나쁜 상사가 있느냐고 어쩌면 당신보다 더 큰소리로 흥분할 것이다. 얼마 후 그 직원이 상사와 싸우고 정말로 화가 나서 사표를 던지고 퇴근해서 가족에게 퇴직 사실을 통보하면 가족들은 일단 그 직원에게 잘했다고 하고 차라리 집에서 몇 달 푹 쉬면서 다음 계획을 생각해보라고 할 것이다. 그러나 그 직원이 3개월이 지나도 재취업이 안 되고 집에서 놀면 가족들의 생각도 달라진다. 매달 들어오던 월급이 안 들어온 지 3개월쯤 되면 가정형편이 어려워지기 때문에 현실의 벽에 부딪치게 된다. 이쯤 되면 가족들은 이렇게 말할 것이다. "당신이 힘든 건 알지만 그래도 식구들 생각해서 참아야 했어. 내 친구 미옥이네 말 들어보면 걔네 남편은 당신보다 더 힘든 상황에서도 일만 잘하고 다니더라. 그만둘 때 식구들 생각이 나긴 했어? 이제 앞으로 어떻게 할 거야?" 당장의 생계 앞에서는 가족들도 끝까지 당신의 편이 될 수 없다는 걸 명심해야 한다.

매년 자신만을 위한
이력서를 다시 써라

언제부터인지는 잘 기억나지 않지만 나는 지금도 습관적으로 매년 해가 바뀌면 이력서를 고쳐 쓰고 있다. 그 이유는 이렇다. 매달 월급날이 되면 한 달 동안의 행적을 돌아보게 된다. 나름대로 만족할 만한 결과가 있으면 모를까 스스로에 대한 지난 한 달의 평가가 부진할 경우 솔직히 회사에 미안한 마음이 들곤 한다. 그런 생각으로 지난 1년을 돌아보고 나 자신에 대한 평가를 위해 이력서를 고쳐 쓰는 작업을 하는데 이때 중요한 경력

　　　　성공한 직장인들의 핵심 가치

또는 실적이 추가되지 않으면 지난 1년 동안 나의 업무성적은 부진한 것이다. 그렇기 때문에 이력서에 추가할 정도의 경력이나 실적을 창출하기 위해 매년 이력서를 새로 쓰면서 반성과 계획수립을 함께 진행한다.

회사는 이익을 목적으로 하는 조직이다. 그러므로 회사의 모든 업무와 활동은 궁극적으로 이익을 내는 방향으로 갈 수밖에 없다. 따라서 임직원의 제일 큰 임무 역시 회사에 도움이 되는 즉 이익이나 부가가치 창출이 발생되는 방향으로 움직이는 것이다. 회사에서는 매년 또는 반기마다 인사고과를 통해 직원들을 평가하고 그 결과에 따라 승진승급과 연봉 인상을 결정한다. 이때 가장 중요한 것이 지난해 임직원들의 회사에 대한 기여도 즉 이익 창출 정도가 된다. 단순히 어떤 업무를 몇 년 했다고 쓰는 것만으로는 그 사람의 경력을 판단할 수 없다. 적어도 어떤 업무를 수행하면서 자랑할 만한 업적이나 실적을 냈다는 내용이 추가되어야 진정한 경력이라 할 수 있다.

특히 직장에서 승진을 앞두고 있거나 이직을 생각하는 직원이 있다면 더더욱 실적 관리가 중요하다. 이력서에 그동안 자신이 주관이 되어 이루었던 업적이나 성과를 기록할 수 있다면 이직 시에 확실한 신분과 연봉의 상승도 가능할 것이다. 여기서 말하는 업적이나 성과라 함은 한 해 동안의 원가절감이나 비용절감, 획기적인 매출향상 실적, 본인 주관으로 진행하여 성공한 프로젝트, 조직을 개선이나 개혁시킨 내용 등이 포함되는데 당신을 평가하는 상사나 면접관 입장에서 볼 때 승진이나 채용을 결정하고 싶어 할 만한 내용들을 말한다.

문제는 여기서부터 발생된다. 통상 대부분의 임직원들은 늘 하던 일을 늘 하던 방식으로 습관적으로 수행해 회사의 실적과 인사고과 등급에 따라 일률적인 연봉 인상이나 상여금 또는 인센티브를 받게 되는데 여기서 한번 생각해 볼 것이 있다. 뭔가 다른 직원과 차별되는 새로운 시도, 새로운 아이디어를 통해 원가절감, 생산성 향상 등의 달라진 결과를 회사에 제시할 수 있다면 즉 성과나 업적을 가지고 나 자신의 회사에 대한 기여도가 남들에 비해 크다는 것을 증명할 수 있다면 남들보다 더 나은 보상을 기대할 수 있다.

어느 업무를 1년 더 했으니 경험이 1년 더 늘었다고 말하는 것보다는 '어떤 아이디어를 업무에 적용해서 비용을 얼마나 절약했습니다. 시스템을 어떻게 개선해서 생산성을 몇 % 높였습니다. 또는 어떤 작업 방법을 개선해서 제조원가를 낮추었습니다' 같은 성과나 실적을 근거를 가지고 제시하면 회사에서도 당신을 다시 보게 될 것이다. 이렇게 지난 한 해의 주목할 만한 실적이나 업적을 기술한 자료가 바로 '공적서'이다. 당신을 채용할 권한이 있는 사람이 볼 때 이 사람이라면 함께 일할 만한 가치가 있을 것 같다고 판단할 수 있도록 매년 한두 개의 성과나 업적을 추가해서 새로 이력서를 작성하라고 권하는 이유다.

그것도 어려우면 나는 유서를 써보라고 하고 싶다. 물론 연습용이라고 표시하는 것은 필수다. 아무리 연습용 유서일지라도 유서를 써보면 참 객관적으로 자신을 돌아보게 된다. 제일 먼저 부모님에게 하고 싶은 말을 쓰게 되는데 부모님을 생각하는 것만으로도 눈물이 난다. 부모님에 대한 먼저 가는 자식으로서의 죄송함, 또 한 번의 기회가 주어진다면 어떻게 부모님께 효도할 것인지를 생각하게 된다. 다음은 형제자매에게 미안했거나 고마웠던 점을 생각하게 하고 다음은 친구나 일가친척들을 생각하는 순서가 되겠다. 이렇게 써 내려간 유서를 가끔 나 자신이 나태해졌다고 생각할 때 꺼내어 읽어보면 많은 도움이 된다. 생각보다 유서가 나를 성장시키는 데 큰 효과가 있다는 것을 알게 될 것이다.

  성공한 직장인들의 핵심 가치

좀 더 겸손하라

처음 직장생활을 시작했던 모 대기업 중앙연구소를 6년 근무하고 나름대로는 전공을 살린다는 명분으로 1988년에 모 제약회사로 직장을 옮겼다. 연 매출액 50억 원 정도의 소규모 회사였지만 모 그룹에서의 경험을 토대로 중장기 계획을 세워 실행하고, 회사의 성장에 기여하기 위해 가끔 회사의 중장기 발전 계획을 세워 경영진에 보고하는 등 나름대로 최선을 다했다. 특히 1990년대 초부터 새로운 사업으로 시작한 OEM 영업은 1990년대 중반 일본 수출의 기반이 되기도 하였다. 회장님께 해고위협까지 받으며 밀어붙였던 페니실린 전용공장의 건축은 마침 일본 내 페니실린 공장의 별도 공장화 정책 덕분에 승승장구하여 별도의 법인화는 물론 매출 500억 원을 돌파했고, 모 회사와 합쳐 연 1500억 원이라는 매출을 달성했을 때는 그야말로 감개무량하였다.

그러는 사이에 24년이라는 시간이 지나갔고 창업자인 회장님이 돌아가신 후 그 아드님이 회사를 물려받으면서 해고 통보를 받아 정든 회사를 떠나게 되었다. 당시 24년의 세월을 되돌아보면서 처음에는 월급쟁이의 한계를 실감했고 서운한 감정도 없지 않았다. 그러나 지금 몸담고 있는 회사로 옮겨와 정신없이 몇 달을 보낸 후 마음의 여유가 생기기 시작하면서 곰곰이 생각해보니 가슴속 깊이 와 닿는 단어가 있었다. '겸손'이었다. 나를 알고 있던 대부분의 사람들은 내가 큰 무리 없이 모 제약회사에서 정년퇴직할 것이라 여겼고, 나 또한 특별한 과오가 없는 한 그렇게 될 거라고 믿고 있었다.

그러나 그것은 내 입장에서의 생각이었다. 젊은 오너 입장에서는 10년의 나이 차이부터 시작해서 오랜 회사생활, 성격 차이 등 마음에 안 들었던 점이 많았을 것이다. 그럼에도 불구하고 내가 좀 더 머리를 숙이고 겸손하게 충성했었다면 조금은 더 오래 근무할 수 있지 않았을까 싶은 생각도 들었다. 역시 아직도 배울 것이 많은 것 같다. 나중에 알게 된 사실이지만 아들이 당시 아빠의 재정 상태를 감안하여 4년제 대학을 포기하고 등록금이 적은 2년제 국립대학으로 진학했다는 것을 알고 몰래 눈물을 흘렸던 기억이 새삼 떠오른다.

6년 전 현재의 직장으로 옮기면서 달라진 점이 있다. 대한민국에서 나이 50을 넘기고도 직장생활을 하는 사람들이 의외로 많지 않은 것이 현실이다. 지금 내가 바로 그 사람이다. 나는 현재 축복받은, 그러니까 남들에게 부러움을 사고 있는 주인공인 것이다. 그러므로 직장생활을 마감하는 그날까지 내가 받은 축복을 많은 사람들과 나누기 위해 가능한 한 많은 후배들이 나처럼 50대에도 계속 직장생활을 할 수 있도록 기틀을 만들고 도와주는 것이 나의 사명이라고 생각한다. 요즘도 책상 위의 거울을 보면서 오늘은 과연 얼마나 겸손하게 보냈는지 반성하는 시간을 갖는다.

2장 직장인으로 산다는 것
조직의 기본 원리에 눈을 떠라

매출액이 100억 원, 500억 원, 1000억 원, 5000억 원, 1조 원 등 회사라는 조직의 매출액이 일정 규모를 넘어설 때마다 적절한 변신이 필요하다. 그 규모에 맞는 조직, 인력, 제도 등이 함께 바뀌어야 한다. 소홀하면 조직의 효율성이 떨어지고 여기저기서 문제점이 발생하며 심하게는 성장 동력이 꺼지기도 한다. 왜 매출액이 계속 증가하고 조직은 계속 커지는데 오히려 조직의 경쟁력은 떨어지고 혼란과 비효율과 각종 문제점이 증가하는가? 이유는 사람이 바뀌지 않았기 때문이다.

현재에 이르기까지 회사의 발전은 과거의 열악한 환경에서도 열심히 노력한 임직원들의 공임에는 틀림없다. 그러나 과거의 영광에 취해 새로운 운영체계 도입 등 변화에 적응하기 위한 노력을 등한히 하거나 거부할 경우, 오히려 미래를 준비하는 데 방해가 되는 사람으로 전락하고 만다. 전자계산기가 없던 시절에는 주판을 잘하는 사람이 최고였다. 그러나 이제는 전자계산기를 쓰는 사람도 거의 없다. 디지털 시대에서는 대부분의 계산이 시스템을 통해 자동으로 진행되기 때문에 지금은 컴퓨터나 전자기기를 잘 다루는 사람이 필요하다. 혹시 아직도 주판이나 계산기를 들고 다니는 사람이 있다면 이런 사람들은 분명 조직에 적응하지 못하는 사람일 것이다. 아직도 과거의 사고방식에 얽매여 빠르게 변화해가는 상황에 적응하지 못하면 낙오될 것이 뻔하다.

가끔은 거울을 보면서 내가 과연 미래를 준비하는 데 적합한 인물인지, 젊은 신입사원들을 보면서 나 자신이 과거 속에서 살고 있는 것은 아닌지 점검해볼 필요가 있다. 냉정하게 스스로를 평가해보고 문제가 있다고 판단되면 지금부터라도 변화의 물결을 거스르지 말고 물결 위에 올라타 회사와 함께 영광된 미래를 열어야 한다. '새 술은 새 부대에'라는 속담이 있다. 회사가 변화와 개혁을 통해 새 술로 거듭나고 있을 때 나는 과연 새 술을 수용할 수 있는 새 그릇인지 냉정하게 스스로를 평가하고 그 결과에 따라서 적응할 수 있는 방법을 찾아야 한다. 또한 과거의 영광은 행복한 추억으로 남겨놓고 다가오는 미래를 대비해야 한다. 마찬가지로 작년의 실적은 작년의 인사고과를 통해 승진승급 또는 연봉인상으로 마무리됐다. 그러므로 금년에는 금년의 실적을 가지고 다시 평가받아야 한다는 점을 명심해야 한다.

진짜 중요한
중간그룹

어느 조직이든 조직은 리드하는 상위그룹(A) 10~20%와 뒤처지는 하위그룹(C) 10~20%, 그리고 대부분을 차지하는 중간그룹(B) 60~80%로 구성되어 있다. 이런 이론에 근거하여 인사고과를 할 때도 A 등급 10~20%, B 등급 60~80%, C 등급 10~20%의 비율로 나눈다. 여기서 주목할 점은 상위등급에 해당하는 A 그룹에 속하는 임직원들은 대부분은 적극적이고 능동적으로 업무를 수행하고 새로운 일에 도전하기 때문에 다른 대부분의 조직원들도 그들이 상위그룹이라는 것을 알고 있고, 하위등급인 C 그룹역시 누구나 그들의 업무 능력이 떨어지고 뒤처진다는 것을 잘 알고 있다는 것이다.

그런데 진짜 중요한 중간 B 그룹의 존재에 대해서는 무관심하다. 실제 업무 현장에서는 상위그룹이 계획하고 제시한 업무를 이 중간그룹이 실행하기때문에 회사의 성과는 이들이 얼마나 열심히 일하느냐에 달려 있다고 해도 과언이 아니다. 그런데 이 중간그룹의 단점 중 하나가 스스로 일을 만들려 하지않고, 다른 사람들이 계획한 업무를 처리할 때도 소극적일 때가 많다는 것이다. 일을 만들지 않으면 책임질 일도 없다는 단순한 논리가 이들을 지배한다. 내 생각에도 이들은 자신들이 진행한 업무의 결과에 대해 책임질 생각 자체가부족해 보인다. 대개의 경우 어떤 일을 시작할 때 이들은 그 일이 잘못되면 누가 책임져야 하는지를 먼저 따지는 버릇이 있다. 일견 그럴듯한 논리로 포장하지만 속마음은 지금 하는 일이나 계속하지 왜 새로운 일을 만들어서 골치아프게 하느냐는 것이다.

심지어 내 경우에는 공장장인 나의 지시에 따라 진행했다가 나중에 잘못되면 나한테 책임이 돌아갈까봐 일부러 생각해서 진행을 안 하고 있었다는 변명도 들어본 적이 있다. 특히 한 회사에서만 근무했거나 외부와의 교류나 교육이 부족한, 그야말로 우물 안 개구리들에게서 많이 나타나는 대표적인 현상이기도 하다. 이를 개선하는 방법은 간단하다. 중간그룹 중에서 핵심적인 역할을 기대하는 직원들을 타 회사나 전시회 등에 데리고 다니면서 다른 세계, 즉우물 밖의 세계를 접하게 해서 우리와 다른 차원의 세계가 있고 우리가 가야할 목표를 달성하기 위해 벤치마킹을 할 필요가 있다는 것을 그들의 눈으로직접 경험하게 하면 된다.

물론 그들의 변화가 생각처럼 빠르지는 않다. 그러나 서울을 안 가본 사람에게 말로 설명하여 이해시키기보다는 직접 서울로 데려가 여기저기 보여주고 스스로 변화되고 앞서가는 세계 즉, 업계의 현실이나 환경을 느끼게 해주는 것이 최선일 것이다. 이렇게 중간그룹 중에서 핵심적인 역할을 기대하는 직원부터 생각을 바꾸도록 유도하면 그들 중에서 상위그룹으로 도약하는 직원이 생기게 되고, 이들의 변화가 전체 중간그룹의 도약을 위한 마중물이 되기도 한다.

OEM 정신

내가 근무하는 회사는 임가공업(OEM) 전문 제조회사이다. 여기서 'OEM'이란 고객사에서 원하는 제품을 고객사의 상품명으로 대신 만들어주는 것으로, 이 경우 고객사는 판매자(제조의뢰자)가 되고 우리 회사는 제조자가 되는 것이다. 그러다 보니 우리 회사는 항상 '을'의 입장이 되고, 고객사가 '갑질'을 하는 경우도 많다. 납기 단축, 단가 인하 등 무리한 요구를 하거나 책임이나 비용 전가 등이 대표적인 갑질이다. 이런 경우 울며 겨자 먹기로 고객사의 요구를 들어줄 수밖에 없는 것이 을의 처지이다. 갑질을 당하고 의기소침해 있는 직원들에게 항상 하는 말이 있다. 그래도 우리는 '슈퍼을'이 될 때까지 우리만의 OEM 정신을 끝까지 지켜나가야 한다고 말이다.

여기서 말하는 OEM 정신은 다음과 같다. 첫째, 우리는 고객이 원하면 밤새서라도 해드린다. 휴일근무도 마다하지 않는다. 둘째, 우리는 고객이 원하면 새로 기계를 구입해서라도 해드린다. 셋째, 우리는 고객이 원하면 공장을 새로 지어서라도 해드린다. 지금 이 순간에도 OEM을 해보겠다고 뛰어드는 회사들이 늘어나고 있고, 대기업조차도 새로운 먹거리로 OEM 시장을 넘보고 있는 것이 현실이다. 또한 낮은 가격을 무기로 신규 진출 업체들의 도전도 한층 심해지고 있다. 그래서 우리의 강점인 OEM 정신을 무기로 경쟁업체들과

　　　　　　　　성공한 직장인들의 핵심 가치

의 경쟁에서 이기는 것은 물론 그들이 쉽게 따라오지 못하게 하는 것이 목적이다.

비록 당당하게 상품의 표면을 장식하지는 못하지만 가만히 상품의 뒷면을 확인해보면 제조자로서 우리 회사의 이름이 표시되어 있는 것을 슈퍼나 마트 또는 약국에서 쉽게 확인할 수 있고, 이제는 대한민국의 많은 국민들도 OEM 제조자로서 우리 회사를 알아주고 있는 현실에서 행복을 느낀다. 앞으로도 우리가 할 수 있는 최선을 다해서 고객과 함께 성장하고, 고객과 함께 오랜 시간 비즈니스를 유지하는 것이 우리의 사명이라고 생각한다.

비전을
공유한다는 의미

———————— 흔히 상사와 부하 간의 소통, 직원 육성, 회사의 지속적 성장을 위해서는 회사의 비전을 공유하는 것이 중요하다고 말한다. 그런데 비전을 어떻게 공유하면 되는가? 그에 앞서 당신이 생각하는 비전은 무엇이냐고 질문하면 쉽게 대답하기 어렵다. 부하와의 면담에서도 회사나 나 또는 부하의 비전에 대해서 이야기하고 공감할 수 있으면 소통은 물론 자연스러운 피드백도 가능한데, 모든 사람들이 말하는 비전을 이해하기 쉽게 설명하기란 정말 쉽지 않다.

내가 생각하는 비전은 두 가지다. 하나는 회사 홈페이지에 들어가면 거창하게 나오는 대외적인 홍보용 비전과 그 비전에 따른 임직원들의 행동 지침이다. 좋은 말임에는 틀림없지만 쉽게 손에 잡히지 않는다. 그렇기 때문에 쉽게 손에 잡히는, 이해하기 쉬운 비전이 필요한데 이것이 바로 내가 말하고자 하는 또 하나의 비전이다. 예를 들어, 말단 직원들에게 아무리 회사의 발전계획이 어떻고 그에 따른 몇 년 후의 연봉 수준과 복지 개선을 이야기해도 그들에게는 먼 나라의 일로 여겨질 것이다. 차라리 당신들이 어느 정도 노력해서 어느 정도의 성과를 내주면 내년에 월급이나 상여금, 인센티브를 어느 정도 주겠다고 약속하고 실행하여 그들로부터 신뢰를 얻는다면 회사의 약속사항이 바로 그들의 비전이 될 것이다.

중간 관리자의 비전은 조금 다르다. 그들에게는 관리자의 최고봉인 부장에 대한 권한과 책임, 연봉수준 등을 구체화시키는 것이 비전이 된다. 적어도 본인이 부장이 되려면 어떤 능력과 소양을 가져야 하고 어떤 일에 대해서 권한을 행사할 수 있고 어떤 책임을 져야 하며 연봉이나 기타 금전적인 면에서도 어떤 대우가 보장되는지를 명확히 해주고 그에 따라 본인들의 거취나 업무에 대한 태도를 결정하게 해주면 된다.

고급 관리자들의 비전은 임원이 되었을 때의 처우와 권한과 책임에 대해서 명확히 정해주는 것이다. 임원에 대한 대우 못지않게 임원이 되었을 때의 책임과 의무에 대해서도 명확하게 규정하여 고급 관리자들 자신이 임원에 도전할지 아니면 부장으로 퇴직할지의 목표를 정하게 하면 된다.

언뜻 보면 직위별로 비전이 다른 것처럼 보일 수도 있겠지만 이들이 공통으로 추구하는 목표나 방향이 회사의 거창한 비전과 행동강령의 범위 내에 있기 때문에 각자의 직위에 따라 비전을 구현하기 위해 노력한다는 것은 결국 회사가 추구하는 비전을 구현하는 것과 같다. 또한 회사 내에서의 비전 추구는 개인의 비전 추구와도 많은 연관성이 있다. 회사에 근무하는 사람은 계속 근무하는 것을 전제로 개인의 비전, 목표, 가치관을 설정할 테니까 말이다.

상사 활용법

─────────────── 어려운 관문을 뚫고 시작한 직장생활에서 상사를 잘 만나는 것은 최고의 행운이다. 어떤 조사에서 밝혀진 것처럼 부하가 직장을

 성공한 직장인들의 핵심 가치

떠나는 이유의 60%는 상사에게 있다는 말을 새겨둘 필요가 있다. 그러나 현실에서 내 마음에 꼭 드는 그런 상사를 만날 기회는 낙타가 바늘구멍 통과하기보다도 어렵다고 단언할 수 있다. 결국은 대부분의 직장인들이 나쁜 상사들과 일하게 되는 운명이라는 말이다. 여기서 한번 뒤돌아보자. 어차피 대부분의 직장인이 겪게 되는 나쁜 상사와의 만남이라면 생각의 틀을 바꿔보는 것은 어떨까? 이왕 만난 상사를 잘 활용해보자는 것이다. 상사가 우울해 보이면 먼저 커피라도 권하면서 관심을 가져주고, 상사가 즐거워 보이면 이유를 묻고 함께 즐거워해주면 어떨까?

당신이 그나마 쉽게 직장생활을 하려면 적응이 중요하다. 어릴수록 모든 일에서 예외를 인정해주는 가정에서 벗어나 모든 귀찮고 힘들고 더러운 일은 어린 직원의 몫이 되는 환경으로의 적응 말이다. 집에서는 아버지의 옛날이야기나 자기자랑 등을 외면했겠지만, 직장에서는 오히려 상사에게 옛날의 무용담을 말할 수 있는 분위기를 조성해주면 어떨까. 집안에서 가장 외로운 사람은 당연히 아버지겠지만, 직장에서 역시 지위가 높아질수록 외로울 수밖에 없다. 그분들과 놀아주라는 얘기다. 내가 아는 한 대부분의 상사는 외롭고 당신보다 스트레스도 더 많이 더 자주 받고 있다.

입장을 바꿔서 이 상황에서 '내가 상사라면'이라고 생각할 수 있다면 화내는 상사가 오히려 측은해 보일 것이다. 오죽하면 저렇게 화를 낼까, 나라면 더할 것 같은데 등의 생각도 들고 참 안쓰럽다. 일이 잘 풀리면 상사의 코치 덕분이라고 말해주고, 개인적인 문제로 고민될 때 상담요청도 해보고, 상사의 생일날에 작은 선물이라도 건네자. 아부를 하라는 게 아니다. 상사도 사람이라는 말을 하고 있다. 언제가 당신이 준 것의 10배는 되돌려줄 것이고 당신도 모르는 사이에 코드가 잘 맞는 상사로 변해 있을 것이다. 물론 일을 똑 부러지게 잘하는 것은 상사를 내 편으로 만드는 가장 쉬운 방법이다.

잘못된 관행을 회사의
문화라 하지 마라

보통 어느 조직이든 그 조직 나름의 문화와 색깔이 있다. 조직이 점점 커지고 발전하면서 조직 문화 역시 발전적으로 변화되어야 하는데 현실은 그렇지 않은 경우가 많다. 예를 들어 가족적인 분위기의 회사라는 말은 규범, 규정보다는 주먹구구식 인간관계에 의존하는 조직이라는 뜻으로 해석될 수도 있다. 조직이 체계가 잡혀갈수록 옛날의 가족 같은 분위기가 좋았었다고 말하는 사람들이 있는데, 이는 현재의 기준이나 원칙대로 행동하기가 두렵거나 적응을 못 하고 있다는 말에 불과하다.

'가족 같다'는 말의 의미는 가족 같은 따뜻한 인간관계를 뜻하는 것이지 업무처리를 공사구분이 애매한 가족처럼 진행한다는 뜻이 아니기 때문이다. 조직 공통의 원칙, 이념이 무시되는 조직이라면 발전에 대한 희망은 없다. 회사가 점점 커지다 보면 그 규모에 맞는 매뉴얼과 운영체계가 필요하다. 즉 변화가 필요하게 되는데, 이때 기존 직원들은 지금까지 잘해왔는데 굳이 그런 변화가 왜 필요하냐고 저항하게 된다.

물론 그들이 오늘의 회사를 만든 일등공신들임에는 틀림없다. 그러나 새로운 체계와 성장 모델이 필요한 시점에서 그들의 저항은 회사 발전에 큰 부담이 되고 공공연하게 회사의 발전을 저해하는 것으로 보이기 때문에 결국 퇴출 대상이 되기도 한다. 또한 과거의 작은 성공에 안주하고 모든 상황을 자신의 경험으로만 판단하려 하기 때문에 우물 안 개구리 현상을 보이게 되면서 결국 외부에서 인재를 영입해서라도 개혁을 진행할 수밖에 없다는 당위성의 원인을 제공하는 계기를 만들고, 결국 영입된 직원들과의 경쟁에서 밀릴 경우 퇴출의 길을 가게 된다.

특히 리더라면 끊임없이 자기 발전을 시도하고 나의 부족함을 채우기 위한 공부를 게을리해서는 안 된다. 항상 공부하는 습관을 가지고 열심히 책을 읽

    성공한 직장인들의 핵심 가치

고 다른 분야의 사람들과도 활발히 교류하면서 내가 속한 조직의 미래를 어떻게 발전시킬 것인가를 고민해야 하고 미래의 먹거리를 찾아야 한다. 경영진의 경우 갈수록 새로운 변화의 필요성을 민감하게 느끼고 조직의 크기가 커짐에 따라 그에 맞는 운영체계를 도입하고 변화에 적응하고자 노력해야 한다. 이때 이런 변화에 뒤처지지 않기 위한 남다른 노력이 없다면 그 조직에서 나의 생존이 위험할 수도 있다.

"우리 회사는 이래서 문제야"라고 말할 때
나는 '우리 회사'에 포함되는가?

———————————— 흔히 직원들끼리 모여서 얘기하거나 회식 등에서 "우리 회사는 이래서 문제야."라는 불평불만을 쏟아내곤 한다. 대개는 부정적이고 회사에 대한 불만이 담겨 있기 마련이다. 그런데 이런 말을 하는 직원들이 꼭 알아두어야 할 것이 있다. 불평불만을 얘기할 때 등장하는 '우리 회사' 속에 내가 포함되어 있는가? 만약 '우리 회사'에 내가 포함되어 있지 않다면 정말 큰일이다. 적어도 '우리 회사'에는 사장님, 임원, 관리자 등 소위 회사 내에서 힘과 권력이 있는 대부분의 사람들이 포함되어 있고, 내가 말한 그 문제점을 해결할 능력이나 힘도 그분들이 가지고 있을 것이다. 그 '우리 회사'에 내가 포함되어 있지 않은 상태에서 불평불만을 하고 있다면 나는 외부인이란 말이 되니 말이다.

물론 심정적으로 우리 회사와 항상 동질감을 느끼는 것이 쉬운 일은 아니다. 그러나 적어도 우리 회사의 부정적인 측면을 입 밖으로 낼 때는 그 부정적인 면을 개선할 사람이 나라는 의식 역시 필요하다. 문제점이 있으면 타당한 근거와 논리를 가지고 내 바로 위에 있는 상사부터 설득하라. 그 상사는 다음 상사에게, 다음 상사는 임원에게, 임원은 임원회의를 통해 정책을 바꾸고 개선할 수 있다. 이것이 순리이다. 물론 쉽지는 않을 것이다. 상사를 설득하기도 어렵고 상사를 설득했어도 그다음 상사 역시 설득해야 하니 말이다. 거기다가 아무리 좋은 아이디어라 할지라도 당신이 생각하는 것보다는 느리게 개선이 진행되는 관계로 당신의 참을성으로는 기다리기 힘들 수도 있다. 그래도 가만히 있는 것보다는 계속 노력하는 것이 좋다. 그리고 왜 사장님이 알아서 모든 문제를 해결해야 된다고 생각하는가? 수백억에서 수천억 원이 소요되는 프로젝트도 처음에는 말단 직원의 기안품의로부터 시작된다는 점을 기억해야 한다.

문제가 있다면 내가 할 수 있는 부분부터 개선하고 상사를 설득하는 작업부터 당장 시작하라. 물론 내가 생각하는 것보다 속도는 느릴 것이다. 너무 느려서 문제가 해결되어도 당장 나에게 혜택이 없을지도 모르지만 결국에는 나의 후배들이 혜택을 볼 것이다. 그런 식으로 당신이 속한 조직은 계속해서 변화해온 것이고, 어느 정도 시간이 지난 후 뒤돌아보면 그동안 정말로 많이 달라졌구나, 좋아졌구나 하고 느끼게 될 것이다. 다시 한 번 강조한다. 불평불만은 상사나 임원 등 그것을 해결해줄 수 있는 능력이 있는 사람에게 해야 한다. 동료들끼리 술자리에서 아무리 불평불만을 꺼내봐야 잘못하면 밀고자에 의해 당신만 낙인찍히기 십상이다.

도와주지는 못할망정
뒷다리는 걸지 마라

근무를 시작한 지 얼마 안 되는 신입사원들과 면담을 하면서 나온 얘기 중에 다소 충격적인 내용이 있어서 소개한다. 신입사원이 입사해서 열정과 의욕을 가지고 열심히 일하면 일부 고참 선배 중에는 이렇게 말하는 사람이 있다고 한다. "야, 너무 열심히 일하지 마라. 너 때문에 우리가 놀고 있는 것처럼 보이잖아." 이런 말을 들은 신입사원은 어떤 행동을 보일

 성공한 직장인들의 핵심 가치

까? 아마 계속 열심히 일하면 왕따나 불이익을 당할까 무서워 적당히 일하는 선배들을 흉내 낼 것이다.

소위 구시대식 하향평준화, 너무 잘하지도 못하지도 않고 중간만 가게 되는 것이다. 또한 경력사원이 입사해서 빨리 적응하기 위해 열심히 일하고 의욕을 보이면 기존의 직원들이 이렇게 말한다. "우리 회사의 문화를 잘 모르는 것 같은데, 먼저 우리 회사의 문화에 적응하셔야 합니다. 잘 모르는 것 같은데 우리 회사에서는 그렇게 하시면 안 됩니다."라고 말이다. 이 말은 너무 설치지 마라는 뜻으로 해석할 수 있다.

공장장으로 부임했던 나의 경우만 보아도 소위 텃세에 적응하기가 무척 어려웠다. 이전의 공장장들처럼 이 사람도 얼마 못 가서 그만둘 것이 틀림없으니 대충 시간을 끌면서 버텨보자는 생각이 있었는지도 모르겠다. 대략 3년 정도 지난 후에야 직원들이 마음의 문을 열기 시작했던 것으로 기억한다. 회사에서 신입 또는 경력사원을 뽑는 이유는 단순히 새로운 인력이 필요해서 만이 아니라 그들의 참신한 시각을 활용하여 기존 조직에 활기를 불어넣고 선의의 경쟁을 유도하고자 하는 점도 분명히 있다.

그런데 이들에게 회사의 문화를 핑계로 행동에 족쇄를 채워버리면 신입 또는 경력사원을 뽑은 의미의 상당 부분이 사라지게 되는 것이다. 새로운 프로젝트나 사업을 진행하고자 할 때 찬성하는 측이 다수일지라도 목소리가 큰 일부가 회사의 문화, 관례 등을 이유로 반대하면 아무것도 할 수 없게 되는 경우를 너무 많이 보았다. 참으로 안타까운 현실이다. 그냥 지금의 현실에 안주하고 싶어 하는 이런 소위 뒷다리 거는 직원들을 효과적으로 제어하고 무력화시키는 것 또한 리더의 중요한 역할이다.

특히 경력사원 영입을 주도한 경영진이 회사의 문화와 관례를 이유로 새로운 운영체계의 도입이나 개혁을 반대하는 경우도 본 적이 있는데, 사자를 잡아와서 우리에 가두고 왜 넓은 초원에서처럼 포효하고 거칠게 뛰어다니지 않느냐고 닦달하는 것과 무엇이 다르겠는가? 차라리 기존 직원들을 우리에서 꺼내 초원으로 내보내고 사자와 함께 생존경쟁의 체험을 통해 발전하게 하는 모험을 감수하겠다는 강한 의지가 없다면 처음부터 사자를 우리로 끌어들일 필요가 없을 것이다.

운전면허를 딴 후 운전을 시작해서 3년 정도가 되면 한여름의 큰 비도 맞아 보고, 한겨울 빙판길도 운전해보고, 가끔은 비포장도로도 운전한 다양한 경험으로 인해 이제는 운전에 관한 한 자신이 전문가라고 생각하게 된다고 한다. 문제는 이 시기에 대형사고를 가장 많이 낸다는 데 있다. 즉 자신이 운전에 관한 한 전문가라는 교만에 빠지게 되는 이때가 가장 위험하다는 말이다. 직장생활도 마찬가지다. 3년 정도 어떤 일을 맡아서 하다 보면 왠지 다 아는 것 같고 특별히 더 배울 것도 없어 보인다는 교만에 빠지게 된다. 물론 대다수의 직원들에게 해당되는 것은 아니다. 보통 10~20% 정도의 직원들에게서 나타나는 악성종양 같은 상황이다.

좋은 점과 나쁜 점까지도 포함하여 회사에 잘 적응한 후 후배들을 이끌어야 되는 상황에서 매너리즘에 빠져 자칫 잘못된 지도를 하는 우를 범하게 된다. 예를 들면 정해진 기준이나 규칙에 따르지 않고 변칙이나 편법을 가르친다든지 아니면 자신의 전문지식을 뽐내기 위해 시간적인 이유 등을 핑계로 정상적인 절차가 아닌 자신만의 효율적인 절차, 사실은 비정상적인 절차를 가르쳐 놓아 나중에 그 후배들이 정상적인 절차 자체를 모르게 만드는 등의 부작용을 만들기도 한다. 초심은 어느덧 사라지고 마치 자신이 처음부터 개구리였던 것처럼 행동한다. 올챙이 시절의 어렵고 힘들었던 기억을 잊어버리고 선배들의 나쁜 점이나 자신이 고쳐야 했던 문제점들을 그대로 답습하고 있는 것이다.

이런 부정적적인 태도를 가진 선배들의 영향력을 최소화하는 방법은 의외로 간단하다. 후배나 신입사원의 실적과 성과, 적응 및 퇴사여부 등을 선배의 업무평가에 반영하는 것이다. 즉 후배의 실적이나 성과가 우수하면 그 결과를

    성공한 직장인들의 핵심 가치

후배의 교육에 참여한 선배의 실적으로 인정한다. 반대로 후배의 실적이나 성과가 부실하거나 적응 여부, 부적응에 따른 퇴사 역시 선배의 평가에 반영해 평가결과에서 감점을 주는 방법이다. 어쩔 수 없이 선후배가 한 배를 탄 운명이 되고, 이것이 결국 월급과도 연결되기 때문에 선배 역시 최소한의 노력이라도 하게 된다.

부서 이기주의를
타파하는 법

———————————— 회사의 규모와 매출이 늘어나고 이에 따라 조직이 커지면 부서도 늘어난다. 당연히 회사에 대한 인지도가 증가할 테니 유능한 인재도 많이 입사하게 되고 그에 따라 부서의 전문성이 점점 좋아지는 효과가 나타난다. 그런데 이때부터 생기는 문제점이 있다. 즉 부서 전문성 향상에 따른 자존심이 높아져서인지 상호 간에 협조가 잘 안 되는 것이다. 매사를 자기 부서의 입장에서만 생각하고 행동하는가 하면 힘든 일, 어려운 일이라도 생기면 서로 미루거나 다른 부서로 떠넘기려는 경향이 있다. 어느 부서의 업무인지 애매한 경계업무는 방치되거나 다른 부서의 업무에 무심해지고, 자기 부서의 업무에 대한 다른 부서의 간섭도 거부한다.

좋은 결과에 대해서는 경쟁적으로 자기들의 공이라고 홍보하지만, 나쁜 결과에 대해서는 아무도 책임지려 하지 않고 오히려 책임을 전가하기도 하며 때로는 자기 부서의 입장만 생각하고 회사에 손해가 생기는 행위조차 서슴지 않는다. 문제가 심각해지면 당연히 경영진에서는 부서 간의 협업을 통해 시너지를 내라고 주문하고, 시너지를 목적으로 무슨 위원회나 TF팀을 구성해보지만 회의만 하면 서로 자기들의 주장만 하고 전혀 건설적인 결론이 도출되지 않는다. 기업의 전형적인 성장통이다.

해결책은 의외로 간단하다. 회사를 위해서 일하는 사람들이 모여 있으니 당연히 모든 결정은 회사에 도움이 되어야 한다는 명분을 강조하면 된다. 즉 우리 부서가 다소 힘들어질 것 같은 경우에 회사를 위하는 일이니 우리가 조금 더 일하자는 생각으로 흔쾌히 동의해주고, 타 부서의 협조 요청에 1순위로 응해주면 결국 타 부서는 우리 부서에 신세진 것이므로 나중에 우리 부서에서 협조 요청을 했을 때 아무래도 좀 더 부드럽게 도움을 받을 수 있지 않을까? 이때 무엇보다도 중요한 것은 부서의 장 또는 리더의 역할이다. 그들끼리 자주 만나고 가끔 술이라도 한잔하면서 미리미리 예상되는 문제에 대한 대응 시나리오를 준비해놓고 문제 발생 시에는 그 시나리오를 따르면 된다.

세 가지만 기억하자. 첫째, 우리 부서의 이익이나 입장만 생각하다 보면 그 부메랑이 반드시 나에게 돌아온다. 둘째, 명분을 논리나 근거를 가지고 강조하자. 셋째, 결국 회사에서 알고 개입하는 사태가 발생하기 전에 수습하는 것이 무조건 내가 덜 손해 보는 길이다.

사람들은 대인관계나 협상이 잘 안 풀리거나 문제가 복잡하면 입장 바꿔 생각해보라고 쉽게 충고하곤 한다. 그런데 60년 가까이 살아왔지만 입장 바꾸는 것만큼 어려운 것이 없는 것 같다. 내 생각을 바꾸는 것도 어려운데 하물며 상대방의 입장에서 생각한다는 것은 정말 힘들기 때문이다. 서로의 위치를 바꾸어 생각한다는 것, 예를 들어 시어머니와 며느리의 입장 바꾸기, 갑과 을의 입장 바꾸기, 상사와 부하의 입장 바꾸기 등이 과연 생각처럼 쉽게 가능할까? 거의 불가능하다고 본다. 시어머니는 자신이 며느리 적 고생한 기억을 까맣게 잊어버렸고, 갑은 자기도 누군가에게는 을이라는 생각을 못 하며, 상사는 자신의 과거 시절을 기억하지 못한다. 지금 나의 상태가 편하고 아쉬울 것이 없는데 굳이 어려웠던 시절이나 고생했던 기억을 생각해서 불편을 감수할 사람이 어디에 있겠는가 말이다.

나는 입장 바꾸기가 쉽지 않을 경우에는 상사가 화를 내도 오죽하면 저럴까 하고 생각한다. 자세하게 이해되지는 않지만 나라도 화가 났을 것 같다는 느낌만 들어도 어느 정도는 입장 바꾸기가 성공했다고 본다. 직장에 근무하다 보면 생산부서와 품질관리부서처럼 입장이 많이 다른 부서 사이에서 종종 마찰이 발생한다. 그래서 나는 입장이 다른 두 부서 간에 마찰과 알력이 심할 경우 두 부서의 책임자를 서로 맞바꾸는 조치를 취하기도 한다. 재밌는 것은 이렇게 해도 전에 근무하던 부서의 입장을 감안하여 서로 협조되는 기간이 길어야 3개월 정도라는 것이다. 시간이 지나면 예전과 똑같은 마찰과 알력이 발생한다.

그래도 안 되면 문제나 사고 발생 시에 일방적으로 책임만을 묻지 않고 생산과 품질관리부서가 합동으로 원인조사, 피해 최소화 방안 강구, 재발방지 대책 수립 등을 수행하게 한다. 그러면 억지로라도 협력하면서 관계가 좋아지는 것을 볼 수 있었다. 강제로라도 관련부서 간에 협동하게 하면 나중에는 습관이 되어서 비교적 부서 간의 협업이 쉬워진다. 또한 부서 간의 마찰이나 알력 등의 갈등이 생기면 회사 전체의 입장에서 판단하자는 명분을 내세워 설득하면 어느 정도 제거가 가능하다.

재비인기,
가장 힘 있는 부서

대부분의 회사에는 영업, 생산부서처럼 직접 현장에서 부가가치를 만들어내는 조직 즉, 실무조직(라인조직)과 인사, 총무, 구매처럼 실무조직의 효율성을 높이는 역할을 하는 지원조직(스태프조직)이 있기 마련이다. 처음 회사를 창업했거나 규모가 작은 회사의 경우에는 실무조직과 지원조직의 경계도 애매하고 대부분은 몇 사람이 조직의 장까지 겸하기 때문에 문제가 없지만, 회사나 조직의 규모가 커지면 각 조직의 전문성도 커져 부서에 적합한 인재를 확보하고 지도 육성하여 경쟁력을 높이는 방향으로 발전한다. 이 과정에서 오히려 부서 간, 조직 간의 소통과 협업이 어려워지는 경우가 많다. 일종의 성장통이라고 볼 수 있는데, 가장 먼저 나타나는 부작용은 각 부서의 전문성과 효율성은 증대되는데 반해 회사 전체의 생산성과 효율성은 떨어진다는 것이다.

그 이유를 분석해보자. 제조업의 본질은 물품을 만들어서(생산) 고객에게 파는 것(영업)이다. 지원부서는 말 그대로 상품을 만들고 파는 부서가 원활하고 효율적으로 운영되도록 지원해야 하는 부서다. 그런데 부서 이기주의에 빠져 회사 전체의 입장 또는 실무부서의 입장이 아닌 자기 부서의 입장에서만 판단하고 우선순위와 업무의 경중을 일방적으로 결정해 업무를 처리한다. 가장 대표적인 예가 어느 부서(생산)의 업무협조 요청을 다른 부서(영업)를 핑계로 거부하거나, 전례가 없다는 이유로 검토 자체를 거부하는 것은 물론 사전 협조 요청이 없었다는 이유로 업무처리를 미루거나, 공식적인 요청절차 이외에 따로 전화 등으로 잘 부탁한다고 사정해야 하는 등 소위 부서 간 갑질을 하는 경우도 있다. 이렇게 되면 현장에서는 협조를 구해야 하는 연관부서가 많아지고, 각 지원부서의 협조를 얻어내기가 정말 힘들어지는 문제가 있고, 몇 번의 시도 끝에 자칫 업무진행 자체가 무산되기라도 하면 이후로는 새로운 시도 자체를 포기하게 되는 경우까지도 발생하게 되는 것이다.

특히 현장에서 일하는 직원들 사이에서는 재비인기 부서를 실세로 평가하는데, 심지어는 재비인기 부서를 설득하는 것이 대표이사나 관청의 공무원을 설득하기보다 어렵다는 말이 나올 정도다. 여기서 말하는 재비인기 부서는 재무, 비서, 인사, 기획 부서를 의미한다. 심한 경우에는 재비인기 부서의 일개 직원이 지원부서의 고위 임원에게 이메일이나 사내 통신문을 보내서 이렇게 저렇게 협조해달라고 요청하는 경우도 있는데, 대부분의 현장 임직원들은 그들이 회장님의 지시를 대행하는 것이라고 생각하기 때문에 지시 내용이 이상한 경우에도 감히 물어보지도 못하고 재비인기 직원의 지시를 따르는 경우도 비일비재하다.

이런 폐단을 방지하려면 적어도 재비인기의 책임자(팀장)가 되려면 영업이나 생산부서에서 3년 이상의 현장경험을 요구하는 등의 기준이 필요하다고 본다. 특히 이런 부서의 임원이 되려면 대표적인 실무부서인 생산과 영업의 현장 경험을 필수적으로 거치게 하는 것도 한 가지 방법이 되겠다. 왜냐하면 처음부터 재비인기 부서에 입사해 현장경험이 전혀 없는 직원들이 현장 업무를 지원한다는 것은 글자 그대로 탁상공론의 전형이 되기 때문이다. 이런 직원들의 보고에 의존하여 의사결정을 하는 최고 경영자가 있다면 역시 언젠가는 터질 시한폭탄을 지니고 다니는 것과 무엇이 다르겠는가. 경험상 회장님의 지시를 빙자하여 자신 또는 자기 부서의 편리를 도모하는 경우도 있었다. 이럴 때 내가 사용하는 방법은 지시내용이 이상하거나 평소 회장님답지 않은 지시가 내려올 때면 회장님께 직접 여쭤보는 것이다. 회장님 지시 운운하며 전달하는 그 사람에게 전화를 회장님실로 돌려달라고 부탁하면 된다. 제 발이 저린 경우에는 십중팔구 문제를 확실히 해결할 수 있고, 재발방지도 된다.

신뢰의 중요성

——————————— 크거나 작거나 조직을 운영하는 데 있어 가장 중요한 것 중 하나를 꼽으라면 나는 신뢰라고 말한다. 회사를 예로 들어보자. 창업 초기 직원의 숫자가 적을 때는 사장이 전 직원에 대해서 완벽하게 파악하고 관리할 수 있다. 가족 사항, 직원 집안의 대소사, 직원 개인의 관심사 등 말이다. 그러나 직원 수가 점점 늘어나다 보면 결국은 사장이 직원을 모두 다 상대할 수 없는 상황이 된다. 결국 사장의 대리인, 즉 관리자나 임원 등을 내세워 직원들을 관리할 수밖에 없게 되는데, 이때부터 사장과 대리인 간에 가장

필요한 것이 바로 신뢰이다.

사장뿐 아니라 임원이나 관리자들도 조직이 확장됨에 따라 연쇄적으로 대리인이 필요하게 되는데 일단 대리인을 두게 된 이상 사장 또는 상사는 부하를 신뢰할 수 있고 없고를 떠나서 신뢰해야만 조직을 이끌어나갈 수 있다. 이는 권한위임이기도 한데 부하 역시 상사를 신뢰해야만 원만한 조직 내에서의 활동이 가능하게 된다. 부하를 신뢰하지 못하면 당연히 권한위임이 안 되겠지만 어쩔 수 없이 권한을 위임해도 부하가 언제 배신할지 몰라 불안과 긴장으로 아마 많은 밤을 뜬눈으로 보내야 할 것이다.

내가 알고 있는 모 회사의 오너는 항상 부하들이 배신할까봐 두려워서 이중삼중의 기준과 규정, 가이드라인을 만들어놓고 모든 업무는 무조건 이 범위 내에서만 가능하도록 하고 있다. 물론 개인의 창의적인 아이디어도 이 범위 내에서만 가능하다. 그러다 보니 대부분의 직원들은 지위가 상승할수록 책임과 의무만 증가하는 상황을 견디지 못하고 퇴사하는 악순환이 10년 가까이 지속되고 있다. 오너 자신도 항상 불안과 초초함으로 심각한 불면증에 시달리고 있다고 고백한다. 참으로 안타까운 일이다. 나의 경험으로 볼 때 배신은 아랫사람이 아닌 윗사람이 먼저 하는 것이다. 분명한 것은 부하는 과거와 변한 것이 없다. 단지 상사의 시각 즉 부하를 보는 눈이 달라졌을 뿐이다. 만약 그분이 임직원들을 좀 더 믿고 좀 더 권한을 위임했더라면 지금은 중견기업으로 성장할 수도 있었을 텐데 아직도 10년 전의 매출 규모를 벗어나지 못하고 있어서 아쉬움이 많다.

오너의 입장이 어렵거나 불리할 때는 간이라도 빼줄 것처럼 부하를 대하다가도 상황이 유리해지거나 자식에게 기업을 승계할 때가 되면 이런저런 이유로 냉정하게 부하를 퇴출시키는 것을 많이 보아왔다. 제3자 입장에서 볼 때 분명 먼저 배신한 사람은 오너다. 임원들이 논리와 근거를 가지고 반대한 사업을 오너의 특권으로 강행해서 결국 실패한 경우 이 오너는 오히려 그때 왜

     성공한 직장인들의 핵심 가치

결사적으로 반대하지 않았느냐며 책임을 임원들에게 돌린다. 회사의 규모가 커지면 그에 맞는 능력의 리더가 필요하기 때문에 대부분의 회사에서는 전문 경영인을 두고 회사를 경영한다. 당연히 오너의 의중을 알고 있는 전문 경영인은 오너의 눈치를 보겠지만 적어도 1년 또는 수년간의 실적으로 평가받기 때문에 나름의 재량은 가지고 있다. 그러나 앞에서 언급한 오너처럼 모든 업무에 대해 시시콜콜 간섭과 제약을 받아야 한다면, 그리고 결과에 대한 책임까지도 임원이 져야 한다면, 그 회사에는 오너와 직원만 있으면 된다. 책임질 일이 생겼을 때 희생양이 될 관리자나 임원이 필요하다면 모를까.

세상에는
두 부류의 사람이 있다

———————————— 세상에 어려운 일이 두 가지가 있는데, 첫 번째가 내 생각을 남의 머리에 넣는 일이고, 두 번째가 남의 돈을 내 주머니에 넣는 일이라고 한다. 첫 번째 일을 하는 사람을 '선생님'이라고 부르고, 두 번째 일을 하는 사람을 '사장님'이라고 부른다. 그리고 이 어려운 두 가지 일을 한방에 다 하는 사람을 '마누라'라고 부른다. 그러므로 선생님에게 대드는 것은 배우기 싫은 것이고, 사장님에게 대드는 것은 돈 벌기 싫은 것이다. 마누라에게 대드는 것은 살기 싫은 것이다. 그러니까 우리 모두 마누라에게 겸손하고 순종하며 대들지 말자. 지인으로부터 받은 카톡 내용을 인용해보았다.

나는 세상에는 두 부류의 사람이 있다고 주장한다. 한 부류는 월급 받는 사람이고 나머지 한 부류는 월급 주는 사람이다. 이렇게 분류하는 이유는 각자의 입장이 정반대이고 그에 따라 취해야 할 행동 역시 완전히 다르기 때문이다. 아무리 작은 회사의 시장님도 사장님이고 아무리 월급을 수억 원씩 받아도 월급쟁이는 월급쟁이란 소리다.

입장이 어떻게 다른지에 대한 일화가 있다. 지인 중 하나가 새로 사업을 시작했다. 사장님이 된 것이다. 사업을 시작한 이유를 물어보니 농담처럼 매달 돌아오는 월급날이 너무 더디게 오는 것이 싫어서 자기가 사장이 되어 과감하게 개선해보고 싶었단다. 그런데 몇 달 뒤에 만나서 얘기를 나누다 보니 이제는 월급날이 너무 빨리 와서 직원들 월급 마련하느라 한 달이 다 갈 지경이라고 한탄이다. 사장님이나 직원이나 돈을 벌기 위해서 열심히 일하는 것은 같은데 왜 이렇게 정반대의 입장일까? 혹시 사장님은 내 일을 한다고 생각하는 데 반해 직원들은 사장님의 일을 해준다고 생각하는 것은 아닐까? 남의 일을 한다고 생각하니 열정도 떨어지고 무리하지 않는 것은 아닐까.

사장님 입장에서는 이런 직원들의 태도가 마음에 들 리 없을 테니 이런 입장 차이를 줄이려면 사고의 전환이 필요할 것이다. 사장님은 이익의 일정 부분을 직원과 공유하겠다는 생각을 가져야 하고, 직원들은 내 일을 한다는 생각으로 조건 없이 일하면서 서로가 성과를 공유할 수 있다면 가능하다. 어떤 사장님이 직원 월급을 올려주느니 차라리 세금을 더 내겠다고 말하는 것을 봤다. 이유를 물어보니 월급을 올려주면 당연한 것으로 알고 일은 안 하고 자꾸 월급만 올려달라고 한다는 것이다. 절이 싫으면 중이 떠나라고 주장하는 것도 봤다. 당신 정도의 사람은 연봉만 좀 더 주면 얼마든지 뽑을 수 있다고 말하는 것도 봤다. 이런 사장님의 부하들은 어떤 생각을 가지고 일할까 궁금하다. 아니 아직도 망하지 않았나 싶어 그것이 더 궁금하다.

20:50의 원칙

대부분의 직장인들은 월급을 많이 주는 회사가 무조건 좋은 회사라고 생각하는 경향이 있다. 그래서 대기업이나 금융권 또는 국영기업, 공기업 등을 선호한다. 다양한 월급 수준의 회사들에 다니는 임직원들과 대화해

 성공한 직장인들의 핵심 가치

보면 해당회사 임직원의 생각과 밖에서 보는 것이 사뭇 다른 경우가 많아서 충격을 받을 때도 많다. 월급쟁이 입장에서 가장 좋은 회사는 당연히 일은 적고 월급은 많은 회사일 것이다. 월급을 주는 입장에서 가장 좋은 임직원은 월급은 조금 주지만 일은 많이 해주는 임직원일 것이다. 이렇게 극단적으로 입장이 다른데 과연 지구상에 좋은 회사 또는 좋은 직원이 존재하기는 하는 것일까? 내 생각으로는 좋은 회사나 직원은 이론적으로만 존재한다고 본다.

그래서 좋은 회사와 좋은 직원의 기준을 제시하고자 한다. 그것이 바로 20:50의 원칙이다. 즉 사장님은 임직원의 월급을 20% 인상시켜주고, 임직원은 이익과 매출이라는 회사의 성과를 50% 증가시켜주자는 것이다. 이런 비율로 회사의 성과가 증가되고 월급이 인상될 수 있다면 회사도 월급 인상 등의 추가비용을 제외하고도 어느 정도 이익이 남을 것이고, 그래야 직원들이 계속 성과를 내줄 것을 믿고 또 다시 월급을 올려줄 생각을 할 것이니 말이다. 어쨌든 월급 인상률은 적어도 정부에서 발표하는 물가 인상률보다는 높았으면 하는 바람이 있다. 에를 들면 물가 인상률이 3.5%였다면 월급 인상률은 4% 정도. 만약 월급을 4% 인상시켜줬다면 당연히 업무량을 10% 늘려주는 것이 직원의 의무이고 회사와 직원들 모두를 위해 바람직하다.

일전에 어떤 회사의 사장님과 대화 중에 깜짝 놀란 적이 있다. 그 회사는 월급을 거의 안 올려주는 것으로 유명한데 우연한 기회에 사장님께 그 이유를 물어봤다. 월급을 올려주면 직원들의 기대심리가 커져 자꾸 월급을 올려달라고 할 테니 귀찮아서 차라리 법인세를 더 내고 말겠다는 답변이 돌아왔다. 그러다가 직원들이 불만을 가지고 이직하면 어떻게 할 생각이냐고 물었더니 걱정 안 한다고 했다. 월급만 많이 주면 직원들은 얼마든지 뽑을 수 있다는 대답이었다. 할 말을 잃었다.

그 사장님의 아버지께서는 맨손으로 시작해서 창업한 후 탁월한 기업가 정신으로 기업을 성장시켰으나 아들인 그 사장님에게는 기업가 정신 따위는 없어 보였다. 그 사장님에게 임직원들은 그저 쓰다 버리는 소모품 정도의 가치밖에 없어 보였다. 헤어질 때 간곡히 부탁한 한마디가 있었다. "사장님, 지금 하신 말씀을 절대로 임직원들에게는 하지 마십시오. 적어도 직원들은 사장님의 그런 생각을 모르도록 행동하시는 것이 좋을 것 같습니다." 만약 임직원들이 이런 사장님의 생각을 알게 되면 어떻게 될까 걱정이 된다.

해고 사유

나는 직장생활을 하면서 절대로 해서는 안 되는 행위가 있다고 입버릇처럼 강조하곤 한다. 내가 강조하는 해서는 안 되는 행위를 할 경우 해고사유에 해당된다고 교육하고 있고 실제로 해고시킨 직원들도 있다.

첫째, 성희롱 또는 성폭력 행위이다. 당연히 가해자는 사건 발생 당일 즉시 자진퇴사를 유도한다. 본인이 거부할 때는 인사위원회를 통해 해고시키는 것이 맞다. 경우에 따라서는 억울하다고 주장할 수도 있겠지만 평소에도 성희롱으로 오해받을 행동을 했거나 주변사람들로부터 좋은 평판을 받지 못했던, 그리고도 남을 사람이라는 평가를 받고 있던 사람이라면 아마 가족들로부터도 외면받기 십상일 것이다. 나는 업무상 여직원과 신체접촉이 필요할 때라도 미리 양해를 구하라고 강조한다.

둘째, 직장 동료 간의 구타, 폭력 행위이다. 적어도 인간의 존엄성을 인정하고 직원들을 자신과 동등한 인격자라고 생각한다면 아무리 화가 난다고 해도 폭력을 사용할 수는 없을 것이다. 성범죄와 마찬가지로 폭력 역시 습관성 행위이기 때문에 처음 사태가 발생되었을 때 강력하게 처리해야만 본인이나 다른 직원들에게 본보기가 된다.

셋째, 무리한 빚보증이나 방탕, 사치, 허영 등으로 인한 신용불량자이다. 나는 평소 직원들에게 심지어 부자간에도 빚보증은 서주지 말라고, 그래도 계속

    성공한 직장인들의 핵심 가치

해서 보증을 요구하면 내 핑계를 대서라도 보증을 거부하라고 교육한다. 특히 문제가 되는 것은 부모형제 사이의 보증이다. 결과가 나쁠 경우 가족 전체가 망하게 되거나 재기불능에 빠질 수도 있다. 차라리 한 명이라도 정상적인 상태로 남아있어야 그나마 도와줄 여지도 있고, 재기의 희망도 있기 때문이다.

이와는 별도로 부하에게 언어폭력을 행사하는 상사의 경우, 적어도 나와 함께 일할 생각을 포기한 것으로 생각하겠다고 공개적으로 선언해오고 있다. 여기서 말하는 언어폭력에는 여자라서 별 수 없다 등의 성차별적인 발언, 대학 졸업자가 맞느냐는 등의 상대에게 고의로 모욕을 주는 행위, 지역감정이나 특정 종교 등에 대한 편견으로 마음에 상처를 주는 행위 등이 해당된다. 또한 나이 어린 상사에게 맞먹는 행위, 예를 들면 나이 많은 사원이 자기보다 나이 어린 주임에게 "어이, 이 주임!" 하는 식으로 대하는 행위는 조직 내의 위계질서를 파괴한다. 직장 내에서 나이 많은 직원에게 형 또는 오빠라고 부르는 것도 마찬가지다. 직장이란 상사가 지시나 명령을 하고 부하는 그 지시나 명령에 따라 업무를 수행하는 곳이다. 지휘체계가 명확해야 하기 때문에 호칭은 중요하다. 물론 직장 이외의 사적인 장소에서는 별개지만 말이다. 나이 많은 하급자가 나이 어린 상급자에게 맞먹는 것이 발견되면 해당 직원은 이미 상급자 위에서 군림하는 것으로 간주하여 더 이상의 승진승급이 필요 없는 직원으로 분류된다.

3장 프로 직장인이 되는 법
사고의 전환 없이는 불가능한 것

만약 5분 후의 미래를 알 수 있는 사람이 있다면 그 사람은 마음만 먹으면 무엇이든지 할 수 있을 것이다. 물리적으로 5분은 매우 짧은 시간이지만 남들보다 5분 일찍 선택권을 가진다는 것은 생각만 해도 엄청난 능력이 될 것이다. 나는 직원들에게 항상 반 박자만 빠르면 틀림없이 성공할 수 있다고 강조한다. 예를 들어 미안한 상황이 발생하면 상대보다 반 박자 먼저 죄송하다고 말하고, 고마운 상황이 발생하면 역시 상대방이 느끼기 반 박자 전에 감사함을 말로 표현하면 되는 것이다.

직장에서도 상사가 물어보기 전에 업무의 진행상황을 먼저 보고하면서 의문사항이나 변동사항에 대한 처리를 물어보자. 비록 반 박자지만 상사는 감동하고 당신이 예의 바르고 매사 분명하게 일처리를 한다는 인상을 가지게 될 것이다. 현실적으로 고마운 상황이 발생한 후 3초만 지나도 이미 고맙다는 말을 할 타이밍을 놓친다. 늦게 하는 고맙다는 말은 마지못한 것으로 들리기 때

  성공한 직장인들의 핵심 가치

문에 역효과를 줄 수도 있다. 미안한 상황도 마찬가지다. 미안하다고 말할 타이밍을 놓치면 미안하다는 말을 하기가 힘들어진다. 상대방이 불쾌하게 생각해버린 후라면 이미 두 사람의 관계는 서먹해졌다는 것을 의미한다.

상사는 부하가 지시받은 내용을 잘 이해하고 상사의 마음에 드는 결과를 약속한 기한 내에 제출해주기를 기대한다. 중간에 자꾸 진행상황을 물어보는 것도 못 믿는다는 오해를 줄 수 있기 때문에 내심 불안하지만 참고 있을 수도 있다. 그러니 지금까지의 경과와 예상치 못한 문제점이나 난관이 있으면 말씀드리고, 혹시라도 기한 내에 결과물 제출이 어려우면 미리 상사의 양해를 받으면 된다. 상사도 당신의 솔직한 보고에 너그럽게 기한을 연장해줄 것이다. 당연히 중간보고 내용을 보고 경험 많은 상사의 판단으로 조정이 가능할 경우 조언도 해줄 것이고 방향도 수정해줄 것이기 때문에 상사의 기대치를 만족시키는 결과물을 만들 가능성도 그만큼 커진다는 이점도 있다.

해보셨습니까?

──────────── 누구나 새로운 일이나 처음으로 닥친 상황 앞에서는 두려움이나 귀찮음 때문에 망설이거나 심리적인 거부감이 들 수 있다. 특히 회사에 새로운 체계를 도입하거나 변화를 추구할 때는 많은 임직원, 특히 현재의 체계나 방법에 익숙한 근무기간이 긴 직원들일수록 거부감이 크다. 누구나 지금 하던 대로 지금의 습관대로 하는 일이 가장 익숙하고 편한 것은 당연하다. 또는 지금의 체계나 방법이 제법 효율적이고 쉽다는 것을 나름의 논리로 증명하려는 시도도 있을 수 있다. 나아가서 머리로는 회사의 방침 즉 개혁과 변화를 이해하면서도 몸은 현재의 상태에 안주하려는 모순적인 행동도 하게 된다. 이런 직원들을 그대로 방치하면 회사의 개혁과 변화에 대한 저항세력으로 보일 수 있다. 지금까지의 회사 발전에 큰 공이 있는 데도 불구하고 정리

대상이 될 수도 있으니 상사 입장이라면 특별히 더 신경 써서 관리해야 한다.

이런 부류의 직원들에게 내가 주로 사용하는 말이 "해보셨습니까?"이다. 과거 H 그룹 회장이었던 분이 자주 사용했다고 해서 유명해진 말이기도 한데, 추진력 있는 리더의 모습을 느낄 수 있다. 일단 조금이라도 시도해보고 문제가 있으면 다시 논의하는 식으로 진행하자고 제안하는 것이다. 물론 함께 시도하는 것은 당연하다. 세상에 아무리 쉬운 일도 단번에 100% 성공하기는 어렵다고 본다. 그렇다고 성공률이 0%인 경우도 없다. 즉 성공률이 낮을 것으로 예측된다고 해서 그것을 핑계로 시도조차 안 하는 것보다는 일단 일부 또는 단 10%만이라도 실행해보고 그 결과에 따라 방법을 바꾸면서 점차 100%로 나갈 수 있도록 진행하는 것이 최선이라고 생각한다. 옛말에도 있지 않은가? 시작이 반이라고 말이다. 아무것도 하지 않는 것보다는 시도했다가 실패할지라도 그 실패가 밑거름이 되어서 결국에는 큰 성공을 가져다줄 것이라는 믿음을 잃지 않았으면 좋겠다.

일본의 유명한 의사가 호스피스 병동에서 죽어가는 환자들을 보살피면서 대략 3천 명과 인터뷰한 내용을 담은 책을 읽은 적이 있다. 그 책에서 말하기를 죽어가는 사람들에게 가장 아쉬운 점을 물어봤을 때 가장 많이 한 답변이 바로 "해보기라도 할 것을"이었다고 한다. 시도조차 해보지 않은 자신에 대한 반성이 가장 컸다는 말이다. 그때 사랑한다고 고백할 것을, 미안하다고 사과할 것을, 용감하게 세계여행을 떠나볼 것을 등 사실은 나중에 생각해보면 별로 어렵지 않았을 것 같은데 그때는 왜 그렇게 힘들어했는지 머리로 이해하기 힘든 경우가 참 많은 것이 우리네 인생이지 싶다. 역시 인생은 머리가 아니라 가슴의 느낌대로 살아야 하는 것인지도 모르겠다.

     성공한 직장인들의 핵심 가치

세상은 불공평하다
그러나 인생은 공평하다

———————— "세상은 참 불공평합니다." 아마 대부분의 사람들이 이 말에 동의할 것이다. 열심히 법을 지키고 양심적으로 노력하는 사람들이 살기에 너무 불리하다고 생각하는 사람도 많은 세상이니까 말이다. 특히 사회지도층이나 부유층 일부의 도덕적 해이는 고단한 생활을 감수하는 우리들의 공분을 사기에 충분하고도 남는다. 부자 부모의 자식으로 태어난 사람은 계속 부자로 살 가능성이 크고, 가난한 부모의 자식으로 태어난 사람은 가난하게 살 가능성이 큰 그야말로 심각한 양극화 세상에 살고 있다. 어떤 젊은이들은 모든 것을 포기하고 홈리스로 전락했다고 한다. 실제로 노숙자로 지내고 있는 사람들 중에 20~30대의 비중이 20%에 달한다고 하니 뭔가 잘못돼도 한참 잘못된 세상인 것 같다.

지금의 50~60대는 가난한 나라에 태어나 먹고 자고 입는 문제부터 많이 힘든 시절을 겪은 세대다. 대부분 부모님들도 가난했기 때문에 모든 문제를 혼자 해결하고 노력해서 오늘의 내가 되었지만, 대부분 태어날 때부터 풍요로웠던 지금의 20~30대는 소위 고생이라는 것을 모르는 채 오직 부모님의 경험에 따라 열심히 공부하는 것이 성공의 지름길이라고 믿고 죽어라고 공부만 한 죄밖에 없는데 막상 대학을 마치고 보니 취직이 안 된다는 고민을 안고 있다. 이들은 생계를 위해 고생한 경험이 없기 때문에 쉽게 좌절하고 방황할 가능성이 크다. 그러나 걱정하지 말자. 나는 인생은 공평하다고 본다. 왜냐하면 젊어서 고생해보지 않은 사람은 결국 늙어서라도 틀림없이 고생하게 될 것이라는 믿음이 있기 때문이다. 누구나 인생에서 어느 시기에서든 어느 정도 고생을 할 수밖에 없다는 내 나름의 믿음이다.

옛말에 젊어서 고생은 사서도 한다고 했다. 또 크게 성공할 사람에게는 하느님이 큰 시련을 주고 고생을 시켜서 이것을 극복해냈을 때 성공이라는 열매를 준다는 말도 있다. 고난과 어려움을 겪어보지 않은 사람은 결코 성공할 수 없다고 생각한다. 배고파 보지 않은 사람은 결코 굶은 사람의 허기짐을 이해하지 못한다. 아무리 부잣집에서 태어나 부유하게 살았다고 해도 물려받은 부를 유지하기 위해서는 나름의 노력과 고생이 필요하다. 아마 가난한 집에서 태어나서 오로지 자신의 힘만으로 부를 일궈야 하는 사람이 해야 하는 노력과 고생 못지않게 힘들 것이다.

어렵게 직장에 취직했어도 마찬가지다. 젊어서 즉 입사 초기에 사서라도 고생을 자처하고 노력한 사람은 그 고생이 밑거름이 되어 성공에 많은 도움이 된다. 그래서 젊은이들에게 강조한다. 젊은이들이여, 젊어서 사서라도 고생을 하라. 가능한 한 한 살이라도 어렸을 때 많은 시행착오와 실패를 경험하라. 젊어서의 실패는 얼마든지 극복할 수 있지만 나이가 들면 점점 실패가 두려워지고, 한 번 실패했을 때 극복하기도 쉽지 않으니 말이다.

'그렇기 때문에'보다는
'그렇지만'이라고 하자

———————————— 사람의 운명은 평소에 무의식적으로 자주 쓰는 말에 의해서 결정된다고 한다. 밝고 긍정적인 말을 즐겨 쓰는 사람과 부정적이고 소극적인 말을 자주 쓰는 사람의 운명에 대해서 한번 상상해보자. 어떤 사람과 함께 일하고 싶을까? 대부분의 직원들은 새로운 업무나 변화 앞에서 "그렇기 때문에 ~ 이유로 안 될 것 같습니다. 또는 실패할 것 같습니다"라고 말하곤 한다. 참으로 신기한 것이 안 되거나 불가능한 이유는 순간적으로 줄줄이 쏟아내는데 정작 되는 방법을 찾아보라고 주문하면 갑자기 벙어리가 된다. 고맙게도 정말 가끔 "그렇지만 결국 해내겠습니다"라고 말하는 직원이 있다. 대기업에서 임원의 비율이 대략 1% 정도라고 하는데 아마 여기에 해당될 직원이

　　　　　　　　　　　성공한 직장인들의 핵심 가치 ·············

아닌가 생각된다.

이는 근본적으로 업무나 변화를 대하는 태도나 마음자세의 문제라고 보는데, 자신의 업무에서는 자기 자신이 최고의 전문가이기 때문에 문제해결의 열쇠 또한 자신이 가지고 있다는 점을 명심해야 한다. 단순하게 입장을 바꿔서 자신을 상사라고 가정하고 직원인 나에게 업무를 지시했을 때 어떤 식으로 대답하는 직원을 선호하게 될지를 생각해보라. 안 된다거나 불가능한 이유를 줄줄이 대는 직원보다는 어려울 것 같은 지시에도 어떻게든 좋은 성과를 내려고 이리저리 궁리하는 모습을 보이는 직원을 당연히 선호하지 않을까?

나는 문제가 발생했을 때 항상 직원들에게 요구하는 것이 있다. 일정 기간을 말미로 주고 나와 직원들 각자가 해결방법을 서로 연구한 후 다시 모여서 각자가 준비한 아이디어를 제시할 때 나보다 더 많은 더 좋은 해결 방안을 가져오라고 말이다. 왜냐고? 적어도 그 직원들이 해당분야에서는 나보다 전문가이고 기술자이기 때문에 당연히 해결책도 더 좋거나 더 많아야 한다는 것이 이유다. 항상 불가능하거나 안 되는 이유를 찾는 태도에서 어떻게 하면 가능한지를 연구하는 태도로 자신을 바꾸는 가장 좋은 방법은 말투부터 바꾸는 것이다.

특히 상사와의 대화에서는 이런저런 이유로 안 된다고 말하는 무조건 부정형 직원보다는 항상 "그렇지만(어렵지만) 방법을 찾아보겠습니다. ~를 지원해 주시면 가능할 것 같습니다." 등의 긍정적인 말투를 사용하는 조건부 긍정형 직원이 될 수 있도록 연습하라고 권하고 싶다. 무조건 안 된다고 부정하면 혹시라도 나중에 되는 상황을 찾아 좋은 결과를 만들어도 생색낼 수 없게 되므로 어차피 해야 한다면 가급적 조건부 긍정으로 시작하자.

나는 지금도 항상 아니 대부분 출근길이 설렌다. 항상 설레는 태도로 출근하는 나를 보면서 아내는 이해가 안 된다고 한다. 항상 새로운 것을 추구하고 호기심이 많은 성격 탓도 있겠지만 무엇보다도 매사를 긍정적으로 생각하는 태도의 영향이 크다고 하겠다. 다른 사람들은 몰라도, 오늘은 무슨 새로운 사고가 나를 기다리고 있을까? 내 호기심을 자극할 만한 새로운 일은 없을까? 이런 생각을 하면 자연스럽게 아침 출근시간이 설렐 수밖에 없다. 직원 수가 400명이 넘는 공장에서 2교대로 작업을 하고 어떤 때는 철야작업까지 하는데 사건사고가 없다면 그게 오히려 이상할 것이다. 매번 사건사고가 발생할 때마다 고민하고 스트레스를 받다 보면 몇 달도 근무하기 힘들 것이 뻔하기 때문에 처음 출근할 때부터 아예 마음자세를 바꾸기로 했다.

피할 수 없다면 즐기라 했던가. 내가 고민하고 걱정한다고 문제가 저절로 해결되는 것도 아니니 오히려 문제가 발생했을 때 새로운 변화나 개선의 전환점으로 만들면 된다. 단, 같은 사건사고가 절대로 반복되어서는 안 된다. 누군가가 말했다. 나이가 많아서 노인이 아니라 호기심이 없어져서 노인이라고. 호기심만을 기준으로 한다면 나는 아직도 20대 초반이라고 자부한다. 내 능력이 다할 때까지 젊은 사람들에게 뒤지지 않을 호기심과 열정으로 오래전부터 계획하고 진행해왔던 내 인생의 목표를 달성하기 위해 노력할 생각이다. 오늘도 출근하면서 중얼거린다. "나와 인연을 맺고 있는 모든 분들이 나로 인해 인생에서 조금이나마 도움이 되었다고 생각할 수 있도록 오늘도 열심히 노력하자."

경쟁자를
이기는 방법

내가 처음 모 대기업 중앙연구소에 입사하여 일을 시작했을 때의 경험이다. 입사 동기 대부분이 소위 SKY 출신이 아니면 외국대학이나 KAIST 출신이었고 지방대학 출신은 나를 포함해서 3명뿐이었다. 즉 대부분의 입사동기들이 나보다 스펙이 월등하게 좋고 이미 많은 선배들이 회사

     성공한 직장인들의 핵심 가치

에 근무하고 있는 등 배경까지 좋다는 현실을 인정해야 했다. 얼떨결에 지역 학교 출신 배려정책에 따라 입사 혜택을 받은 나로서는 앞으로의 직장생활에 대한 걱정이 많을 수밖에 없었다. 구태여 비유한다면 마라톤 출발선에 무거운 배낭을 메고 대중교통을 이용해 걸어서 힘겹게 도착해보니, 이미 다른 선수들은 오래전에 자가용 타고 도착해서 몸도 풀고 컨디션 조절까지 끝낸 상황이라고나 할까. 출발부터 상당한 핸디캡을 가지고 있다는 점이 나의 마음을 무겁게 했다. 그래서 정말로 심각하게 그들과의 경쟁에서 이길 수 있도록, 아니 적어도 뒤처지지는 않을 방법에 대해 고민했고 내 나름대로 찾은 최선의 결과는 물리적으로 그들보다 시간을 두 배 더 이용하는 것이었다.

자세히 관찰해보니 그들은 하루에 8시간만 일하고 있었다. 그래서 나는 그들보다 두 배 이상 즉 16시간 이상을 일하는 방법을 택했다. 이 중 8시간은 그들처럼 정상 근무를 하고 나머지 8시간 동안은 별도로 나의 부족한 실력 향상을 위해 사용했다. 당연히 토요일이나 일요일도 특별한 일이 없는 한 무조건 출근했다. 모르는 것이 있으면 주변의 선배들뿐만 아니라 대덕연구단지의 타 연구소도 적극 방문하여 전문가에게 자문을 구하는 등 끝까지 해결해내고는 했다. 대략 6개월 정도 밤낮, 주말 없이 노력했더니 다행히 남들보다 빨리 업무 파악이 끝났고 내가 할 일에 대한 뚜렷한 목표가 확립되었다. 그렇게 3년 정도 경과되었을 때에는 연구소의 누구도 나를 지방대학 출신이라고 우습게 보지 않게 되었다. 또한 SKY 출신들을 앞에 앉혀놓고 당당하게 교육을 하는 강사 역할까지 했으니 나 자신도 얼마나 뿌듯했을지 상상해보라.

나는 지금도 후배들에게 항상 강조한다. 입사 초기 3년이 매우 중요하다고. 입사 초기 3년간 미친 듯이 노력할 수만 있다면 그때의 바람직한 업무 습관이나 실무지식으로 인해 향후 30년간의 직장생활이 보장된다고 말이다. 한번 형성된 좋은 업무 습관은 수십 년이 지나도 유지되기 때문에 당신의 성공을 보장해주는 가장 확실한 무기가 된다고 말이다.

열심히 노력했다고요?
그럼 증거를 대봐요

업무 지시를 하고 나서 그 결과를 기다리다 보면 의외로 생각보다 진행이 늦어져 곤란한 경우가 많다. 늦어지는 원인을 조사해보면 타 부서 또는 타 회사 등에 협조를 의뢰했는데 협조를 잘 안 해줘서 진행이 지연됐다는 답변을 듣곤 한다. 이런 상황을 방지하기 위해서 내가 평소에 강조하는 말이 있다. "당신은 정말 열심히 노력했나요? 그렇다면 노력했다는 근거를 제시해보세요." 대부분 노력했다는 근거가 전화나 이메일 한두 번 전한 정도인데 이 정도를 가지고 열심히 노력했다고 하기에는 뭔가 많이 부족한 느낌이다.

어디선가 들어본 이야기다. 아버지가 아들에게 인생의 큰 교훈을 주기 위해 뒷산으로 데리고 올라가서 큰 바위 앞에 섰다. 그리고 아들에게 이 바위를 최선을 다해 산 아래로 굴리라고 지시했다. 아들은 땀을 뻘뻘 흘리면서 열심히 바위를 밀어봤지만 바위는 꼼짝하지 않았다. 한참을 지켜보던 아버지가 아들에게 말했다. "아들아, 너는 왜 최선을 다하지 않느냐?" 아들은 땀 흘리며 애쓰고 있는데 아버지가 그렇게 말하자 매우 섭섭했다고 한다. 왜 아버지는 그런 말씀을 하셨을까? 정답은 바로 옆에 있는 아버지에게 부탁해서 함께 바위를 밀지 않았기 때문이다. 혼자보다는 아버지와 함께 둘이 밀었다면 바위를 굴릴 가능성이 크다는 것을 우리 모두 알고 있는데 말이다.

인생에서 어려운 일이 닥쳤을 때 모든 해결방법을 혼자만 찾을 필요는 없다. 부모형제에서 시작해 친구나 직장 동료들의 도움을 요청하고 그들이 도움을 필요로 할 때는 기꺼이 도와주는 것이 함께 사는 세상일 것이다. 타 부서 또는 타 회사와의 협조가 정말 필요하다면 10번 아니 20번이라도 협조를 구해야 한다. 하루에도 몇 번씩 전화하고 이메일을 보내고 그래도 안 되면 직접 찾아가자. 이 정도쯤 되면 상대 부서나 상대 회사의 입장에서도 업무의 심

     성공한 직장인들의 핵심 가치

각성을 알고 어쩔 수 없어서라도 협조하지 않을 수 없다. 이후에 당신이 또 업무협조를 의뢰하면 아마 최우선으로 처리해줄 것이다. 그런 당신의 업무태도가 주변에서는 저 친구의 요구는 가능한 한 빨리 협조해주는 것이 좋다는 긍정적인 평판이 될 수도 있다. 특히 어려운 문제에 발목 잡혀 쉽게 해결책이 떠오르지 않을 때는 그 문제와 전혀 관계가 없을 것 같은 사람에게 물어보면 오히려 쉽게 해답을 찾게 되는 경우가 있으니 활용해보자.

시간이 없어서
못 한다고요?

임직원들과 대화하다 보면 여러 가지 안 되는 이유를 듣게 된다. 그중 대표적인 안 되는 이유가 바로 시간이 부족해서 도저히 할 수 없다는, 어찌 보면 아주 합리적이고 과학적인 근거가 있다. 물리적으로 필요한 최소한의 시간을 그 업무에 종사하는 사람은 누구나 알고 있을 것이기 때문에 가장 그럴 듯한 사유가 되는 것이다. 그러나 이것은 명백히 논리에 맞지 않는다고 나는 주장한다.

다음의 예를 가지고 설명해보고자 한다. 통상 공공기관에서 어떤 승인을 받기 위해서는 여러 가지 구비요건을 만족시킨 서류를 작성하여 해당 기관에 접수시키고 처리기한 동안 기다려야 한다. 이때 처리기한이 20일이라고 가정하면, 담당자는 무슨 일이 있어도 20일은 기다려야 하기 때문에 그 이전에는 어쩔 도리가 없다고 주장한다. 그렇다면 다시 한 번 생각해보자. 처리기한의 의미가 무엇인가. 특별한 사유가 없는 한 그 기한 내에는 승인여부를 결정해준다는 의미가 아닌가. 만약 담당 공무원이 마음만 먹는다면 20일 이내에도 얼마든지 처리해줄 수 있다는 의미가 된다. 정말 급하고 꼭 하루라도 일찍 승인을 얻겠다는 의지가 있다면 매일이라도 해당 공무원을 찾아가 조르기라도 하면 다만 며칠이라도 승인이 빨라질 수 있다는 말이다. 나의 경험으로도 처리기한 40일짜리를 매일 찾아가 사정해서 10일 만에 얻어낸 적이 있다.

우리 회사의 어떤 연구원과의 대화를 소개하면 도움이 될 것 같다. 연구원에게 신제품 연구를 1개월 이내에 끝냈으면 좋겠다고 부탁하자 그 연구원은 적어도 3개월은 필요하기 때문에 도저히 불가능하다고 답했다. 그래서 그 연구원에게 방법만 있다면 정말로 열심히 노력해볼 생각은 있는지 물었고 그렇다고 대답하기에 내가 제시한 해답을 들려주었다. 내가 퇴근하면서 보니까 연구소의 불이 가장 먼저 꺼져 있더라. 하루는 24시간이니까 정말로 하겠다는 의지만 있다면, 밤을 새워서라도 일할 수만 있다면, 1개월만 고생하면 3개월의 효과를 낼 수도 있다고 생각하는데 당신의 생각은 어떤가 물었다. 그날 이후 연구소의 소등시간이 많이 늦어진 것으로 알고 있다.

누군가가 이런 말을 했다. 문제를 해결할 방법이 없는 것이 아니라 우리가 아직 그 문제를 해결할 방법을 찾지 못했을 뿐이라고. 여러 가지 불리한 여건이 해결되면 열심히 하겠다는 말은 결국 못 하겠다는 말과 같다. 발상의 전환이 필요하다. 불리한 여건을 극복하고 좋은 결과를 만들어낸 다음 당당하게 칭찬해달라고 요구하는 것이 더 아름답다.

문서화는

모든 업무의 기본

전에 근무하던 회사에서의 일이다. 젊은 부사장님이 근무하기 시작했을 때다. 이분은 회장님의 아들로 미국에서 MBA를 하고 왔는데 모든 보고자료는 문서로 하고 전화보다는 근거가 남는 이메일을 이용하자고 제안했다. 전화로 업무를 진행할 경우 결과가 좋을 때는 문제가 없을지 모르나 결과가 나쁠 경우 근거가 없기 때문에 서로 책임을 전가하는 경우를 종

성공한 직장인들의 핵심 가치

종 보아왔다. 이 경우 결국 목소리 큰 사람 또는 경영자의 신임이 두터운 사람, 아니면 지위가 높은 사람이 이기는 것이 일반적이다. 이에 비해 이메일을 포함한 문서로 업무를 할 경우 특히 이메일의 경우 연월일, 시간, 발신자, 수신자, 수신여부 등 명확한 근거가 남는 것은 물론 업무의 결과에 따른 논란의 여지를 처음부터 없애주기 때문에 정상적인 태도로 업무를 하는 사람에게는 더욱 유용하다.

위에서 얘기한 부사장님의 경우 처음 근무를 시작할 때는 근거가 확실한 문서화를 강조했으나 점점 전화를 사용하기 시작했고 언제부턴가 은근히 전화를 이용할 것을 권유하기도 했던 기억이 있다. 문서로 업무를 진행했을 때 당신 입장에서 곤란한 경우가 점점 늘어나지 않았었나 싶다. 자신에게 불리한 내용이 문서로 남으면 나중에 곤란할 수도 있었을 것이다. 이런 점이 현장을 파악하지 못한 리더들에게서 나타나는 전형적인 시행착오다.

또 하나 생각나는 점은 부사장님의 독특한 업무처리 습관이다. 어느 날 전화를 해서 3개월 전에 보고했어야 하는 업무를 그때 당시 보고했는지 물었다. 물론 보고했다고 과거에 이메일로 보고한 내용을 다시 전달했더니 얼마 뒤에는 다시 6개월 전에 보고했어야 하는 업무를 보고했는지 묻는다. 당연히 보고했던 이메일을 찾아서 다시 전달했더니 또 얼마 후에는 1년 전에 보고했어야 할 업무를 보고했었는지 물어왔다. 또다시 보고했던 이메일을 찾아서 다시 보고했더니 더 이상은 전 업무에 대한 확인이 없었다. 사실 그분과 일을 하면서부터 보고는 항상 이메일을 이용하고 적어도 1년간은 주고받은 이메일을 보관하는 버릇이 생겼다. 물론 나는 그 당시 나의 응대가 문서화의 성과라고 생각했었는데 몇몇 임원들이 위와 같은 확인조사에 적응하지 못하고 부사장님과의 갈등으로 회사를 떠났고, 나 역시 몇 년 후 그 회사를 떠나게 되었다. 수년의 시간이 흐른 뒤 다시 생각해보니 오히려 철저한 문서화로 인해 밉보였던 것은 아닌지 그래서 피해를 본 건 아닌지 싶은 생각도 든다.

또 하나 문서 관련 중요한 사항이 있다. 문서로 작성된 내용은 이후에 어떤 일의 근거자료가 되는 것은 물론 참고자료로 활용되어야 하기 때문에 누가 봐도 알기 쉽게 작성되어야 한다. 나는 항상 직원들에게 문서를 작업할 때는 상사가 문서만 읽어도 작성자의 의도를 80~90% 정도는 파악할 수 있어야 한다고 강조한다. 문서로 보고한 후 따로 대면하여 말로 보충설명을 해야 한다면 시간이 흐른 뒤에는 아무도 내용을 이해할 수 없을지도 모르기 때문이다.

잘 작성된 기안서, 보고서의 조건

경험에 비춰볼 때 경험과 지식이 풍부한 사람들이 쓴 보고서나 기안서의 내용일수록 이해하기 힘든 경우가 많다. 각종 전문용어나 기술적인 표현들이 포함되고 자신이 알고 있거나 알리고 싶은 내용이 많다 보니 페이지 수도 점점 늘어나게 되는 것 같다. 그런데 지위가 높아질수록 실무에서 손을 뗀 지가 오래되었기 때문에 그런 복잡한 보고서나 기안서의 내용을 이해하기 힘들다. 나의 경우에도 작성자를 따로 불러서 설명을 들을 때도 있다. 나처럼 직접 불러서 내용에 대한 보충설명을 들을 수 있는 경우라면 그래도 괜찮지만 대부분의 최고 결정권자는 서류만을 보고 판단하기 때문에 서류만으로 이해시키지 못하면 그 보고서나 기안서는 아무 의미도 없게 되는 것이다.

특히 이해가 안 되는 것은 이런 보고서나 기안서 대부분이 작성자의 의도나 주장을 파악하기가 애매하다는 점이다. 서두에 기안서나 보고서의 작성 배경이나 목적은 나와 있으나 중간에 여러 가지 시도, 방법 등을 장황하게 서술하다가 정작 결론은 서류의 맨 뒷장에서 한두 줄로 끝나는 경우가 많다. 왜 그런 보고서나 기안서를 작성했는지까지는 이해되지만 왜 그런 결론에 도달했

   성공한 직장인들의 핵심 가치

는지를 파악하기가 힘들다. 결론을 도출하는 과정의 설명이 너무 어렵기 때문이다.

그래서 내가 생각하는 좋은 보고서나 기안서의 조건에 대해 조언하고자 한다. 먼저 서두에 명확하고 간결하게 이 보고서나 기안서를 작성하게 된 배경이나 목적을 기술한다. 아마 두세 줄 정도면 충분할 것이다. 다음에는 주장하고 싶은 내용 또는 결론을 대략 세 가지 정도로 간략하게 기록한 다음 왜 그런 결론에 도달했는지를 요약해서 기술한다. 가급적 자세한 근거자료나 시도한 방법, 결론에 도달하게 된 기술적 시도 등은 첨부 문서나 뒷부분에 두어서 읽는 사람, 즉 결재자의 선택에 의해 필요 시 확인 유무를 결정하게 하면 된다.

특히 많은 비용이 지출되는 시설이나 기계 투자 관련 기안서라면 해당 시설이나 기계가 왜 필요한지에 대한 생산능력 증대, 원가절감, 구입 이후 투자비용 회수 기간 등이 포함된 구입사유서와 해당 물품의 용도에 대한 자세한 설명이 포함된 용도설명서를 12폰트 이상의 가급적 큰 글씨로 작성하여 첨부하면 된다. 결재자의 지위가 높아질수록 현장의 시설이나 기계에 대한 이해도가 낮아지므로 사진 등을 첨부하면 더욱 좋다.

작성자에게 있어서 보고서나 기안서는 고위층에게 자신의 역량과 업무를 효과적으로 홍보할 수 있는 수단이기 때문에 비록 문서 하나에 불과할지라도 당신의 출세에 도화선이 될 수 있다는 점을 명심해야 한다.

6개월 전에 작성한 보고서는 촌스러워야 한다

내가 처음 직장생활을 시작한 곳은 모 대기업 중앙연구소였다. 그 당시도 내로라하는 큰 화학회사였고 규모도 제법 컸지만 흩어져 있던 연구기능을 모아 중앙연구소를 만든 지 얼마 안 돼서 그런지 시설,

운영체계, 인력구성이 지금 생각해보면 많이 부족했던 것 같다. 내가 연구소 공채 2기였던 것으로 기억되지만 선배들은 모두 여기저기 공장의 생산, 품질관리부서에서 차출되어 왔기 때문에 나이 차이도 많았고 제일 중요한 연구관련 업무에 멘토가 될 사람이 없었다. 연구업무 자체에 대한 정의에서부터 업무의 내용이나 연구수행 방법 모두가 그야말로 무에서 유를 창조하는 것이었고, 모든 업무는 나 하기에 달려 있었다. 이때 내가 선택할 수 있는 방향은 두 가지였다.

첫째, 적당히 일하면서 병역특례기간을 채우고 나와서 전공인 약학을 살려 약국을 경영하거나 제약회사로 직장을 옮겨서 대접받고 일하는 방법. 둘째, 백지상태에서 출발해서 현재 하고 있는 업무에서 인정받고 보람을 찾는 방법. 아마 후자 쪽을 선택했던 것 같다. 부장님께 공장 실습을 자청해서 고생했던 기억이 있다. 그때의 생산 및 품질관리 현장실습 경험과 친하게 된 공장직원들은 연구업무와 현장개선에 많은 도움을 주었다.

연구업무의 꽃은 단연 연구보고서이다. 보고서 속에는 연구의 배경, 목적, 결과, 시도된 방법, 실패사례, 참고문헌, 관련부서와의 협업 내용 등이 총 망라되는데 크고 작은 연구업무는 연구보고서의 형태로 정리되고 다른 연구원이나 후배연구원들의 참고자료로도 활용된다. 보고서를 쓸 때마다 가장 고민되었던 점은 전에 작성한 보고서보다 새로운 내용이나 시도를 추가하고 싶고, 내 스스로 판단해도 전에 쓴 보고서에 비해 수준이 향상되어야 한다는 내 나름의 욕구를 충족시키는 것이었다.

그러기 위해서는 단순히 지금 하고 있는 담당 업무 외에 관련된 분야의 기술적인 분야까지 알아야 할 필요가 있기 때문에 원료나 자재 공급업체의 연구소를 방문하여 내가 미처 모르고 있었지만 제품을 만들 때 영향을 줄 수 있는 요인들에 대해서도 미리 검토했다. 이런 것들을 활용해서 새로 쓰는 보고서에 계속 새로운 내용이 추가됐고, 새로운 지식이나 정보를 입수하기 위해 해외

　　　　성공한 직장인들의 핵심 가치 ......

전문잡지나 특허기술 등에 대해 끊임없이 조사하고 공부해서 새로운 방법, 기술을 계속 적용했다. 그러다 보니 6개월 전에 보고서에서 시도된 방법은 어찌 보면 내게는 먼 과거의 낙후된 방법일 수밖에 없었다. 이렇게 일하는 스타일을 후배들에게 가르치고 매뉴얼화시켰기 때문에 그 당시 내가 속해 있던 팀의 연구력은 다른 팀의 관리자들에게 좋은 평가를 받았고, 홧김에 그만두겠다는 말만 나와도 서로 자기들 팀으로 들어오라고 했던 것으로 기억하고 있다. 그때 만들어놓은 매뉴얼을 지금도 신입사원 교육용으로 활용하고 있다는 말을 지금은 대학교수로 있는 후배연구원에게 들었을 때는 왠지 기분이 좋았다.

보고 기한

──────────── 상사가 나에게 10일 이내로 ○○건에 대해 보고서를 제출하라고 지시했다면 언제까지 보고하는 것이 좋을까? 대부분은 상사의 책상 위에 보고서를 올려놓거나 전자결재 시스템으로 보고하는 것으로 보고가 완료됐다고 생각하고 10일째 되는 날 오후까지 보고하는 경향이 있다. 과연 그렇게 생각해도 될까? 자, 상사와 입장을 바꿔서 생각해보자. 당신이 상사인데 부하의 보고서가 시한 만료일 오후에 당신에게 도착했다고 치자. 그런데 과연 그 보고서의 내용은 몇 %나 상사의 마음을 만족시킬까. 수정하려면 어느 정도 시간이 필요할까. 대폭 수정해야 하면 상사가 보고서를 새로 작성해야 할까? 왜냐하면 상사는 상사의 상사에게 보고서를 올려야 하고, 보고서의 내용은 상사뿐 아니라 그 상사의 상사 또는 임원이나 최고경영자의 마음에도 들어야 하기 때문이다.

다시 처음으로 돌아가자. 그럼 언제까지 보고서를 제출해야 할까? 몇 번의 수정을 거쳐서 최종 확정된 보고서가 상사의 손에 들어갈 수 있거나 최악의 경우 적어도 상사가 내용을 완전히 고쳐서 재작성하는 데 필요한 시간까지 감안하면 보고 시한 3~4일 전에는 상사에게 보고되어야 한다고 본다.

그래서 다음과 같이 제안하고 싶다. 보고서 내용에 자신이 없을수록 지시 후 3~4일이 지났을 때 보고서 초안을 가지고 상사와 면담을 하여 상사의 의도와 보고서의 내용이 일치하는지를 점검받는 것이 좋다. 또 처음에는 10일이면 충분할 것 같아서 10일 이내로 보고한다고 약속했더라도 보고서 작성 중에 예기치 못한 문제가 생겼다면 가급적 빨리 상사를 찾아가서 상황 변화에 대해 보고하고, 보고시한 연장을 허락받거나 상사와 함께 다른 대책을 강구해야 한다.

내가 알기로는 중간에 상사를 찾아가서 진행상황을 보고하고 상사의 의견을 물어보았을 때 싫어하는 상사는 없다. 오히려 일처리를 잘한다는 좋은 이미지를 심어줄 수도 있다. 보고시한을 철저하게 지키게 되면 상사로부터 약속을 잘 지키는 사람, 성실한 사람이라는 평가를 받을 수 있다. 신뢰를 얻을 수 있는 지름길이다. 그러나 보고시한을 넘기고 상사의 독촉을 받고서야 이런저런 사연으로 보고서 작성이 지연됐다고 변명하는 직원은 조직생활의 낙오자로 인식되고, 앞으로 자신의 존재를 드러낼 수 있는 업무부여 기회조차 받지 못할 가능성이 높다. 상사는 자신의 기대에 못 미치는 당신에게 계속 기회를 줄 이유가 없다.

똑똑하지만
게을러야 한다

인류의 과학문명의 발전은 똑똑하고 게으른 사람들에 의해서 이루어졌다는 말이 있다. 똑똑하다는 건 알겠는데 게으르다는 점은 이해가 안 된다는 사람이 있을 것이다. 그 이유를 한번 생각해보자. 당연히 똑

    성공한 직장인들의 핵심 가치

똑하고 부지런한 사람들은 가만히 앉아서 생각하기보다는 몸을 움직여서 자신이 직접 문제를 해결하려 들 것이다. 그러나 텔레비전 채널을 바꾸는 것이 귀찮지 않았다면 리모컨이 세상에 나왔을까? 우리 주변의 많은 과학 문명의 이기는 육체적으로 편하기 위한 노력의 결과물이 많다. 직접 손으로 하던 일에 연장을 사용하고 나아가 자동화된 기계를 쓴다. 이로 인해 남는 시간은 휴식을 취하거나 좀 더 쉬운 방법을 연구하는 데 사용할 수 있으니 게으른 것, 즉 육체를 사용하는 것을 싫어하는 것도 인류에게 유익할 수 있다.

물론 개선을 잘하기 위해서는 똑똑하고 게으른 것만으로는 부족하다. 거기에 집요함이 더해져야 한다. 인류 역사상 위대한 과학자들은 문제를 해결하기 위해 수년 심지어는 수십 년간을 계속해서 생각하고 또 생각했다고 한다. 남들이 보기에는 한 가지 문제에 집착해서 다른 것에는 관심이 없으니 게을러 보일 수도 있었겠지만 그들의 머릿속은 문제해결을 궁리하기 위해 한순간도 쉬지 않았을 것이다. 확실한 목표의식과 분명히 개선해야 할 것이 있다는 문제의식을 가지고 집요하게 문제점을 해결하려는 노력의 결과가 개선으로 나타나고 조직의 효율을 높이고 발전을 가능하게 한다.

결국 개선은 먼저 내가 편해지고 나의 일이 쉬워지고 빨라지게 하고자 하는 노력의 결과가 아닐까? 여러 명의 개선이 모이면 궁극에는 회사라는 조직의 체질이 바뀌고 효율이 높아지고 성공하게 되니까 말이다. 효율적인 개선을 위해서는 행동보다는 먼저 생각을 하고 어떻게 하면 더 쉽고 더 빠르고 더 단순하게 할 수 있을까에 집중할 필요가 있다.

순환근무

속담 중에 '욕 하면서 배운다, 시집살이 심하게 당한 며느리가 더 심하게 며느리 시집살이 시킨다'라는 말이 있다. 100% 동감이다. 처음 신입사원으로 입사해서 처음 업무를 시작하면 참신한 신입사원의 시각으로 볼 때 부서 내 곳곳에서 이상하고 비상식적인 것들을 쉽게 발견할 수 있다. 그렇다고 섣불리 선배나 상사에게 문제가 있는 것이 아니냐고 물었다가는 자칫 분위기 파악 못 하는 직원으로 찍힐 수 있기 때문에 대충 넘어가다가 대략 3년 정도 근무하게 되면 그런 부서의 분위기와 문화에 적응되어 나도 모르게 조직논리에 젖게 된다. 참신했던 신입사원은 사라지고 그저 그런 또 한 사람의 일반적인 직원이 되는 경우가 너무 많다.

이때 필요한 것이 바로 새로운 시각이다. 다시 신입사원으로 돌아갈 수는 없지만 부서를 옮기는 방법으로 어느 정도 해결이 가능하다. 3년 정도 근무했고 장래성이 있어 보이는 직원을 타 부서나 생산에서 영업 등 다른 업무에 순환근무를 시키는 것이다. 이 경우 이미 3년 정도의 경력이 쌓여 있으므로 새로 배치된 부서에 가서 이상한 점에 대해 어느 정도 자기 목소리를 낼 수도 있고, 바뀐 업무를 통해 전에는 없었던 역지사지도 가능하기 때문에 문제점에 대한 해결방법도 다양한 관점으로 생각하게 된다. 한마디로 순환근무에서 계속 잘 적응하는 직원은 핵심인재로 육성하여 장차 팀장, 임원의 재목으로 키우면 될 것이고, 현재의 업무에서는 뛰어나지만 새로 맡은 일에서는 성과가 별로인 직원은 현재의 업무에 특화시켜 전문가로 육성하여 핵심인재들의 참모로 키우면 되는 것이다. 이렇게 순환근무를 통해 전문가 그룹과 관리자 그룹을 나누고, 인사관리도 전문가 그룹은 비교적 경쟁은 적으나 월급 인상률이 낮고 승진이 늦은 대신 정년을 보장한다. 한편 관리자 그룹은 치열하게 경쟁해야 하고 경쟁에서 낙오되면 퇴출되지만 경쟁에서 살아남으면 빠른 승진과 높은 월급인상을 보장해주는 체계로 이원화시킬 필요가 있다.

아울러 대리나 과장 등 일정 직급으로 승진하는 시점에서 직원들에게 전문직을 선택할 수 있도록 기회를 주고 전문직이 되면 순환근무에서 배제해주는 것도 한 가지 방법이 되겠다. 내 생각으로는 팀장이 되려면 적어도 3년 정도

   성공한 직장인들의 핵심 가치

의 생산현장 경험이 있어야 하고, 임원이 되려면 생산경험은 물론 영업경험까지 있어야 한다고 본다. 또한 매년 신입사원이 입사하면 생산지원자가 아닌 직원의 경우 적어도 3개월 이상 생산현장 실습을 시킨 뒤에 애초 지원한 부서에 배치할 것을 강력하게 주장한다. 특히 연구, 개발, 품질, 영업부서의 경우는 6개월 정도의 현장실습이 필요하다고 생각한다. 입사 초기 현장실습을 통해 생산현장의 시설, 환경을 파악하고 작업자와의 친분을 쌓아놓으면 이후 그 직원의 담당업무를 수행하는 데도 많은 도움이 된다는 것을 잊지 말자.

순환근무와 관련하여 명심할 사항이 있다. 순환근무를 핑계로 평소에 맘에 안 들었던 부하직원을 정리하는 관리자들이 있다. 순환근무의 목적은 우수 인재를 발굴하고 여러 부서에서 경험을 쌓게 하여 핵심인재로 키우는 데 있다. 그런데 관리자 개인의 이기적인 목적을 위해서 악용한다면 가장 먼저 그 관리자를 한직으로 순환근무시키는 것이 좋겠다.

바쁘다는 말의 정의

나에게는 평소에 좀처럼 쓰지 않는 말이 있다. 그중 하나가 '바쁘다'는 말이다. 흔히 오랜만에 사람들을 만나면 의례적인 인사말로 "요즘 바쁘시죠?" 하고 물어보는데 나는 항상 "아니요. 저는 바쁘지 않습니다."라고 대답해서 상대방을 당황시키고는 한다. 이렇게 대답하는 것은 오랜 기간 동안 나의 몸에 밴 습관 때문이다. 지금은 많이 게을러졌지만 젊은 시절, 그러니까 내가 20~30대 시절에는 일과 결혼한 사람으로 불렸다. 지금도 집안 행사가 있어도 회사에 일이 있다고 하면 우리 가족들은 당연히 내가 회사 일에 참석해야 한다고 믿을 정도다. 그렇다고 가족이나 가정에 충실하지 않은 것은 절대로 아니다. 나는 누구보다도 가정에 충실한 직장인이라고 자부한다.

누군가가 바쁘다고 말하면, 특히 부하직원들이 바쁘다고 하면 항상 해주는 말이 있다. 바쁘다는 말은 오늘 내가 하지 못한 일을 내 능력으로는 영원히 하지 못하는 상황을 말하는 것이다. 만약 오늘 하지 못한 일일지라도 내일 열심히 노력해서 할 수 있다면 오늘은 바쁜 것이 아니다. 인간의 운명은 자신이 평소에 많이 사용하는 단어대로 정해진다는 말이 있다. 입버릇처럼 나는 불행하다고 말하는 사람이 행복해질 수 없고, 나는 안 된다고 말하는 사람이 뭔가를 성취할 수 없을 것이며, 마찬가지 이유로 나는 바쁘다는 말을 입에 달고 사는 사람은 지금 이상의 능력 발휘가 불가능할 것이다.

결국 바쁘다는 말은 자신의 발전을 가로막는 족쇄가 된다. 상사 입장에서도 늘 바쁘다고 말하는 부하보다는 묵묵히 일하는 부하에게 업무를 더 줄 것이고, 그렇게 더 많은 업무를 수행하는 부하가 성과를 낼 더 많은 기회를 갖게 되고, 인정도 빨리 받게 될 것이다. 정말로 바쁠 때라도 나는 바쁘지 않다는 마음가짐을 가져야 마음의 여유를 통해 새로운 아이디어도 생각할 수 있고, 자신에 대한 객관적인 평가도 가능해진다. 만약 당신이 바쁜 와중에도 주위 사람들에게 도움을 줄 수 있다면 바쁘다는 말에서 헤어나지 못하는 그들 사이에서 금방 돋보이게 될 것이다.

언젠가 할 일이면
지금 하자

———————————— 내가 처음 하는 말은 아닐 것이다. 다른 회사 견학을 가거나 업무상 방문을 하면 이런 문구가 붙어있는 것을 가끔 본다.

언젠가 할 일이면 지금 하자.

누군가 할 일이면 내가 하자.

어차피 할 일이면 웃으며 하자.

  성공한 직장인들의 핵심 가치

우리 회사 월례조회에서 어느 분이 하신 말씀이 생각난다. "황금보다 더 소중한 것은 소금이고, 소금보다 더 소중한 것은 지금이고, 지금보다 더 소중한 것은 쪼금(겸손)이다. 지금 안 하면 영원히 할 수 없습니다. 우리나라 속담에도 '나중에 보자는 놈치고 무서운 놈 없다'는 말이 있습니다. 대부분의 사람들이 지금 해야 할 일을 미루다가 꿈을 이루지 못하고 죽는다고 합니다. 여러분의 버킷리스트에는 어떤 내용이 담겨 있습니까? 지금 당장 시작하세요. 아니면 죽을 때 후회합니다. 직장에서는 누구나 자기가 해야 할 일이 정해져 있습니다. 그때그때 일을 처리하지 않고 미루면 결국 야근에, 휴일 근무에, 상사의 질책에 스트레스를 받겠지요. 일을 미루지 않는 습관은 당신을 성공의 길로 인도합니다. 문제는 뚜렷하게 누가 할 일이라고 정해져 있지 않은 일들입니다. 새로운 프로젝트나 기존의 업무와 성격이 다른 업무가 발생했을 때 상사가 묻습니다. 누가 하겠습니까? 이때가 나의 존재를 상사에게 확실하게 긍정적으로 각인시킬 수 있는 기회입니다. 다들 기피하는 업무를 자진해서 맡으면 다른 동료들에게 고맙다는 소리를 들을 수도 있고요. 내가 원하든 아니든 일단 나에게 업무가 맡겨지면 그때는 긍정적인 마음으로 웃으면서 일하자는 말입니다."

나는 신입사원 시절 하루 종일 콧노래를 부르며 일하곤 했다. 상사들은 하루 종일 콧노래를 부르며 즐겁게 일하는 나를 보고 좋은 이미지를 갖게 되었다는 말을 나중에 들었다. 정기공채 면접이 시작되면 면접관으로 선정된 임원이나 팀장님들에게 항상 강조하는 기준이 하나 있다. 모든 상황이나 조건이 비슷한 두 지원자 중 한 명만을 뽑아야 한다면 둘 중 자신이 의식하지 않은 상태에서 표정이 밝은 사람을 선택하라고, 그래도 결정이 쉽지 않으면 오늘 저녁 가족 식사에 초대할 경우 누가 더 자연스러운지를 생각해보고 결정하라고 말이다. 얼굴은 마음의 창문이라고 생각한다. 밝고 긍정적인 생각을 가지고 있는 사람이라면 무의식중에도 밝은 표정이 나타난다. 즐겁다고 생각하는 것만으로도 인체 내의 면역세포가 활성화되어 항암 및 암 치료 효과가 있다고 한다. 항상 그러기 어렵다면 가끔이라도 콧노래를 부르면서 즐겁게 일하는 것은 어떨까?

고마운 분들께
신세 갚는 방법

———————————— 나이가 들수록 주위에 고마운 분들이 너무 많다는 것에 감사한다. 모든 신세진 분들께 그때그때 감사를 표하거나 신세를 갚는 것이 쉽지는 않지만 내게는 나만의 방법이 있다.

나는 지금도 남의 집을 방문하거나 식당에 가거나 출장 등으로 호텔에 머물 때면 항상 먼저 화장실의 위치와 비상 시 탈출구, 그리고 그 집의 귀중품을 보관하는 장소를 알아놓는다. 화장실은 지금은 괜찮지만 오랫동안 신경성 장염으로 고생하면서 불시에 찾아오던 설사 때문이고, 비상구와 귀중품은 어릴 때의 경험 때문이다.

초등학교 1~2학년경으로 기억하는데 내가 다니던 초등학교 근처 양조장에 큰불이 났었다. 한밤중에 동네 어른들을 따라 화재현장에 갔을 때는 이미 불이 많이 번져있었고, 너무 어두워 가재도구나 귀중품을 꺼내기가 힘들어보였다. 다음 날 학교 가는 길에 화재현장에 들러봤는데 미처 꺼내지 못해서 타버린, 비싸게 보이는 귀중품들의 잔해가 널려있었다. 어린 마음에도 어제 저녁에 저것들의 위치를 알고 있었더라면 조금이라도 꺼낼 수 있지 않았을까 하는 생각에 아까웠다. 지나가다가 인사를 하면 불러서 맛있는 사탕을 주시던 양조장 사장님의 얼굴도 떠올랐다. 그때부터 남의 집을 방문하면 혹시라도 문제가 생겼을 때 조금이라도 도움을 주기 위해 사람을 대피시킬 비상구와 귀중품 보관 장소를 확인하게 되었다.

   성공한 직장인들의 핵심 가치

객지생활을 남들보다 이른 중학교 2학년부터 시작했고 집안 형편이 좋지 않아 물질적으로 뭔가를 전하는 것이 힘들었기 때문에, 나이가 들면서 자연스럽게 신세지고 있는 주인집에 뭔가 도움이 되는 것을 찾아서 하게 되었다. 그런 내 행동을 기특하게 여기고 먹을 것을 챙겨주던 주인집 아주머니들이 가끔 생각난다.

지금도 직장이나 주위 사람들과 모여서 회식이라도 할 때면 화장실, 비상구, 귀중품 위치에 대해서 가끔 얘기한다. 남에게 신세지면 반드시 갚아야 한다고 믿고 있고, 또 그렇게 해야만 직성이 풀리는 내 성격 때문이리라. 금전적인 여유가 있는 사람은 고마운 사람들에게 밥도 사고 돈도 쓰는 등의 물질적인 도움을 전할 수 있다. 그러나 그렇지 못한 사람도 몸을 쓰는 방법 즉 힘든 일을 도와주고, 좋은 말로 힘을 북돋아주고, 값싼 자판기 커피 한 잔을 권하거나 작은 초콜릿 한 개를 건네며 외로운 시간을 함께 해주는 것 등으로 신세를 갚을 수 있다는 것을 기억하자. 진짜 프로는 직장 동료와 상사, 부하, 그 외 주위 사람들을 살피고 챙길 수 있는 마음의 여유를 가진 사람이라고 생각한다. 내 주변 사람들과 함께 가는 사람이 진정한 프로다.

PART

2

자기 혁신적 인재

남다른 직업관의 목표 지향적 인재

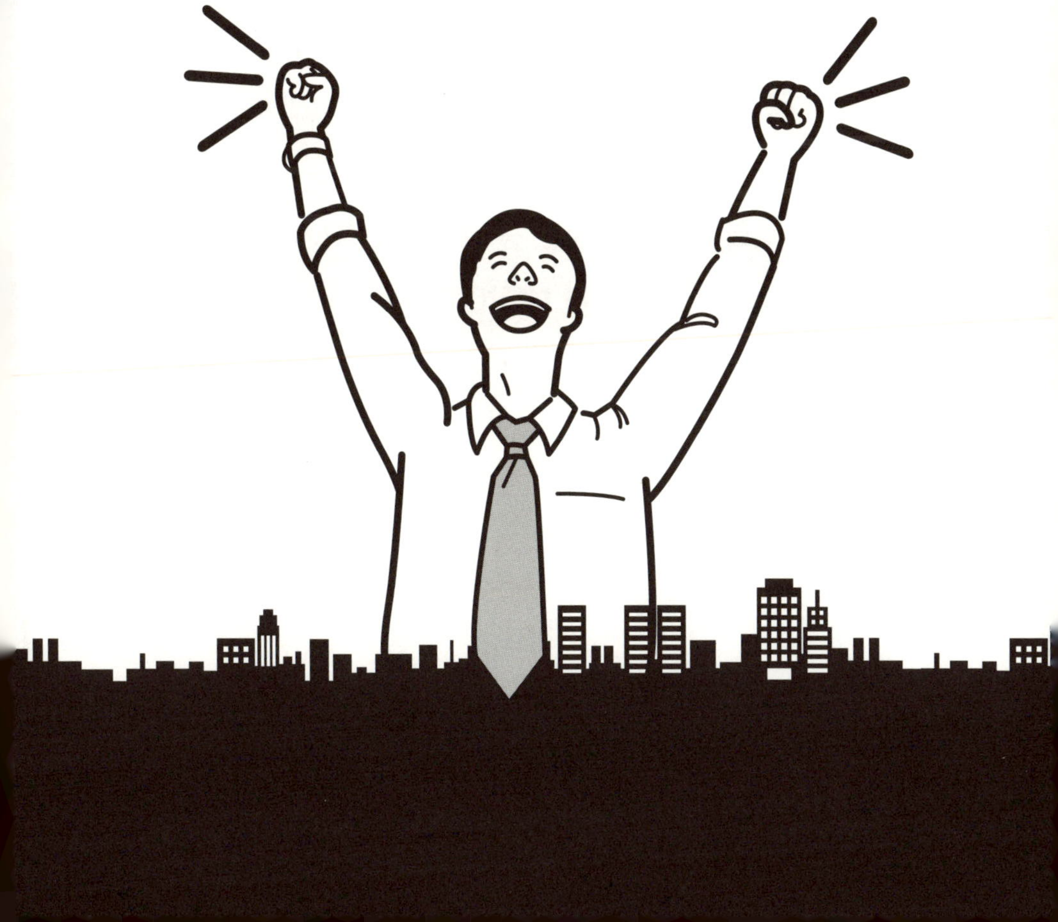

목표는 크고 높을수록
성공할 가능성이 많다고 한다.
목표가 100인 사람이 100%
성공할 경우 100을 얻을 수 있다.
반면에 목표가 200인 사람은
80% 성공할 경우 160을 얻을 수 있다.

왜 목표가 크고 높아야 하는지에
대한 대답이다.

4장 조직이 원하는 사람
프로의식과 주인의식이 충만한 사람

무조건 나에게 전화를 걸어오는 사람은 나의 고객이라는 생각이 필요하다. 고객, 특히 불만을 가지고 있는 고객으로부터의 전화에 주목해야 한다. 직접 방문하여 마주 앉아 상담하는 경우와 달리 전화를 이용한 대화는 상대방이 보이지 않기 때문에 자칫 가볍게 응대할 수 있으니 더욱 조심해야 한다. 특히 불만을 가진 고객의 요구사항이 과하다 싶을 때나 귀찮을 때는 곧잘 사내규정을 핑계로 거절하는 경우가 종종 있다. 이 경우 그 고객은 영원히 우리 회사에 악감정을 가지게 될 것이고 아마 기회가 있을 때마다 부정적인 발언을 할지도 모른다. 그러므로 무조건 거절하기보다는 상황과 고객의 감정 상태를 잘 살핀 다음 가능하면 고객의 요구를 들어줄 방법을 찾아야 한다. 최종적으로는 요구를 들어주지 못하더라도 최선을 다하는 모습을 보여줄 수 있다면 고객에게 좋은 이미지를 줄 수 있다.

일전에 모 회사에서 소비자와 있었던 일화가 생각난다. 제품에 문제가 있어

제조회사에 전화했더니 담당여직원이 웃으면서 전화를 받아서 우선 기분이 나빴는데, 며칠 뒤 교환 환불 처리가 늦어져 다시 연락했다가 회사 내 처리절차에 따르기 때문이라는 답변을 들었다고 한다. 소식이 없어서 며칠 뒤에 또다시 연락했을 때는 반품 택배비 5천 원을 입금시켜줄 건데 사내 규정에 따라 증빙서류가 필요하니 주민등록증 및 통장의 사본을 먼저 송부해야 한단다. 화가 난 고객이 해도 해도 너무한다고 난리를 치자 특별히 계좌번호만 알려주면 입금해주겠다고 선심 쓰듯이 말해서 또 한 번 기분이 나빴다고 한다. 아마 이 고객은 다시는 그 회사와 거래하지 않는 것은 물론이고 나에게 말했던 것처럼 아마 다른 여러 사람들에게 그 회사와의 나쁜 경험을 말하고 다닐 것이다. 기분 나빴던 경험은 보통 7명에게 경험을 전파한다고 한다.

물론 회사의 규정이 중요하고 회사를 운영하는 데 없어서는 안 되겠지만 상황에 따라 조금의 융통성도 없이, 심지어는 회사에 안 좋은 결과를 줄 때까지도 꼭 지켜야 한다는 것이 회사의 방침이라면 회사운영이 너무 경직되어 있거나 직원들의 근무태도가 매우 기계적이라고 판단하고 점검해야 한다. 과연 이런 회사가 계속해서 성장해나갈 수 있을지 걱정될 정도다. 자, 주위를 한번 둘러보자. 우리 회사는 과연 고객의 말에 얼마나 귀를 기울이고 있고 우리 직원들은 얼마나 고객들과의 대화에서 융통성을 발휘할 수 있는지 말이다.

전화받는 사람이
회사를 대표한다

나는 타 회사를 방문할 때 가장 먼저 살피는 것이 정문 경비실 또는 안내실 직원들의 태도이다. 소위 잘 나가는 회사의 경비원이나 안내원은 적극적이고 친절하다. 먼저 다가와서 친절하게 누구를 찾아왔는지 묻고 주차장까지 안내해주는 경우도 있다. 그러나 대부분의 회사 경비원은

 자기 혁신적 인재

불친절의 대명사다. 방문객이 누구인지와 관계없이, 물론 고급 승용차를 타고 가면 예외겠지만, 자리에 앉아서 손짓으로 방문객을 부르고 지시하는 투로 방문 내용을 출입일지에 기록하게 하는 것은 예사고 심한 곳은 신분증을 맡기도록 하는 회사도 많이 봤다. 아마 그 회사에서는 모든 방문객을 수상한 사람이나 하찮은 납품업자, 잡상인쯤으로 보고 있는지도 모르겠다.

회사 내에서 외부 전화를 받는 경우도 마찬가지다. 타 회사에 전화할 경우 처음 전화를 받는 사람에 따라 그 회사에 대한 첫인상이 결정된다. 처음 전화받는 사람을 무의식적으로 그 회사와 동일시하기 때문이다. 친절하고 배려 있게 전화를 받으면 그 회사가 친절하고 고객에 대한 배려가 크다고 생각하겠지만, 반대로 불친절하거나 담당자에게 전화를 돌리다가 끊어지기라도 하면 고객을 우습게 보는 회사라고 낙인찍는다. 기분이 나빠진 고객은 주위의 다른 사람들에게 불쾌했던 경험을 얘기할 것이고, 이런 상황은 회사를 위해서도 좋을 것이 없다.

그래서 회사의 임직원들은 전화를 받을 때 언제나 내가 회사를 대표한다는 마음가짐이 필요하다. 자기가 알고 있는 범위 내에서 최대한 친절하게 응대함은 물론 잘 모르는 부분에 대해서는 담당자에게 전화를 바꿔줄 경우에도 연결 중에 전화가 끊길 것을 감안하여, 혹시 전화가 끊기면 담당자와 직접 통화를 시도할 수 있도록 담당자의 전화번호를 미리 알려드리는 것이 기본이다. 특히 화가 나 있는 고객이나 블랙컨슈머 같은 불량고객의 경우라면 충분히 불만 내용을 들어주면서 그 상황에서는 나라도 기분이 나빴겠다고 맞장구쳐주는 것만으로도 어느 정도 감정이 누그러질 수 있다.

또한 전화로 해결이 불가능하고 나름의 조사가 필요한 경우에는 담당자가 적어도 몇 분 이내에 전화드릴 것이라고 약속하고 전화를 끊은 뒤, 반드시 담당자가 30분 이내에 전화할 수 있도록 조치해야 한다. 이런 경우 보통 30분이 적당한 시간이다. 정말로 담당자가 30분 이내에 고객에게 전화하면 일단 고객은 제대로 대접받고 있다고 느끼기 때문에 대화가 한결 쉬워질 수도 있다는 점을 명심하자. 이렇게 담당자가 불만고객과 통화하게 하는 것까지가 처음 전화를 받은 직원의 임무라고 생각하는 적극적인 태도가 필요하다.

이렇게까지 신경 쓰는 이유는 간단하다. 비록 담당자와의 업무 협의 결과가 당장은 만족스럽지 못하더라도 이렇게 고객에게 최선을 다하면 그 고객은 우리의 친절함을 쉽게 잊지 못할 것이다. 이렇게 맺은 좋은 관계나 이미지는 나중에 더 큰 기회를 가져다주는 창구 역할을 할 수도 있다. 내 경험으로 봐도 처음부터 큰 기대를 걸었던 고객보다는 처음에는 별 기대 없이 시작했던 고객과의 거래가 더 성공적이었던 경우가 많았다. 전 직장에서도 일본시장을 개척할 당시 우연히 방문했던 일본 업체 관계자에게 진정성을 가지고 친절하게 대했던 것이 계기가 되어 결국 큰 성과를 내기도 했다. 비록 지금은 작고 하잘것없는 고객이라고 생각될지라도 이후에 크고 중요한 고객이 될 수도 있다는 점을 항상 명심해야 한다.

어느 구름 속에 얼마나 많은 비가 숨어있는지는 아무도 모른다. 매사에 최선을 다하다 보면 언젠가는 그 노력이 성공이라는 열매를 맺을 것이라는 믿음을 가져보자. 직원들도 마찬가지다. 지금의 부하직원들 중 누가 장래에 성공하고 회사 또는 개인 사업으로 사장이 될지 모른다. 나중에 우연히 만나서 술이라도 한잔 대접받거나, 그 후배의 도움을 받지 말라는 법이 없기 때문에 부하직원들에게도 항상 친절해야 한다.

사내에서 모르는 사람을 보면
누구신지, 어떻게 오셨는지 묻고 안내하라

———————— 직장 내에서 모르는 사람이나 낯선 사람을 만나게 되면 보통은 그냥 지나치기 쉽다. 그런데 한번 생각해보자. 그 모르는 사람이 불손

         자기 혁신적 인재

한 의도를 가지고 있다면 자칫 회사에 큰 피해를 입힐 수도 있고, 처음 오신 손님이라 어디로 가야 하는지 몰라서 헤매고 있는 중이라면 많이 당황스러울 수도 있을 것이다. 그렇다고 무조건 의심할 수는 없는 일이니 만에 하나의 나쁜 경우에 대비하여 어디서 오셨는지 묻고 신원이 확인되면 누구를 찾아오셨는지 만날 사람과 연락은 되어 있는지 마중은 나오기로 했는지 아니면 직접 찾아가야 하는지 혼자서 찾아갈 수 있는지 등을 물어서 필요에 따라 직접 안내까지 해준다면, 그 손님은 우리 회사에 대해 아주 좋은 인상을 가질 것이고 비즈니스가 원활해질 수도 있지 않을까.

어쩌면 그 사람에게는 내가 우리 회사에서 처음 만나는 직원일지도 모른다. 내가 얼마나 친절하게 맞이하느냐에 따라 그 사람이 우리 회사에 대한 첫인상을 좌우하게 된다고 생각하면 아마 조금 더 신중하게 대응할 수 있을 것이다. 물론 만에 하나 불손한 의도의 방문객이라면 차단하는 부수적인 효과도 볼 수 있고 말이다. 나는 신입사원 또는 직원 교육에서 항상 인사예절에 대해서 강조하는 것이 있다. 인사는 만날 때마다 하는 것이다. 인사할 때 머리를 숙이는 것은 상대에 대한 존경심의 표시이며, 인사는 먼저 본 사람이 무조건 먼저 하는 것이다. 먼저 본 상사가 먼저 인사를 하면 부하직원의 입장에서는 난처하게 되기 때문에 공장의 모든 직원들은 만날 때마다 무조건 머리 숙여 인사하는 것이 일상화되어 있다. 만약 나를 보고도 인사를 안 하는 사람이 있다면 그 사람은 우리 직원이 아니거나 외부인이기 때문에 항상 어디서 오셨는지 누구를 찾아오셨는지 묻고 안내하고 있다.

내가 방문객에게
친절한 이유

—————————— 일본이나 유럽의 경우 아무리 친한 사이일지라도 미리

약속을 잡지 않고 방문할 경우 아예 만나주지 않는 경우가 대부분이다. 우리나라에서도 누군가를 만나야 할 경우 전화나 이메일 등을 통해 연락하고 약속 시간을 정해서 방문하는 것이 예의로 자리 잡고 있다. 나를 찾아오는 방문객의 경우 사전에 시간약속을 정하고 방문하는 비율은 대략 20% 정도이고, 근처에 볼 일이 있어 왔다가 생각나서 방문했다는 경우가 대부분이다. 구태여 바쁜 정도를 따질 필요는 없겠지만 나 자신은 항상 바쁘지 않다고 주장하고 살기 때문에 언제든 방문객을 만날 준비가 되어 있다. 불시에 방문해도 언제나 반갑게 맞이해주고 손수 끓인 커피나 차를 대접하고 간단한 초콜릿이나 사탕을 제공하고 그분들의 얘기를 들어주는 등 늘 친절하게 대하곤 한다. 가끔 주변에서 왜 그렇게 친절하게 대하느냐고 귀찮지 않으냐고 묻기도 하는데 그럴 때마다 나는 나중에라도 내가 혹시 대통령에 출마하면 한 표를 부탁한다고 너스레를 떨곤 한다.

생활본거지가 지방인 세종시의 공장이라 다소 폐쇄적이고 외부의 변화와 정보에 어두울 수도 있는데 이렇게 불쑥 찾아와 업계 정보나 경쟁사의 상황 등을 알려주시는 그분들 덕분에 많은 도움을 받고 있으니 정말로 고마운 분들임에 틀림없다. 직장생활 아니 인생에 있어서 누구나 부침이 있게 마련이다. 내 경우에도 좌천성 보직 이동이나 이직을 겪었을 때 더 이상 자신들의 사업영역과 관계가 없어졌다고 판단되자 발을 딱 끊어버리는 사람들을 많이 보아왔다. 그것이 보통 사람들의 일반적인 생각 즉, 인지상정인 것이다. 물론 한동안 연락이 없다가도 내가 어려운 상황에 처했을 때 나 몰라라 하지 않고 식사 초청이나 골프 회동 등을 제안하는 분들도 있었다. 그 고마움은 아마 평생 잊기 어려울 것이다.

IMF 금융위기 때의 일이다. 국가와 회사들의 경제상황이 어려워지자 일부 협력업체의 경우 십수 년의 거래관계가 있는데도 불구하고 갑자기 물품대금을 먼저 입금시켜야 납품할 수 있다고 하여 많은 곤란을 겪었다. 물론 나중에 경제상황이 좋아졌을 때 이런 협력업체와는 더 이상 거래하지 않았다. 옛말에도 있듯이 친구는 어려움이 닥쳤을 때 알아보는 것이고 한번 신뢰가 깨지면 회복은 결코 쉽지 않다.

그래도 나를 찾아주는 사람이 많다는 것은 내가 혹은 나의 자리가 아직은 많은 사람에게 관심의 대상이 된다는 뜻이기도 하니 생각할수록 고마운 일이다. "언제든지 지나가다 생각나면 저를 찾아주십시오. 항상 사비를 투자해서 준비해놓은 따뜻한 차 한잔과 작은 다과를 대접할 준비가 되어 있습니다."

주인처럼 일하되
주인 행세는 하지 마라

흔히 주인의식을 가지고 일하라고 한다. 그럼 어떻게 일하는 것이 주인의식을 가지고 일하는 것일까? 먼저 직장을 우리 집, 업무를 나의 일이라고 가정하라. 그러고 나면 내가 하는 모든 일들은 내 일이 된다. 바닥에 떨어진 휴지를 줍는 것도, 작업장을 정리 정돈하는 것도, 내 집이고 내 일이기 때문에 남이 시키지 않아도 알아서 하게 된다. 물론 쉬운 일은 절대 아니다. 몸과 마음이 저절로 움직일 정도로 습관화되지 않으면 어려운 일이고, 내 생각으로는 이렇게 주인의식이 몸에 밴 사람은 전체 직원의 10% 정도도 안될 것으로 보인다.

그럼 월급 받을 때나 자신의 권리를 주장할 때는 어떤가? 주인의식을 가지고 열심히 일한 대가인 월급에 대해서는 회사에 감사의 마음을 가짐과 동시에 자기 자신에게도 당당하게 수고했다고, 월급 이상으로 회사에 기여했다고 칭찬해주면 된다. 그렇게 최상의 성과와 보상을 위해 일에만 집중하면 된다. 이런 태도가 습관이 되면 회사의 임원이나 경영자 눈에는 정말로 성실하고 책임감 있는 직원으로 보이는 것은 물론 신뢰를 한 몸에 받게 될 것이다.

처음 취업하게 되면 '명함'이 생긴다. 내 이름 앞에 'ㅇㅇ회사 ㅇㅇ부서 아무 개'라는 자랑스러운 배경이 생기게 되고, 이 명함을 부모님이나 친구들에게 보여주면 비로소 내 자식이 내 친구가 이제는 당당한 직장인이 되었다고 실감한다. 업무상 또는 개인적으로 누군가를 만났을 때 건넬 명함이 없으면 기가 많이 죽는데, 이것이 바로 명함의 힘이다. 중요한 직책이나 업무를 맡게 되면 조직 내 또는 거래처와의 관계에서 자연스럽게 '갑, 을' 관계가 형성되기 때문에 조심해야 한다. 을의 입장에서는 갑의 지위나 영향력 때문에 굽실거리게 되는데, 이때 갑이라는 사람 자체에 대한 저자세가 아니라 갑의 배경 때문에 저자세라는 점을 잊으면 안 된다. 경우에 따라 업무 수행을 위한 노력의 일환으로 타 부서나 거래처에 고압적인 자세를 보일 수도 있겠지만 이것은 단지 업무와 관련된 것이지 인간관계의 문제가 아니라는 점을 타 부서나 거래처 사장님도 알 수 있도록 항상 조심해야 한다. 업무를 위해 사심 없이 노력하는 모습은 대표적인 주인의식의 예이니 오히려 당신을 돋보이게 하는 효과가 있다.

반대로 업무를 빙자해서 사심을 가지고 타 부서나 거래처 위에 군림하게 되면 즉 회사의 권위를 이용해서 무례하게 행동하거나, 권한을 남용하거나, 부정한 행위를 하게 되면 이런 행위가 곧 주인 행세를 하는 것이기 때문에 진짜 주인이 알게 된다면 당신은 퇴출 1순위가 될 것이다. 그러니 주인의식을 갖는 것은 좋지만 절대로 주인 행세를 해서는 안 된다. 거래처 임직원이 당신에게 굽실거리는 것은 내가 아니라 나의 배경인 회사 때문이라는 사실을 잊지 말자. 그분들에게 항상 친절하고 겸손하게 대해야 한다. 만약 당신이 주인 행세를 하며 거들먹거렸다면 당신이 회사를 떠나는 순간 그들에게 당신은 별 볼일 없는 사람이 되고 당신과의 관계는 끊어져버린다. 앞으로 10년 후에도 그분들은 사장님일 가능성이 크지만 당신은 어떻게 될지 아무도 모른다. 당신이 혹시 회사에서 퇴출되더라도 을과의 관계가 공명정대했었다면 그분들 중 누군가가 당신에게 함께 일하자고 손을 내밀지도 모른다. 정말로 그렇게 해서

자기 혁신적 인재

퇴직 후에 을의 회사로 가는 사람도 많이 봤다. 만약 당신이 갑질을 했다면 당신이 퇴출되어 명함이 없어지는 순간 당신은 철저하게 외면받게 될 것이다.

다시 한 번 강조한다. 당신에게 주어진 권한은 양날의 칼이다. 주인의식을 가지고 사용하면 당신과 회사 모두에게 이익이 되겠지만, 당신의 이익을 위해 남용하면 틀림없이 당신을 다치게 할 것이다. 협력업체나 부하를 상대할 때는 항상 회사의 대리인이라는 의식을 가지고 행동하고, 마치 내 일을 할 때처럼 열심히 일하되 절대로 주인 행세는 하지 마라.

원칙, 규칙, 약속에 목숨 걸자

어떤 조직이든지 그 조직을 운영하기 위한 규칙, 원칙, 또는 약속 등이 있기 마련이다. 사소하게 보이는 것들도 있겠지만 이런 사소한 것들조차도 소위 목숨 걸고 지켜야 하는 것이 리더의 의무라고 생각한다. 한때 근무했던 회사의 오너와 있었던 일을 소개하고자 한다. 오너와 내가 했었던 첫 번째 약속은 오너의 결정이 최종결정이고, 내가 회사에 근무하는 한 무조건 최종결정에 승복한다는 것이었다. 단, 오너가 최종결정을 하기 전에는 가능한 한 해당 담당임원의 의견을 물어본다는 조건이 있었다. 처음 몇 번은 공장장인 나의 의견을 물어보셨고 그때마다 근거와 논리를 제시하면서 의견을 내었으나 오너와의 의견 차이가 많다 보니 언제부턴가 나의 의견을 묻지 않고 결정해버리기 시작했다. 내 생각에는 그 결정 내용이 문제가 있을 것 같아 조심스럽게 걱정되는 점을 말씀드리면 이미 최종결정을 했다는 말로 더 이상 이의를 제기하지 못하게 했다.

그러나 월급쟁이의 숙명은 아무리 주인이 잘못된 결정을 했더라도 그에 따라 진행된 업무 결과가 적어도 80점은 나오도록 모든 수단과 방법을 총 동원해야 하는 것이다. 그러나 결정 자체가 잘못되었을 때는 옳은 결정을 했을 때와 비교해 몇 배는 더 직원들의 수고와 노력이 필요하다. 그렇게 갖은 고생과 수고를 해서 결과적으로 좋은 결과를 만들면 그것 보라고 좋은 결과가 나오는데 당신은 괜히 반대하고 어렵다고 했냐는 타박을 감수해야 했고, 어쩌다가 아무리 노력해도 결과가 실패로 끝난 경우에는 좀 더 노력하지 실패가 웬말이냐는 타박을 들어야만 했다.

　여기서 월급쟁이 여러분들에게 조언을 하나 드리고자 한다. 월급쟁이의 지위가 높아질수록 많은 월급을 주는 것은 주인이 우겨서 잘못 진행한 일이 실패하더라도 그 일에 대한 책임은 당신이 져야 한다는 것을 의미한다. 잘못되면 모든 책임을 오너가 지겠다고 약속했더라도 마찬가지다. 이것이 바로 주인에 대한 도의적인 책임이다. 최악의 경우에도 회사에 가능한 한 피해가 적게 가도록 방패막이 역할을 하는 것이 바로 임직원들의 역할이다. 책임에 관한 한 임직원은 회사와 한 몸인 셈이다.

왜 공사구분이
안 될까?

　　　　　　　직장의 분위기를 말할 때 '가족적'이라고 하는 걸 종종 듣는다. 이게 정말 좋은 분위기일까? 한번 생각해보자. 직장을 가족이라고 생각한다면 과장님은 형님, 이사님은 아버지쯤 되는 셈인데 평소 일이 잘 풀릴 때는 별 문제가 없을 수도 있겠으나 나에게 어려움이 닥치면 왜 과장님이 형님처럼, 왜 이사님이 아버지처럼 나를 챙기고 보살펴야 한다고 생각하는가. 그러는 당신은 그분들을 형님이나 아버지로 생각하는가. 미안하지만 가족적인 분위기라고 주장하는 회사의 대부분은 정해진 규칙이나 규정에 따라 운영되지 않고 주먹구구식으로 그때그때 형편에 따라 운영되는 경우가 많다. 회사의

　　　　자기 혁신적 인재

규모가 커지고 종업원의 수가 늘어나면 점점 규칙, 규정이 만들어지고 체계적으로 회사를 경영해야 하기 때문에 개인적인 감정에 따른 가족적인 분위기는 오히려 업무의 효율을 깨고 새로운 변화를 추구하는 데 방해가 될 수 있다.

이때 가족적인 분위기를 내세우는 것은 대부분 회사의 변화나 개혁에 반대하거나 은근히 저항하는 사람들이 펴는 속보이는 논리에 불과하다. 가족적이라는 말이 자칫 공사구분이 안 된다는 말과 혼동되는 경우도 많다. 공사구분을 강조하기 시작하면 가족적인 분위기가 깨졌다고 불평한다. 예를 들어 아무 생각 없이 회사에서 지급되는 볼펜이나 복사지를 집으로 가져가거나 공통으로 사용하는 비품들을 함부로 사용하는 등의 지극히 이기적인 행동들이 대표적인 공사구분이 안 되는 예이다.

바늘 도둑이 소도둑 된다는 말이 있다. 비록 직장 내의 작은 물건일지라도 아무런 양심의 가책 없이 집으로 가져가는 행위가 점점 대담해지면 회사 물품을 개인 물품처럼 쓰게 되기도 하고 후배들이 그대로 따라하게 되기도 한다. 습관이 되면 개인적인 일에 회사 비용을 쓰는 경우도 생길 테고, 그런 회사라면 장래가 불투명해지는 것은 당연할 것이다. 회사 일을 하면서 내 개인 비용을 쓰는 것은 당연히 안 될 일이다. 마찬가지로 개인 일을 하면서 회사 비용을 쓰는 것 또한 안 될 일이다. 이 점이 바로 공사구별의 시작이자 원칙이다.

책을 읽어야 하는 이유

———————————— 한때 뜻한 바가 있어 다양한 분야에 대해 공부하기 위해 열심히 책을 읽었던 적이 있다. 내 기억으로는 2001년경부터 2010년 사이에 대략 1천여 권의 책을 읽은 것 같다. 책을 읽은 가장 큰 이유는 나 자신의 발전과 미래에 대한 계획을 세우는 데 그 방법을 찾고자 했기 때문이다. 또 다른 이유는 학교를 졸업하고 직장생활을 시작한 대부분의 직장인들이 자신의

전공 관련 서적은 물론 현재 담당하고 있는 업무와 관련된 공부도 안 하고 있는 현실이 너무 안타까웠기 때문이다. 나라도 열심히 공부해 적어도 내 부하직원들만이라도 전달교육을 통해 발전시켜야겠다는 생각이었다.

독서분야는 다양했다. 경영, 리더십, 지시, 교양, 자기계발, 성공학, 경제, 마케팅, 부자되는 방법 등 소위 요즘 관심이 많은 분야인 문·사·철을 포함해 분야를 한정하지 않았다. 이 책을 쓰게 된 것도 독서 중에 느낀 아쉬움에 대한 내 나름의 해결책을 조금이나마 제시해보겠다는 바람이었다.

부하직원과 면담한 후 부하직원의 상황에 맞는 책을 건네 읽게 했던 것도 부하직원들의 자기계발에 많은 효과가 있었다. 그동안 읽었던 책 중에 300여 권은 지금 근무하는 직장에 작은 도서관을 꾸며 운영하고 있고 집에 소장하고 있는 책이 대략 300여 권, 그리고 앞에서 언급한 부하직원에게 빌려준 후 돌려받지 못한 책이 대략 300여 권 정도 된다. 물론 지금도 독서를 매우 좋아한다. 바쁘다는 핑계로 한 달에 한 권 정도밖에 못 읽고 있지만 인터넷이나 신문의 서평을 찾아 읽고 필요한 책을 구매해서 읽으려고 노력하고 있다.

지금까지 독서를 통해서 배운 것 중 나에게 가장 큰 도움이 된 것은 항상 다른 사람들의 입장에서 생각하는 습관을 가지게 되었다는 점이다. 책을 통해서 다른 사람들의 생각이나 견해를 많이 알게 되었고 그렇기 때문에 이제는 쉽게 감정에 휘둘리지 않고 매사를 이성적으로 처리하도록 노력할 수 있게 되었다고 자부한다. 대인관계에서 내가 가장 많이 쓰는 말이 '미안합니다'와 '감사합니다'인 것도 결국 책을 읽으면서 터득한 삶의 지혜라고 본다.

그러나 책을 읽는 것으로 그쳐서는 안 된다. 내가 생각하는 독서의 목적은 책 내용 중 도움이 될 만한 것을 내 삶에 직접 적용하고 실행하는 데 있다고 생각한다. 이런 일들이 반복되고 이로 인해 나의 생활에 변화가 오고 달라지는 나 자신을 발견하는 재미가 제법 쏠쏠하다. 그리고 이제는 어디서 누구와 무슨 대화를 해도 적어도 몰라서 눈만 끔뻑거리는 일은 없어졌다. 그래서 오

   자기 혁신적 인재 ·······················

늘도 열심히 공부하고 새로운 지식에 대한 호기심으로 나 자신을 열심히 채찍
질하고 있다.

거지와는 거지의 말로, 왕과는 왕의 말로 대화하라

나는 사실 성격이 내성적이고 처음 만나는 사람들과 쉽게 사귀지 못하는 편이다. 그래서 젊은 시절에는 모임에 나가도 주로 구석에서 이미 알고 있는 몇몇 사람들과만 대화하곤 했는데, 한번은 어떤 사람에게 호되게 당한 적이 있다. 그 사람의 표현을 빌자면 내가 잘났으면 얼마나 잘났기에 자기들을 무시하고 상대도 해주지 않느냐는 것이었는데 이때 깨달은 것이 바로 위의 제목이다.

즉 내 마음보다는 주위 사람들이 나를 어떻게 생각하느냐가 더 중요하다. 그날 이후 나는 상대하는 사람들에 따라서 가급적 그들의 수준과 분위기에 맞는 행동과 말을 하기 시작했다. 가령 거지들과 대화할 때는 가능한 한 거지들의 말과 행동에 보조를 맞추고, 어느 분야에 지식이 많은 전문가들을 상대할 때는 최소한 그 분야 사람들과의 대화가 어색하지 않을 정도의 수준은 갖췄다. 그러려면 다양한 분야에 대한 풍부한 지식이 필요한데, 꾸준한 독서와 더불어 평소 여러 분야에 관심을 가지고 공부하는 것이 좋다. 물론 만날 사람들과 관련된 상식 등에 대해 미리 조사하는 성의도 필요하다.

아마 여러분도 초등학교나 중학교 동창들을 만나면 욕을 포함해 그 당시에 친구들끼리 사용하던 언어와 말투를 쓰면서 자연스럽게 수십 년의 세월을 거슬러 올라가는 느낌이 들었을 것이다. 요즘 젊은이들이 즐겨 쓰는 말투와 행동이 낯설더라도 이상하다고 생각할 게 아니라 있는 그대로를 인정하고, 오히려 그들의 말투를 소재로 대화를 시작하는 기회로 삼는 것은 어떨까.

5장 굿 스타팅의 조건
향후 커리어에 대한 견고한 트랙 세팅

'서당 개 3년이면 풍월을 읊는다'는 말이 있다. 삼세번, 천지인, 과거·현재· 미래, 가위바위보 등 우리 주변에서는 3이란 숫자와 연관된 것들이 참 많다. 직장생활에서도 3년은 중요하다. 대부분 입사 후 3년 정도면 주임 또는 대리 승진 대상이 되기도 하고, 이때부터는 소위 부하직원이나 후배가 생겨서 지도 하는 입장이 된다. 그러므로 나름대로의 실무능력은 물론 자기 업무에 대한 이론적인 토대도 제법 갖추어야 한다고 본다. 자칫 입사 초기 3년간을 아무 생각 없이 지내고 나면 3년의 경험으로 뭔가 실적을 기대하는 회사의 요구를 만족시킬 수 없다.

또한 '세 살 버릇이 여든까지 간다'는 말처럼 무엇이든 처음이 중요하다. 특히 처음 시작할 때의 좋은 습관은 성공의 확실한 동반자가 될 수 있다. 입사 당시의 마음자세를 우리는 '초심'이라고 하는데 이때의 마음가짐을 그대로 이어나갈 수 있다면 모두가 성공할 것이다. 그러나 입사 이후 빠르게 마음자세

자기 혁신적 인재

가 하향평준화되는 현실을 자주 보게 되어 안타깝다. 입사 초기에 정말로 조건 없이 물불 안 가리고 밤낮없이 일했다면 적어도 3년이면 해당 분야의 전문가가 되어 있고, 헤드헌터로부터 좋은 조건으로 이직하라는 권유를 받을 수도 있다.

예를 들어 하루 15시간씩 3년, 약 1000일을 일하면 총 1만 5천 시간을 일하게 되는데 이는 통상 다른 사람보다 거의 2배의 노력을 했다는 말이고, 이 정도면 업계에 소문이 안 날 수 없다. 내가 처음 모 대기업 중앙연구소에서 일할 때 입사동기들의 학벌과 실력이 너무나 월등했기 때문에 그들과의 경쟁에서 동등한 성과를 내는 것조차 불가능해 보였다. 그래서 고민 끝에 생각해낸 방법이 그들보다 2배로 일하는 것이었다. 동기들이 8시간 일하고 퇴근할 때 나는 밤늦게까지 일했고, 토요일 심지어 일요일까지도 활용해서 필요하다고 생각되는 타 분야까지 열심히 공부했다. 6개월쯤 지났을 때 이미 내 근무시간은 다른 직원들의 2년 분량을 넘고 있었다. 치열했던 시간들이었다.

그때부터의 공부 습관을 계속 이어가고 있고, 지금도 아침 5시이면 어김없이 일어나서 하루일과를 시작한다. 당시는 시골 출신인데다 지방대학을 나왔기 때문에 남들에게 인정받기 위한 남다른 노력은 필수였다. 항상 누구에게나 배우겠다는 자세로 진지하게 가르침을 부탁하면 대부분 친절하게 스승님이 되어주곤 했는데, 당시의 경험이 좋은 습관이 되어 지금도 모르는 것은 상대가 누구든지 묻고 배운다. 모르던 것을 새롭게 알게 되는 기쁨은 정말로 겪어본 사람만 알 수 있는 묘한 매력이다.

1등과 2등의 차이

———————— 사회생활을 하고 나이가 들어가고 경험이 쌓이면서 젊었을 때는 미처 몰랐던 현실을 알게 되는데 이런 것들이 아마 어른들이 말씀

하셨던 철든다는 것이 아닐까 한다. 학창시절을 떠올려 보면 전교 1등을 하는 친구는 공부하는 중간에 가끔 영화도 보고 교과서 이외의 소설책이나 잡지도 보고 가끔은 빵집에서 여자 친구와 만나기도 하더라. 반면에 2등하는 친구는 앉으나 서나 심지어는 밥 먹을 때나 화장실에 갈 때도 항상 참고서나 단어장을 가지고 다녔다. 쉬는 시간이나 야간 자율학습 시간에 누가 떠들기라도 하면 묵묵히 신경 안 쓰고 공부하는 1등과 달리 수업 분위기 망친다고 화내기 일쑤였다.

수년 전 서울대나 KAIST 학생들의 자살 문제가 심각한 사회문제로 대두됐었다. 그 당시 서울대나 KAIST 내부 사정을 잘 아는 사람들에게 들었던 말 중 흥미로웠던 것은 자살하는 학생들의 대부분은 성적을 비관하여 잘못된 선택을 하는데, 그들 대부분이 하위권이 아니라 2~3등이란다. 대한민국 최고의 수재를 자부하고 적어도 고등학교 때까지는 고향에서 영재 소리를 들으며 1등밖에 몰랐을 학생들이다. 그들끼리 대학교에서 만나 첫 중간고사를 치른 후 그 결과를 보고 자신은 아무것도 아니라는 상실감과 박탈감이 다가왔을 것이다. 이제까지 실패나 좌절을 모르고 살아왔던 그들에게는 엄청난 크기의 고난으로 덮쳐들고 그것이 목표와 삶의 희망을 뺏어갔던 것은 아닌가 싶다. 1등 하는 학생의 목표는 1등 자체가 아니라 진짜 목표를 향해가는 수단이었을 수도 있지만 2등은 오로지 1등이 목표였을 테니 그 심정은 짐작이 간다.

30여 년 전 내가 처음 모 대기업에 입사해서 신입사원 교육을 받을 때의 일이다. 각자의 목표를 발표하는 시간이 있었는데 대부분의 이공계 출신 신입사원들은 공장장 또는 임원이 최종 목표인 경우가 많았다. 그런데 법대나 상대 출신들 중의 상당수는 대표이사, 사장 또는 회장이 목표라고 말하는 것을 보고 많이 놀랐고 나 자신을 다시 돌아보는 계기가 됐었다. 그때 당시 내 목표는 공장장이었기 때문에 아직도 공장장인지도 모르겠다. 지금도 신입사원들이 자기가 얼마나 성장할 수 있을지 물어오면 당신이 지금 마음속에서 생각하

     자기 혁신적 인재

고 있는 곳까지라고 말해주곤 한다. 처음 시작할 때의 목표는 그 사람의 마음가짐이다. 오랜 경험상 처음의 목표에 따라 그 사람의 성공의 크기가 결정된다고 확언할 수 있다.

꼭 100가지를 잘해야
성공하는 것은 아니다

내 나름대로 사회적으로 성공한 사람들의 성공요인을 분석해보았다. 어떤 사람은 성실하고, 어떤 사람은 부지런하고, 어떤 사람은 남들보다 많은 사람을 만나고, 어떤 사람은 많은 책을 읽고, 어떤 사람은 취미나 동호회 활동을 열심히 하고, 어떤 사람은 종교 활동을 열심히 하는 등 뭔가 남다른 성공요인이 1~2개는 있었지만, 성공요인이라고 생각되는 장점이 아주 많은 사람은 없었다. 100가지 재주 가진 사람보다 1가지 재주 가진 사람이 성공한다는 속담이 있는 것처럼 많은 성공요인이 있어야만 성공하는 것은 아닌 것 같다. 그것이 무엇이든 남들과 차별화할 수 있는 나만의 장점이 있다면 주위 사람들에게 그 장점으로 좋은 평판을 얻게 될 것이고, 그것이 바탕이 되어 성공으로 가는 것은 아닐까.

직장에서도 비슷하다고 생각한다. 어떤 직원은 실력으로, 어떤 직원은 한번 시작한 일은 끝장을 보는 추진력과 끈기로, 어떤 직원은 주위의 사람들을 하나로 모으는 친화력으로, 어떤 직원은 아부하는 능력으로, 참고로 나는 아부도 능력이라고 본다. 어떤 직원은 이웃집 아저씨처럼 동료들의 애로사항을 경청해주는 능력으로 조직에서 나름의 역할을 수행하고 그런 능력이 그들을 성공으로 이끈다. 만약 실력만으로 성공할 수 있다면 일류대학 출신들이 조직의 모든 자리를 차지하고 있을 텐데 현실에서는 그렇지 않다는 것이 이를 증명한다. 물론 좋은 스펙이나 배경이 좀 더 쉽게 성공으로 이끌 수도 있겠지만 어차피 조직은 여러 업무를 여러 사람이 나누어서 수행하고 그 결과의 합에 따라서 성과가 나타나기 때문에 나 같은 지방대 출신에게도 임원이 될 수 있는 기회가 생긴다.

지금부터라도 거울 속의 자신을 보자. 나에게 있는, 분명히 남들과 차별되는 뭔가를 찾아내고 그것을 활용해 남들로부터 좋은 평판을 얻고 성공의 발판으로 삼는다면 당신은 틀림없이 성공이라는 열매를 얻을 수 있을 것이다. 아직 아무것도 못 찾겠다면 당장 내일부터라도 30분 일찍 일어나서 운동을 하거나 조간신문이라도 읽으며 자신을 남들과 차별화하는 작전을 시작해볼 것을 추천한다. 이 정도만 가능해도 당신은 이미 다음 단계, 즉 성공을 위한 첫 계단을 올라선 것이다.

성공한 미국의 어느 CEO가 주장한 내용에 따르면 어떤 분야든 상위 25% 정도의 장점이 몇 가지 있다면 이런 장점들의 교집합은 의외로 성공의 요인이 될 수 있다고 한다. 상위 25% 정도의 장점만으로는 큰 도움이 되지는 않겠지만 이런 장점 세 가지가 겹치는 부분이 있다면 의외로 성공을 가능하게 하는 큰 장점이 된다는 의미이다.

당신의 경쟁자는?

지금 누군가가 당신에게 "당신의 경쟁자는 누구입니까?"라고 묻는다면 누구라고 대답할 것인가? 혹시 경쟁자가 누구인지 생각해본 적이나 있을까? 직원 또는 입사동기가 많은 회사라면 동료들이 선의의 경쟁자가 될 수도 있을 것이다. 매년 대기업에서는 수백에서 수천 명씩 신입사원을 뽑는다. 한번 생각해보자. 매년 그렇게 많이 뽑는다면 삼성같이 큰 회사는 벌써 직원 수가 수백만 명은 됐어야 하는데 그렇게 많지는 않은 것 같고 이상하지 않은가? 결국 매년 수천 명을 뽑는다는 것은 매년 수천 명씩 회사를 떠

자기 혁신적 인재

난다는 의미이기도 하다. 스스로 사직하거나 아니면 퇴출되는 것이다.

본인이 원하든 아니든 우리는 경쟁 속에서 살고 있다. 내가 처음 직장생활을 시작할 때 인사부장님께서는 당신들 2000명 중 아마 임원이 많아야 3명쯤 나올 것이라고 하셨다. 그러면서 그 이유를 설명해줬는데 여기서 함께 계산해보자. 처음 2000명 중 2~3년 후에 70% 정도가 주임으로 승진한다면 1400명이다. 다시 3년 후에 대리승진에서 60% 정도 승진한다면 840명이다. 다시 이 중 50%가 과장으로 승진한다면 420명이고, 이 중 40%가 차장으로 승진한다면 168명이다. 이 중에서 20%가 부장으로 승진한다면 33명 정도가 되고, 이들 중 10%가 임원이 된다면 대략 3명 정도가 임원이 되는 것이다. 실제로는 승진에서 누락된 선배들과의 경쟁이 있기 때문에 더 적은 숫자가 승진한다고 보면 된다. 지금은 오륙도(56세에 회사에 남아있으면 도둑놈), 사오정(45세가 정년), 삼팔선(38세가 되면 선선히 물러나라)이라는 유행어까지 생겼으니 경쟁은 옛날보다 더 심해졌고, 정년퇴직을 할 수 있을 것이라고 생각하는 직장인 역시 드물다.

상대적으로 규모가 작은 회사라면 경쟁에서 좀 더 자유롭다고 생각할 수도 있다. 미안하지만 그런 안이한 생각으로는 회사가 성장하고 조직이 커지기 시작하면 변화를 쫓아가지 못하는 우물 안 개구리가 되기 쉽다. 그래서 규모가 작은 회사의 직원들에게 조언하고 싶다. 당신의 경쟁자는 당신이 속한 업종 중 가장 잘 나가는 회사의 동일 직위의 사람이라고 생각해야 한다. 내가 제약회사 과장이라면 제약회사 중 가장 잘 나가는 회사의 과장이 바로 내 경쟁자인 것이다. 보통은 연봉만을 비교해서 우리 회사는 연봉이 적다고 푸념하는 관리자들도 많은데, 그들의 능력과 실적만큼 당신이 동등하게 해낼 수 있는지 스스로에게 질문해보기 바란다.

나는 현장에서 잘 나가는 모 회사보다 월급이 적다고 투정하는 직원이 있으면 이렇게 조언한다. "능력이 있으면 그 회사로 가라. 아니면 당신의 능력을 그 회사 직원의 수준만큼 높여라. 그러면 그 회사만큼 월급을 올려주겠다.”
남들과 나를 비교하려면 먼저 나에 대한 객관적인 평가가 있어야 한다. 당신
이 정말 경쟁력이 있다면, 아마 헤드헌터에서 당신을 가만두지 않을 것이다.

역 1만 시간의 법칙

1만 시간의 법칙이 있다. 누구나 하루에 3시간씩, 10년
동안, 대략 1만 시간 동안 열심히 노력하면 해당 분야에서 자타가 인정하는
전문가가 된다는 법칙인데, 성공하고자 하는 사람들에게 제법 설득력 있는 이
론이라고 생각한다. 그러나 나는 반대의 논리 즉, 역 1만 시간의 법칙을 얘기
하고자 한다. 대한민국 남자를 기준으로 대학을 마치고 군대를 다녀와서 취
업하게 되는 나이는 대체로 28~29세 정도다. 이들이 직장생활을 시작해서 40
세가 되는 시점이면 대략 10년 정도의 시간이 흐른 뒤고 아무리 뺀질이라도
하루 3시간 정도는 업무에 충실했다고 볼 때 1만 시간 정도는 노력했다고 볼
수 있다. 그런데 이때쯤이면 소위 그 직장에서 성공한 사람과 실패한 사람이
극명하게 나뉘게 된다.

내 나름대로 원인을 분석해보니 업무에 임하는 태도나 습관의 차이에서 나
타나는 결과임을 알 수 있었다. 적극적이고 긍정적인 태도로 업무를 하면 자
신도 모르게 좋은 습관을 가지게 되고 이런 습관이 결국은 1만 시간의 법칙에
따라 좋은 결과로 나타나 성공에 이르게 되지만, 소극적이고 부정적인 태도로
업무에 임한 사람들은 나쁜 습관이 몸에 배게 되고 이런 시간이 1만 시간 지
속된다면 결과 역시 부정적이고 비관적이 되어서 성공과는 멀어진다. 나쁜 습
관을 가진 직원들과 대화해보면 본인들도 자신에게 문제가 있다는 것을 알고
있는 경우가 의외로 많았다. 습관으로 굳어진 것을 고치지 못하고 결국 퇴출
당하는 것을 수없이 보아왔다. 즉, 직장에서 40세가 되었다는 것은 그 직원의

운명이 이미 결정되어 있다는 것을 의미한다. 그리고 좋은 습관이든 나쁜 습관이든 결코 쉽게 고칠 수 없다는 것도 사실이다.

입사 초기에 긍정적, 적극적인 태도로 업무에 매진하고 어렵고 힘든 일을 마다하지 않는다면 저절로 좋은 습관을 가지게 될 것이다. 이런 좋은 습관은 10년의 직장생활 후에 성공이라는 결과를 보장해준다는 것을 처음 직장생활을 시작하는 젊은이들에게 강조하고 싶다.

그렇게 힘들어?

——————————— 지금 사회생활을 시작하는 젊은이들의 대부분은 형제가 없거나 1명 정도인 경우가 많다. 이 경우 부모님, 조부모님 그리고 외조부모님 등 그들을 돌봐주는 어른들이 여러 명이었을 것이다. 당연히 자신이 최고였고 부족한 것 없이 성장했기 때문에 어려서 고생을 많이 했다거나 심각한 좌절을 겪은 경험이 적은 편이다. 내가 근무하는 회사의 경우도 매년 100 대 1에 가까운 경쟁률을 뚫고 대졸 신입사원들이 입사한다. 신입사원 연수를 마치고 현장에 배치될 때까지는 나름대로 활기차고 적극성을 보이지만 현장에 배치된 후 한두 달이 지나면 점점 힘들어하는 기색을 보이기 시작한다.

이유는 두 가지 정도가 있을 것이다. 첫째, 직장생활에 대한 기대치가 너무 커서 상대적인 실망이 크다. 어렵게 대학 4년을 마치고 현장에 배치되면 거창한 일, 폼 나는 일, 예를 들면 책상에서 컴퓨터로 문서나 관리업무 등을 할 것이라고 생각하며 입사한다. 현장에서 직접 물건을 나르고 기계를 돌리고 청소하는 등의 힘든 작업들은 나 아닌 다른 사람들이 할 것이라고 생각했었는데, 직접 하게 될 때의 상실감이나 실망감이 크다. 둘째, 육체적으로 힘든 일을 해본 적이 없는데 갑자기 아침 일찍부터 저녁 늦게까지 정해진 방법과 순서에 따라 일사분란하게 움직이는 생산현장에서 육체적으로 힘든 작업이 그들을 많이 지치게 하는 것 같다.

대략 3~6개월 정도 지나면 잘 적응하는 직원과 적응하지 못하고 불평불만이 쌓여가는 직원으로 확연히 나뉘게 되는데, 여기서는 후자에 대해서 얘기하고자 한다. 육체적으로 힘든 일을 안 해봤던 직원들의 불평불만이 많아지면 나는 그들에게 이렇게 말해준다. "당신의 과장은 처음부터 지금처럼 책상에 앉아서 서류업무나 관리업무를 했을까요? 그분도 처음에는 당신처럼 현장에서 힘든 업무를 하면서 실무를 익히고 이론을 배우면서 점점 지위가 올라가고 그러면서 지금처럼 관리업무를 하는 관리자가 되었다는 점을 생각해야 합니다." 적어도 3년 정도는 나름대로 열심히 일해보고 그래도 성과가 없거나 적성에 안 맞으면 그때는 떠날 것인가를 결정할 수 있다. 그러나 회사를 떠날 용기도 없으면서 불평불만으로 일관하다간 오히려 회사로부터 퇴출당할 수도 있다는 걸 명심하자.

지금도 가끔 있는 일이다. 신입사원을 공채로 뽑아서 몇 달을 훈련시켜 생산현장에 배치했더니 하루 일하고는 힘들어서 못 하겠다고 하는 경우가 종종 있다. 요즘은 육체적으로 힘든 일을 특히 못 견뎌하는 젊은이들이 꽤 많은 편이다. 또 평소에 별로 혼나본 적이 없어서 그런지 잘못이나 실수를 저질러서 불려오면 뭐라고 말도 하기 전에 눈물부터 흘리는 직원들도 있다. 직장생활이 그리 길지 않은 직원들이 잘못이나 실수를 저지르면 상사와 마주 앉아 원인을 분석하고 나름대로의 대책을 수립하는 등의 사례를 통한 교육이 이루어지는데, 울어버리면 정상적인 대화가 어려워지기 때문에 난감할 때가 많다.

나는 능력은 떨어지면서 불평불만이 많은 문제 직원들에게 차라리 태도를 바꿔보라고 권하고 싶다. 당신이 참고 노력하면 시간이 지나가면서 당신이 하던 그 힘든 일의 대부분을 후배들이 맡아서 하게 될 것이고, 당신도 어느 날 관리자가 되어서 후배들에게 옛날이야기를 하고 있는 자신을 발견하게 될 것이라고. 실제로 그렇다.

 자기 혁신적 인재

한 가지에 미치면
반드시 답을 찾을 수 있다

———————————— 내 아내는 나에게 항상 내가 연구원 체질이라고 말하곤 한다. 한번 어떤 문제에 직면하면 자나 깨나 심지어는 잠잘 때 꿈속에서까지 그 문제를 해결하기 위해 노력하는 성격 때문이다. 연구원으로 근무할 때는 실제로 꿈속에서 문제해결의 실마리를 발견하고 새벽 3시에 근무하던 연구소로 달려갔던 적도 여러 번이었다. 그러다 보니 연구소에서 밤새워 일하고 새벽에 옥상에서 떠오르는 아침 해를 본 적도 꽤 자주였던 것으로 기억한다.

한번은 부장님께서 꽤나 어려운 과제를 주신 적이 있었다. 제품 중에 함유되어 있는 미량 성분을 분석해서 그 양을 구해내는 문제였는데, 지시를 받고 타 부서의 전문가들에게 조언을 구하러 갔을 때 그분들의 말씀이 이미 부장님, 과장님께서 다녀가셨고 불가능하니 포기하라고 충고했다는 것이다. 이미 답이 정해졌는데 당신이 세 번째로 왔다. 그러니 괜히 고생하지 말고 포기하는 것이 좋을 것이란다.

오기가 발동했고 그때부터 다른 업무를 하면서도 그 문제를 해결하기 위한 어찌 보면 무모한 노력이 시작되었다. 연구소 근무 당시 후배들과 함께 어려운 문제에 직면하면 외치던 구호가 있다. "맨땅에 헤딩하기!" 당장에는 이마가 깨지겠지만 언젠가는 맨땅이 깨지는 날이 올 것이다. 그것이 무(無)에서 유(有)를 창조하는 연구원의 본분이다. 그날 이후로 맨땅에 헤딩이 시작된 것이다. 수없이 많은 시도가 실패로 끝났고 꿈속에서도 좀처럼 해결책이 나오지 않고 시간만 자꾸 흘러갔다. 그렇게 3개월 정도 지난 어느 날 그날도 역시 꿈속에서 실험을 하다 단서 하나를 찾게 되었고 그 길로 새벽에 연구소로 달려가서 꿈속의 단서를 이용해 결국은 문제를 풀게 되었다.

반복적인 확인으로 분명히 재현성 있는 결과를 얻었다. 그러나 뒷받침할 문헌이나 특허 등 이론적인 근거를 찾을 수가 없었다. 그때만 해도 근거가 없는 자료는 회사뿐만 아니라 식약청에서도 인정하지 않는 분위기였다. 연구소에서 최초로 신제품을 만들어도 근거가 없다는 이유로 허가 받기가 매우 어려웠던 때이기도 하다. 이 상태로 보고서를 완성하여 부장님께 보고했지만 당연히 근거가 부족하다는 이유와 불가능한 문제를 해결했다는 점을 인정하기 싫은 심리가 적용해 채택되지 않았다. 얼마 후 일본인 기술고문이 연구소를 방문했고 고문님도 그 문제에 대해 수개월 동안 고민했지만 해결책을 찾지 못했다고 들었다.

그냥 가만히 있기엔 그동안의 노력이 아까웠다. 그래서 부장님을 졸라 고문님을 만날 수 있는 기회를 얻었고, 부족한 영어와 일본어 실력을 총동원하여 내가 생각해낸 방법을 설명했다. 설명이 끝나자 고문님은 품질관리용으로 충분히 사용가능한 방법이라고 정말 대단한 결과를 만들어냈다며 칭찬이 쏟아졌다. 결국 맨땅에 헤딩하다가 이마가 아닌 맨땅에 구멍을 낸 것이다. 지금도 가끔 내가 연구소 시절만큼 열정과 호기심을 가지고 있는지 책상 위에 있는 거울 속의 내 얼굴을 보면서 묻곤 한다. 적어도 일생에서 몇 번 정도는 뭔가에 완전히 미쳐서 최선을 다했다는 자부심으로 여한도 후회도 없을 정도로 모든 것을 쏟아부을 필요가 있지 않을까? 그것이 일이든 사랑이든 뭐든 말이다.

입사 후 3년이 지나도
헤드헌터의 전화를 못 받으면 인재가 아니다

내가 근무하는 직장에서는 매년 정기공채를 통해서 대졸 신입사원을 채용한다. 보통 100 대 1에 가까운 경쟁률 때문에 면접위원으로 선임된 팀장, 임원들은 서류심사 때부터 진땀을 뺀다. 요즘은 지원자들 간의 스펙 차이가 거의 없기 때문에 서류심사에서 다수의 면접위원들에게 선택받기가 쉽지 않다. 이렇게 서류심사를 통과해도 1차 실무면접(팀장급 주관),

 자기 혁신적 인재

2차 인성면접(임원급 주관)과 3차 최종면접(최고경영자 주관)을 통과하고 따로 인성검사를 통과해야 최종 합격자로 선발되는데, 대부분의 응시자가 복수로 여러 회사에 지원하기 때문에 마음에 든 합격자가 다른 회사로 가버리는 경우도 제법 많다.

어쨌거나 이렇게 힘들게 합격한 신입사원 교육 첫 시간에 내가 꼭 해주는 말이 있다. "여러분들은 지금 사회라는 전쟁터에 첫발을 내딛고 있다. 여러분이 근무하게 된 제약업계는 매우 좁아서 누구든 3년 정도 근무하게 되면 그 사람에 대한 평가나 평판이 업계에 쉽게 소문이 나는 것이 현실이다. 능력이나 업적 등에서 좋은 평가를 받는 사람들은 당연히 헤드헌터로부터 이직 권유를 받게 되는데, 이때가 보통 3년 정도 근무한 시점으로 보면 된다. 다시 말해서 헤드헌터의 전화를 받았다는 것은 그 사람이 제약업계에서 우수하게 업무를 수행하고 있다고 보면 되는 것이다."

이런 이유로 입사 후 3년이 되어도 헤드헌터의 전화 한 통 받지 못한 사람은 나에게 들키면 잘라버릴 테니까 모두들 각오를 단단히 하고 열심히 일하라고 엄포를 놓고는 한다. 내 경우에도 입사 초기부터 전화를 주고받던 헤드헌터 중에 아직도 연락이 닿고 있는 곳도 있다. 물론 지금은 주로 어떤 인물에 대한 업계에서의 평가를 물어보지만 말이다. 요즘은 오히려 경력사원이 필요할 때 내가 먼저 연락하기도 한다. 어떤 직원들은 몇 년에 한 번씩 헤드헌터를 통해 이직할 경우 연봉이나 직위에 대해 확인하면서 자신의 가격을 가늠해보곤 한다.

이제는 더 이상 정년을 보장해주는 직장은 없다. 결국 평생직장 개념이 사라져버린 현재를 살고 있는 월급쟁이들이 선택할 수 있는 카드는 단 2장뿐이다. 헤드헌터로부터 수시로 러브콜을 받을 수 있도록 열심히 경력관리를 하면서 경쟁력을 유지하거나 아니면 평생직업이 될 만한 기술을 배워 자그마한 개인사업이라도 해서 자신이 사장님이 되는 길이다. 이 책을 읽는 모든 월급쟁이들이 매일매일 헤드헌터의 이직 권유 전화를 받게 되길 바란다.

6장 목표의 정직함
지금 생각하는 곳까지 갈 수 있다

　현대는 멀티 플레이어, 즉 다재다능한 사람을 원한다. 회사에서도 다양한 분야의 전문가가 좀 더 대접받는 것은 당연하다. 나도 직원 교육 시에는 생산, 품질관리, 영업 등 적어도 2개 분야에서의 경험이 없으면 팀장 자격이 없다고 강조한다. 그러면 꼭 해당 분야에서 근무를 해야만 전문가가 될 수 있을까? 결론부터 말하면 아니다. 내 경우에는 저녁시간이나 휴일을 이용해서 관심 분야에 대한 과외 공부를 했었다. 마음먹기에 따라서는 일과 시간에는 현 업무를 수행하고 저녁시간이나 토요일 등을 이용해 다른 분야에 대해 공부할 수 있다. 물론 다른 분야를 배우려면 그 분야에 근무하는 사람과 친해져야 하고, 친해지려면 과감하게 내 돈을 써서 밥도 사고 술도 사줘야 한다. 더 많은 다른 분야를 배우려면 오지랖도 넓어야 한다. 마당발이라는 소리를 들을 정도로 열심히 뛰어다녀야 하고, 적어도 다른 팀이나 부서의 회식 때 초청받을 수 있는 경지까지 도달해야 한다. 이렇게 미리미리 부지런하게 다른 분야의 업

　　　　　　　　　　　　　　　　　　자기 혁신적 인재

무까지 공부해놓으면 한 단계 승진할 수 있는 조건을 미리 갖춘 것이다.

전문기관에서 실시하는 과장 교육에 가보라. 대부분의 수강생이 주임, 대리급이다. 최고경영자 과정의 수강생은 대부분 과장, 부장급이다. 왜일까? 회사에서는 과장될 준비가 되어 있는 사람을 과장에 앉히고, 임원이 될 준비가 되어 있는 사람을 임원에 앉힌다. 과장이 되기 전에는 자기의 업무 분야만 잘 알아도 큰 문제가 없다. 그러나 과장이 되고 나면 추가적으로 관리해야 할 것들이 늘게 된다. 인사, 노무, 환경, 비용 등의 관리 항목이 늘어나는데 이런 것들은 하루아침에 배울 수 있는 것이 아니다. 그러므로 주임, 대리 시절부터 미리 준비하지 못하면 과장이 되었다 하더라도 무능한 관리자로 전락할 수 있다.

내가 이런 일이나 하려고
4년제 대학 나온 줄 아십니까?

수년 전에 고졸 여사원을 뽑기 위해 몇몇 고등학교에 전화를 걸어 취업 담당 선생님과 통화한 적이 있다. 이런저런 이유로 여사원을 뽑을 생각이라고 설명하고 학생 추천을 의뢰하자 통화했던 모든 선생님으로부터 같은 질문을 받았다. "사무직입니까? 생산직입니까?" "생산직입니다. 저희 회사는 사무직과 생산직에 대한 임금 등의 대우가 똑같습니다."라고 답변하자 "우리 아이들은 생산직으로 보낼 수 없습니다."라는 말이 이구동성으로 돌아왔다.

학교에서 취업을 담당하는 선생님조차 산업 현장에 대한 편견을 가지고 있었다. 생산직은 3D, 즉 더럽고 위험하고 힘든 직업이라고 생각하는 현실이 나를 당황하게 했다. 그래서 이미 우리 회사에 근무하고 있는 직원들을 통해 취업 의사가 있는 후배들을 찾아보게 했더니 의외로 응시자가 많아 쉽게 채용할 수 있었다. 그들에게 왜 생산직인데 응시했냐고 물었더니 책상에 앉아서 문서

작성하고 계산기 두드리는 것보다 현장에서 단순하게 일하는 것이 오히려 편하다는 답변을 들었다.

그러면 대졸 신입사원에 대해 생각해보자. 신입사원을 뽑으려면 서류전형을 시작으로 몇 차례의 면접을 거쳐야 한다. 면접 중 지원자들에게 생산 쪽에 배치되면 어떤 일을 할 것 같으냐고 질문하면 거의 대부분이 책상에 앉아서 컴퓨터로 문서 작업을 하거나 생산계획 수립, 재고관리 정도를 할 것 같다고 답변한다. 생산 부문의 지원자가 현장에서 어떤 일을 하게 되는지를 알지 못하는, 아니 알 수 없는 것이 바로 우리나라 대학교육의 한계가 아닌가 싶다. 대학 교수님들 중 생산현장을 설명해줄 수 있을 만큼 현장에 대한 지식이 있는 교수님이 없다는 현실을 보는 것 같아 답답하기도 하다.

그래서 나는 면접 과정에서 항상 현장근무에 대해 설명한다. 현장 경험은 직장인이라면 누구나 한 번은 겪어보아야 한다고 보는데 아무래도 사무실 근무보다는 육체적으로 힘들고 어려운 것이 사실이다. 신입사원이 입사하면 기본교육을 마친 뒤에 현장에 배치하여 본격적으로 업무를 가르치게 되는데 가끔은 입사 전에 생각했던 업무와 너무 다르다는 이유로 퇴사하는 사원들도 있다. 퇴사 이유를 물어보면 명색이 4년제 대학 졸업자인 내가 현장에서 고졸 출신들이나 해야 할 것으로 보이는 일을 한다는 사실을 인정할 수 없단다. 그럴 때 내가 그 직원들에게 묻는 말이 있다. "그러면 당신은 지금 무슨 일을 할 수 있나요? 당신의 과장님은 처음부터 과장이고 관리업무만 했을까요? 처음에는 지금 당신에게 맡긴 몸 쓰는 일을 하지 않았을까요? 당신이 우습게 보는 고졸사원보다 현재 더 잘할 수 있는 업무가 뭐가 있나요? 당신이 보기에 하찮아 보이는 그 일들을 직접 해보지도 않고 이론과 원리도 모르면서 그들을 이끌 수 있나요? 왜 아무것도 모르는 당신에게 그들보다 더 많은 월급을 주고 있는지 생각해봐요. 당신이 하루 빨리 이론과 실무를 익혀서 그들과 회사에 도움을 주라는 뜻이라는 것을 알아야 합니다."

     자기 혁신적 인재 ....

이미 우리 주변에는 너무 많은 대졸자들이 넘쳐나고 있다. 고졸이면 충분한 일을 고졸을 뽑을 수가 없어서 울며 겨자 먹기로 대졸을 쓰는 경우도 있다. 그렇다고 대졸이 고졸에 비해서 업무 능력이 뛰어난 것도 아니다. 내가 보기에도 주변에 왜 대학을 갔는지 이해가 안 되는 사람들이 넘쳐난다. 한마디로 학력 인플레이션이 너무 심하다. 내가 교육부 장관이라면 대학 정원을 반으로 줄이고 그로 인해 절감된 비용을 대학생 모두에게 장학금으로 주고 산업현장에서 즉시 활용할 수 있는 능력을 가진 인재로 키우고 싶다.

대기업의 임원 비율은 1%

2014년도에 조사된 모 신문기사에 따르면 우리나라 대기업의 임원 비율은 대략 1% 정도라고 한다. 즉 직원 100명당 1명의 임원이 있다는 말이고, 중견·중소기업의 경우에는 이 비율이 좀 더 높을 것으로 생각된다. 또한 이 비율은 100명이 입사할 경우 1명 정도만 계속 승진하여 임원이 된다는 것인데, 이런 내용을 신입사원 교육할 때 이렇게 설명하곤 한다.

1%의 의미를 예를 들어 설명해보자. 여기에 담배를 피우고 또한 비만인 사람이 100명 있다. 먼저 담배를 끊겠다고 결심하고 실행에 들어가면 대략 10%, 즉 10명 정도만 성공한다고 한다. 이 금연에 성공한 10명이 다이어트에 도전하여 성공할 비율 역시 10% 정도이므로 결국 최종적으로는 1명만 남게 된다. 결국 담배도 끊고 다이어트까지 성공할 정도의 노력과 자기관리가 가능하면 임원이 될 가능성이 충분하다. 결코 쉬운 일이 아니다. 아주 어렵다. 이쯤 되면 질문이 나온다. "그런 사람이 어디 있어요?" 그러면 답해준다. 내가 바로 그런 사람이고 결국 임원이 됐다고.

그냥 봐도 임원이 될 가능성이 있는 직원은 분명히 뭔가 달라도 다르다. 남들보다 적극적이고 긍정적이며 일처리도 빠르다. 옆에서 조금만 코치해줘도 효과가 빠르게 나타나고 남들의 충고를 고맙게 여길 줄 안다. 그런 사람이기 때문에 비율이 1% 정도밖에 안 되는 것이다. 신입사원 면접할 때 외국어 공부에 대해 물어보고 통계를 내봤다. "지금은 비록 외국어 실력이 나쁘지만 뽑아만 주신다면 6개월, 1년 또는 2년 내에 외국어가 능통한 직원이 되겠습니다." 라고 목소리 높여서 모두 약속한다. 그러나 실제로 그 기간이 경과하고 다시 한 번 점검해보면 약속을 제대로 지킨 직원 비율 역시 1%를 넘지 않는다.

그러니 당연히 이런 직원은 다른 직원들에 비해서 성공할 가능성이 아주 큰 것이다. 승진하기 위해서 모든 분야에서 뛰어날 필요는 없다. 영업, 생산, 연구 등 자기가 가장 잘할 수 있을 만한 분야를 선택해서 집중적으로 그 분야에서 1%가 될 수 있도록 한다면 당연히 임원이 될 수 있다.

목표

———————————— 신입사원 교육 시 받는 질문 중 대표적인 것으로 "저는 이 회사에서 얼마나 성장할 수 있겠습니까?"가 있다. 아마 무척 궁금할 것이다. 이 질문에 대한 나의 대답은 항상 똑같다. "여러분이 지금 머릿속에서 생각하고 있는 곳까지 가능합니다." 목표는 크고 높을수록 성공할 가능성이 많다고 한다. 목표가 100인 사람이 100% 성공할 경우 100을 얻을 수 있다. 반면에 목표가 200인 사람은 80% 성공할 경우 160을 얻을 수 있다. 왜 목표가 크고 높아야 하는지에 대한 대답이다. 우리 인생에서 항상 겪어봤지 않은가. 목표에 100% 도달하는 것은 어렵고도 힘들다. 그렇기 때문에 목표에 도달하는 최선의 성공도 필요하지만 80% 정도 도달하는 차선의 성공도 항상 생각해야 한다.

다시 처음으로 돌아가자. 처음 입사할 때 목표가 CEO인 직원과 부장인 직원의 태도는 분명히 다를 것이고, 결국 성공에 도달할 가능성도 다를 것이다.

      자기 혁신적 인재 ┈┈┈┈┈┈┈┈┈┈

목표가 결정되면 그 목표에 도달하기 위한 세부계획과 일정도 나올 것이고, 목표의 크기에 따라 계획과 일정은 물론 노력의 정도도 다를 것이기 때문에 그들의 승부는 처음 신입사원 시절에 목표를 설정할 때 결정났다고 볼 수도 있겠다. 성공학자들은 성공에 이르기 위해서는 구체적이고 간절한 목표와 그 목표에 이르는 계획의 성실한 실천을 강조한다. 우리가 위인전을 읽고 영웅들의 이야기에 관심을 가지는 것 역시 그들의 발자취를 통해 교훈을 얻고 시행착오를 줄여서 나의 성공가능성을 높이기 위함이 아닐까? 목표가 작은 사람에게는 두세 개의 길만 보이겠지만 목표가 큰 사람에게는 열 개의 길이 보일 것이다.

비전 2000 보고서

———————— 내가 처음 직장생활을 시작하고 대략 6개월쯤 지난 시점에서 작성한 보고서의 제목이 'Vision 2000'이었다. 그때가 1983년으로 기억되니까 2000년이 되기 17년 전이 되겠다. 나름대로 자료를 수집하고 미래를 상상해서 적어도 2000년이 되는 17년 뒤에는 내가 속해 있는 조직과 회사가 이런 모습이어야 하고 그런 모습이 되기 위한 조직구조, 업무영역, 인적구성, 새로운 사업 등에 대해 제법 두툼한 보고서를 제출했던 것으로 기억한다. 그로부터 6년 후 그 회사를 사직하고 다른 회사에서 근무하던 1989년도쯤이었나? 그 회사에서 대대적으로 비전 2000을 홍보하는 것을 보면서 옛날 생각이 났다.

당시 제출했던 보고서가 어느 선까지 올라갔는지 잘 모른다. 보고서를 제출하고 칭찬보다는 오히려 미친놈 취급을 받았었다. 물론 새로 근무하던 회사에서도 지속적으로 미래의 비전을 담은 보고서를 제출했었고, 한 번도 채택되지는 못했지만 지금 근무하는 조직에서도 주기적으로 회사의 중장기 발전계획을 제출하곤 한다. 나는 미래를 상상하는 것을 좋아한다. 항상 내가 CEO라는 생각으로 3년 후, 5년 후, 10년 후 또는 20년 후의 미래를 상상해보고 상상으로 그려진 그림을 완성하기 위해 부족한 점에 대한 대책을 미리 고민해보는 습관이 있다.

임원은 큰 그림을 그리는 사람을 뜻한다. 적어도 임원이라면 회사의 장래에 대해서 진지하게 고민해볼 필요가 있다. 이제는 '비전 2030'을 준비할 때다. 급변하는 정치, 경제의 상황에서 당장 1~2년 앞도 모르는데 무슨 배부른 소리냐고 비난하는 사람도 있겠지만, 기업을 50년, 100년 이상 영속시키는 것을 목표로 한다면 회사 차원에서 적어도 10년 후의 큰 그림을 그려놓고 그 목표를 달성하기 위한 세부계획을 세우는 것은 물론 환경변화에 따라 계속 수정보완하는 노력도 필요하다고 본다. 또한 개인적으로도 5년 후, 10년 후, 30년 후의 장기 목표를 정하고 그 목표를 달성하기 위한 세부계획을 세우는 것은 물론 매년 초 이력서를 새롭게 고쳐 쓰면서 나름대로 자기반성도 하고 계획도 수정하는 것이 좋겠다. 월급쟁이들은 이렇게 매년 한 번 정도는 계속 월급쟁이로 남아있을 것인가 아니면 퇴직하고 개인사업을 하는 사장이 될 것인가를 고민해야 한다고 주장하고 싶다.

나에게 부족한 것은?

내가 처음 모 대기업의 연구원으로 직장생활을 시작했을 때의 일이다. 갑자기 학생에서 연구원으로 신분이 바뀌고, 또 연구소도 설립 초기여서 그런지 분위기도 어수선하고 업무의 체계도 잡혀 있지 않았다. 게다가 내가 담당하게 된 제품 역시 전공과는 거리가 있었고, 우선 시급한 것은 담당업무, 즉 제품의 제조와 품질관리, 개발단계 등에 대한 지식이었으나 연구소 내에 이런 애로사항에 대해 도움을 줄 만한 선배들도 거의 없었다. 약 1

     자기 혁신적 인재

개월 정도 고민하다가 부장님께 3개월간 공장 현장실습을 보내달라고 조르기 시작했다. 자청해서 현장실습을 가겠다는 경우가 처음이라서 부장님도 많이 당황하신 눈치였고 전례가 없다 보니 생각이 좀 필요했던 것 같았다.

결국 우여곡절 끝에 현장실습 기간은 1개월, 대신 나와 함께 입사한 동기생 몇 명이 함께 가는 것으로 결론이 났다. 당연히 졸지에 현장실습을 함께 가게 된 동기생들의 원망을 심하게 들었다. 공장 출근 첫날 아침부터 일찍 출근하여 제일 힘든 일, 예를 들면 원료 드럼통 운반, 원료 포대 운반 등을 자청했고 현장의 근로자들과 똑같이 작업에 참여했다. 이렇게 일주일 정도 한 시간씩 일찍 출근하여 열심히 노력하자 현장 작업자들의 시선도 많이 부드러워졌다. 첫 주말에는 드디어 저녁 술자리에 초대받아 함께 소주잔을 기울이고, 나이를 비교하여 사석에서는 서로를 형님, 동생으로 부르는 관계로까지 친해지게 되었다.

내가 현장실습을 자청했던 이유는 연구에 앞서 현장의 생산시설, 작업환경, 품질관리 체계 등에 대해 어느 정도의 파악이 필요했기 때문이다. 그래야 연구소 실험실에서 연구할 때 현장에서 생산할 때 예측되는 문제점을 충분히 고려할 수 있고, 그것을 바탕으로 처방을 만들 수 있음은 물론 생산현장의 상황을 알아야 새로운 제품, 또는 기존 제품의 개선도 가능하다고 생각했기 때문이다. 또 비록 연구원이기는 하지만 아직은 전문지식이 많이 부족하기 때문에 현장경험이 풍부한 작업자들로부터 노하우를 전수받을 수 있고, 그들의 이야기 속에서 오히려 새로운 연구 아이디어를 얻을 수 있을 것이라고 생각했다.

이렇게 시작된 현장실습과 이후 지속된 인간적인 유대가 연구소와 공장 사이의 끈끈한 협력관계 조성에 많은 보탬이 되었다. 특히 연구소의 연구원들에게 부탁하고 싶은 점이 있다. 연구가 완성되려면 꼭 현장의 생산설비를 이용해서 제조단위를 키워서 생산해보자. 이런 과정을 Scale-up이라고 하는데, 그 결과를 가지고 최종적인 제조방법을 확정해야 한다. 목표는 그렇지만 현실적으로 보면 반복적인 실험과정이기 때문에 현장 작업자 입장에서는 매우 번거롭고 귀찮은 업무일 뿐이다. 그런데 연구업무를 지원하기 위해 현장 작업자가 모든 준비를 다 해놓으면 연구원이 그때서야 어슬렁 나타나 작업을 참관하다가 샘플만 가지고 가버리면 작업자 혼자 남아서 뒷정리와 청소까지 해야 한다. 작업자의 기분이 어떨까 생각해보라. 나라면 약속시간보다 일찍 작업장에 도착해 함께 설비를 조정하고, 작업이 끝나면 함께 정리하고 청소했을 것이고, 아마 작업자도 고마운 마음에 이제 됐으니 그만 샘플을 가지고 가라고 권할 것이다. 다음에 또 현장생산을 할 일이 생기면 기꺼이 협조해주고 싶은 마음이 생기지 않을까.

결국 상대방에 대한 작은 배려와 고마움의 표시가 끈끈한 인간관계를 만들어주는 가장 큰 무기가 되는 것이다. 지금도 신입사원들이 입사하면 반드시 생산현장 실습을 자청해서라도 거쳐 갈 것을 권장하고 있고, 생산 이외의 신입사원들도 반드시 2개월간 생산현장에서 실습하는 프로그램을 운영하고 있다. 이때 사귄 현장 작업자들은 나중에 생산현장과 관련된 업무에서 정말 많은 도움을 줄 것이다.

금수저
흙수저

요즘 유행하는 말 중에 금수저, 흙수저, 헬조선이라는 것들이 있다. 부모 잘 만나서 태어날 때부터 부자인 사람은 금수저를 물고 태어났다고 하고, 가난한 집에서 태어나서 부모 덕 못 보는 사람들은 흙수저를 물고 태어났다고 한다. 흙수저는 아무리 노력해도 금수저가 될 수 없다는 자조적인 포기 선언이 바로 헬조선이다. 작금의 대한민국은 청년 실업이 매우 심각하다. 산술적으로 보아도 대학졸업자가 취업할 수 있는 일자리 숫자가

　　　　　　　　자기 혁신적 인재

대학 졸업자 수의 절반밖에 안 되는 것이 현실이기 때문에 어찌 보면 당연하다고 볼 수도 있다.

한편에서는 아무리 노력해도 취직이 안 된다고 불평하는데, 다른 한편에서는 인력이 부족해서 동남아 등 외국인 노동력이 없으면 회사를 운영할 수 없으니 참으로 답답하다. 아무리 대기업을 선호하는 것이 현실이라고는 하지만 공장이 지방이나 외국에 있으면 대기업 이라도 가지 않으려고 하는 것 또한 심각한 문제다.

자, 여기서 한번 따져볼 필요가 있다. 진짜로 자신을 흙수저라고 생각한다면 대기업이 아니면 취업하지 않겠다는 게 말이 되나? 심지어 대기업이어도 지방이나 외국이라면 취업하지 않겠다고 버틸 수 있을까? 만약 내가 취직해서 돈을 벌지 않으면 안 될 정도로 경제상황이 어려운 흙수저 집안이라면 중소기업이 싫어 대기업에 가기 위해 취업 재수를 할 수 있을까? 내 생각으로는 변명으로 오해받기 쉽다고 본다.

정말 자신의 실력에 자신이 있다면 중소기업에 입사하여 경력을 쌓고 승승장구하거나 경력을 바탕으로 대기업으로 이직하는 방법도 얼마든지 있다. 중소기업에서도 인정받지 못하는 사람이 과연 처음부터 대기업에서 시작한다고 성공한다는 보장이 있는가 말이다. 잘 생각해보자. 대기업에서 매년 수천, 수만 명씩 채용한다는 것은 역으로 매년 수천, 수만 명씩 자의나 타의로 대기업을 떠난다는 것을 의미한다. 금수저, 흙수저를 따지기 전에 먼저 자신이 과연 대기업에서 뽑을 만한 인재인지에 대한 객관적인 평가가 필요하다. 왜 대학에 갈 때는 자신의 실력에 맞춰서 지원하면서 회사에 취업할 때는 자신의 수준에 맞는 일자리를 찾는 노력이 필요하지 않겠는가.

혹시 부잣집 자식들은 돈 잘 쓰면서 잘 사는데 나는 못 하니 기분이 나쁘다면 자신을 다시 한 번 돌아봐야 한다. 부자들의 돈은 모두 부정한 방법으로 얻었으니 부자들을 모조리 없애버리거나 세금을 많이 물려서라도 돈을 뺏어서 가난한 사람들에게 나누어주자는 생각을 할 수도 있겠으나, 그렇다면 당신은 영원히 부자가 되지 않겠다는 뜻인가? 만약 당신이 부자가 되었을 때, 그 과정이 아니라 결과만을 보고 다른 사람들이 당신 역시 부정한 방법으로 돈을 벌었을 테니 무조건 모두 빼앗아가겠다고 하면 좋을까?

이제는 사회적 감시망도 예전과 다르다. 대통령조차도 부정을 저지르면 파면당하는 세상이다. 이미 부정한 방법으로 돈을 버는 것을 그냥 보고 넘어갈 대한민국이 아니다. 청빈한 것이 존경받는다면, 역시 정당한 방법으로 돈을 번 부자 역시 존경받는 그런 사회가 선진국이라고 생각한다. 괜히 흙수저 운운으로 부모님께 슬픔과 자식에 대한 미안함만 키우게 하지 말고 스스로가 뽑고 싶은 인재로 거듭날 방법을 찾는 것이 중요하다고 본다. 취직이 안 되는 것은 흙수저나 헬조선 때문이 아니라 당신이 채용될 만한 사람이 아니기 때문이다. 그렇다면 해결책은 채용할 만한 사람으로 탈바꿈하면 되는 것이다.

앤드루 매터스는 《마음 가는대로 하라》에서 이렇게 말한다. "새벽에 일어나서 운동도 하고 공부를 하고 사람들을 사귀면서 최대한으로 노력하고 있는데도 인생에서 좋은 일이 전혀 일어나지 않는다고 말하는 사람을 나는 여태껏 본 적이 없다."

외국어 공부할
시간이 없다고요?

현대 사회를 살아가면서 외국어의 중요성을 모르는 사람은 없을 것이다. 제1외국어인 영어는 기본이고, 이제는 제2외국어도 하나 정도는 구사해야만 소위 스펙이라는 것이 완성되는 세상이 되었다. 대학을 마치고 취업시즌이 되면 취업준비생들은 첫 번째 취업용 스펙으로 토익 같은 영어능력시험을 보는데, 요즘 면접장에서 만나는 지원자들의 토익 성적은 900

　　　　　　　　　　　　자기 혁신적 인재

점을 넘어서고 있다. 900점이면 대단한 점수고 일상 회화 정도는 충분히 가능할 것으로 판단되지만, 정작 그들의 회화실력은 형편없는 경우가 대부분이다.

그 이유를 들여다보면 토익조차도 시험으로 접근한 결과다. 대한민국 학생들의 시험공부 능력에다가 학원의 도움까지 받으니 시험점수는 높지만 실력은 별거 아닌 이상한 상황이 발생해버린 것이다. 일단 입사하면 외국인을 상대하는 현실과 만나게 되는데, 여기서 대부분의 직원들은 실질적인 외국어 실력이 필요하다는 것을 인식하게 된다. 그럼에도 불구하고 자기 나름대로 외국어를 공부해서 실력을 향상시키는 직원은 거의 없는 것 또한 현실이다. 그 이유를 물어보면 대부분의 대답 역시 업무에 바쁘고 연장근무 등으로 시간이 없어서 외국어 학원에 가지 못하기 때문에 어쩔 수 없다고 한다. 공장의 경우는 아침 일찍 외국어 강좌를 개설해도 교통편이 나빠서 올 수 없다는 이유도 많다. 과연 시간이 없어서 외국어 공부를 못 하는 것이 맞을까?

그 궁금증을 풀려고 내가 직접 외국어 공부를 해본 경험을 말하고 싶다. 50이 넘은 시점에서 일본어 공부를 시작한 적이 있다. 그 방법은 이렇다. 매일 아침 차를 몰고 출근하는 시간이 대략 30~40분, 퇴근에 걸리는 시간이 50분~1시간 정도이기 때문에 이 시간을 이용해 30분짜리 일본어 교재용 오디오를 이용했다. 이렇게 일주일 정도 출퇴근 시간에 오디오를 청취하면서 큰 소리로 따라하는 식으로 반복하니 오디오의 내용을 완전히 외울 수 있었다. 이렇게 일주일에 30분씩 오디오 내용을 외우다 보니 약 8개월 정도 지나니까 30분용 오디오 약 24개 즉 일본어 회화책 1권을 완전히 외울 수 있었다.

이쯤 되니까 일본인들과 대화할 때 참관하면 조금씩 그들의 말이 들리기 시작했고, 내가 하고 싶은 말을 하는 용기도 생겼다. 물론 실무에서 외국어를 사용할 일이 거의 없고 나이도 나이인지라 배웠던 외국어를 잊어먹는 속도가 매우 빠르지만, 만약 20대의 젊은 직원이 이런 방법으로 외국어를 공부한다면 적어도 그 효과가 2배는 좋을 것이고 더불어 실무에 사용하기까지 하니 1년이면 충분히 유창한 외국어 구사가 가능할 것으로 판단된다.

아침 출근할 때 승용차의 오디오나 통근버스 안에서 이어폰을 끼고 노래를 듣는 직원이 매우 많다. 아예 깊은 잠을 자는 직원이 대부분이다. 육체적으로 매우 힘들다는 것은 이해하지만 근무경력이 쌓여갈수록 외국어 공부를 할 기회는 점점 줄어들게 된다는 점을 잊으면 안 된다. 이제 출퇴근 시간에 노래를 듣거나 잠자는 것 대신에 외국어를 한번 들어보길 부탁한다. 눈 질끈 감고 대략 1년만 출퇴근 시간을 활용하면 충분한 결과를 얻을 것이라고 장담한다. 결국 외국어 공부는 남이 아닌 자신과의 싸움이지 않나.

외국어 공부에 게으른 것은
직무 유기다

언제부턴가 우리나라에서는 영어가 진학, 취업 등에서 가장 중요한 스펙으로 자리 잡았다. 어렵사리 취업해도 영어에 어느 정도 능통한지가 출세의 중요한 요소가 되었다. 그러다 보니 대부분의 회사에서는 직원들의 영어나 기타 외국어 공부를 장려하고 때로는 강사를 제공하거나 학원비 지원 등을 시행하고 있다. 이렇게 회사에서 지원해줘도 결과적으로 회사에서 원하는 수준으로 실력이 향상되는 직원의 비율은 채 5%도 되지 않는다. 효율성만을 따지면 정말로 무의미한 사업이 아닌가.

사내 지원을 통한 영어교육의 효과가 부진한 이유를 알아보면 바쁘다, 교육 시간이 잘 맞지 않는다, 강사의 수준이 낮다 등이 나오지만 강의 개설 후 몇 개월이 지나면 시작할 때의 10% 수준으로 참석률이 떨어지는 것을 매번 재확인한다. 외국어 공부를 회사를 위해서 한다고 무의식중에 생각하는 것 같다.

그래서 영어에 대한 정책을 변경했다. 지금은 공개적으로 영어 공부를 하지 말라고 한다. 대신에 처음부터 영어를 잘하는 직원을 뽑으려고 노력한다. 또

   자기 혁신적 인재

한 스스로 영어 공부에 노력을 기울이는 직원들을 발굴하고 육성하고 있다. 영어권 나라에 출장갈 일이 생겼을 때를 가정해보자. 담당 과장은 영어를 못하기 때문에 할 수 없이 영어가 가능한 대리를 대신 보냈는데 결과적으로 성과가 좋았다면, 적어도 출장 갔던 업무는 과정을 떠나 온전히 대리의 업무로 전환될 것이다. 즉 과장보다 대리가 주목받게 된다는 말이다. 이때 과장이 살아남을 수 있는 방법은 대리보다 영어를 잘하는 것밖에 없다. 그러니 생각이 있는 과장이라면 몰래 외국어학원에라도 등록하고 열심히 영어 공부를 할 수밖에 없을 것이다. 이런 상황이 되면 영어는 직장에서 생존하기 위한 필요조건이 되기 때문에 직원 개개인이 심각하게 생각하지 않을 수 없다. 영어권 나라에 단독으로 출장갈 수 있을 정도의 영어는 기본이라는 생각이 필요하다.

구체적인 인생 목표가
없는 당신

———————————— 신입은 물론 주임, 대리, 과장, 차장은 물론 임원들까지 그동안 수많은 직원들과의 면담과 교육을 진행해오면서 꼭 하는 질문이 있다. 당신들은 인생을 관통하는 구체적인 목표가 있는가를 묻는다. 그러나 아직까지는 구체적인 목표를 가지고 있는 사람을 만나보지 못했다. 처음 사회생활을 시작하는 신입사원의 경우 대부분은 이제까지의 목표가 원하는 직장에 취업하는 것이었다. 취업해서는 다음의 목표가 없는 상태에서 기계적으로 일에 쫓기다 보니 입사 당시의 패기와 열정은 사라지고 어제와 같은 오늘, 오늘과 같은 내일의 반복만 있을 뿐이다. 구체적인 목표가 없기 때문에 역시 구체적인 계획도 없다. 만약 이런 생활을 6개월 이상 지속하게 되면 자신도 모르는 새 이런 행동양식에 익숙해지고 업무 스타일로 굳어져 이후에는 새로운 변화를 추구하거나 변화에 적응하기가 점점 어려워진다.

구체적인 목표의 중요성을 예를 들어 설명해보겠다. 당신이 지금 차를 타고 시동을 걸었다고 치자. 그런데 어디로 갈지 목적지를 모른다면 어떻게 될까. 아마 아주 당황스러울 것이다. 이런 하찮은 경우에도 당황스러운데 인생 목표가 없는데도 아무렇지 않다는 건 뭔가 이상해도 한참 이상하다. 오히려 아무렇지도 않다는 것이 이해가 안 된다.

입사 후 3년 정도 지나면 담당 업무에서 어느 정도 전문가 소리를 들을 수 있는데, 이때 목표가 확실한 사람은 담당 업무를 바꿔달라고 요구해야 한다. 다양한 업무를 경험해본 사람이 아무래도 승진승급에 유리하기 때문이다. 구체적인 목표는 단계별로 있어야 한다. 가령 5년 후 목표, 10년 후 목표, 20년 후 목표처럼 말이다. 일단 5년 후의 목표가 달성되면 이것을 바탕으로 다시 10년 후의 목표 달성을 위해 계획을 짜고 실행하는 식으로 진행하면 된다.

예를 들어서 돈을 모으는 것에 대한 목표를 생각해보자. 먼저 5년 후 1억 원을 모으겠다는 목표를 정했다면 현재의 재정 상태를 감안하고 앞으로의 물가나 금리를 참조해서 단계별로 모아야 하는 돈의 액수를 정해서 실행하면 된다. 1년 차에는 1천만 원, 2년 차에는 1천 5백만 원, 3년 차에는 2천만 원, 4년 차에는 2천 5백만 원, 그리고 5년 차에는 3천만 원 하는 식으로 말이다. 그러면 매년마다 매달 얼마의 저축을 해야 하는지 명확해지고 일단 저축을 하고 남은 금액으로 생활이나 기타 여가 활동을 하면 되는 것이다. 이때 중요한 점은 5년 후 1억 원을 모으면 어떻게 할 것인지의 목표 역시 미리 정해놓아야 한다는 점이다. 그 돈을 어떻게 활용할지를 미리 생각해놓지 않으면 정작 1억 원이 모였을 때 무계획적으로 탕진할 가능성이 커진다.

이렇게 모은 1억 원을 근간으로 다시 10년 후의 계획을 진행한다. 이를테면 10년 후에 5억 원을 모으는 목표를 세우고 실행하는 것이다. 혹시라도 목표를 세우는 것이 어려운 사람이라면 하고 싶은 것들의 목록, 버킷 리스트를 만들어보라고 권하고 싶다. 버킷 리스트를 적기 위한 작은 노트를 준비하고 항

　　　　　　　　　　　　　자기 혁신적 인재

상 몸에 지니고 다니면서 한 페이지에 한 가지씩 하고 싶은 것들이 생각날 때마다 적어 넣고, 그 리스트 중에 이미 달성한 것들은 달성했다는 표시와 함께 달성한 소감을 간단히 적는다. 리스트를 작성할 때 언제까지 달성하겠다는 계획이 첨가되면 그 과정이 목표를 세우고 노력하는 것과 거의 같은 효과가 있으니 활용해볼 만하다.

보통 100개 정도 작성하면 되는데, 이 중에는 '이번 주말에 연인/배우자와 함께 어디로 놀러가기'처럼 비교적 간단한 것도 있지만 '외국어 능력 1급 취득' '유럽 배낭여행 3개월'처럼 다소 많은 노력과 무리를 해야 가능한 것도 있으며, '1년에 책 100권 읽기' '5년 내에 45평 아파트 장만하기' '10년 내에 10억 모으기' 등 아주 어려운 것도 있을 것이다. 일단 시작하고 리스트에서 달성된 것을 하나하나 지워가다 보면 어느덧 인생의 최종 목표에 다가가고 있는 나를 발견하게 될 것이다.

종잣돈 만들기

─────────────── 신입사원 교육할 때 강조하는 것 중 돈 모으는 방법에 관한 것도 있다. 요즘 고졸 신입사원은 취업하면 1600cc 승용차를, 대졸 신입사원은 2000cc급 승용차를 구입하는 것이 유행이라는 말이 있을 정도로 자가용이 흔해졌지만 근본적으로 취업을 한 이유는 이제 부모님으로부터 경제적인 독립을 하기 위해서가 아닐까 한다. 그렇다면 빠른 시일 내에 돈을 모아 목표로 하는 종잣돈을 만들어 이를 바탕으로 재테크를 하고 자기 스스로 경제활동 및 노후대책까지 영위해야 한다고 보는데 옆에서 보고 있자면 안타까운 생각이 든다.

아마 젊은 세대들이 보기엔 내 생각이 상당히 보수적일 것이다. 어떤 이들은 현재 우리나라의 상황을 보면 외동아들 또는 딸이 많다 보니, 이들이 결혼하면 친정 및 시댁이 살고 있는 집 두 채는 이미 확보된 상태이기 때문에 집을 사기보다는 자가용을 구입하거나 여가를 즐기는 데 주로 돈을 쓴다고 말한다. 즉 현재를 즐기는 'YOLO족'이 늘어났기 때문이란다.

그렇더라도 노후준비는 물론 결혼, 질병, 사고 등에 필요한 비용을 위한 대비가 필요하기 때문에 집세, 교통비, 식비 등의 최소 생활비를 제외한 금액의 80% 정도는 무조건 저금하라고 당부하고 있다. 이렇게 3년 정도 고생하면 대략 5천만 원 정도의 종잣돈이 생기는데 이 돈으로 나름대로 투자계획을 세워 재테크를 하면 더 많은 돈을 모을 수 있고, 결혼이나 집을 구입하는 데 활용할 수 있다. 종잣돈을 만들 때는 절대로 이자를 생각하면 안 된다. 원금을 빠르게 늘리는 것이 재테크의 기본이며, 애초에 목적했던 종잣돈만큼이 모아지면 그때부터 이자를 생각해도 늦지 않다.

1천만 원을 연 2%의 정기예금에 예치하면 1년 뒤에 20만 원의 이자가 발생하지만 여기서 이자 소득세와 기타 제비용을 공제하면 실제로 손에 쥐는 이자는 10만 원 조금 넘는다. 원금이 적을 때는 이자율 차이가 별 의미가 없으므로 일단 원금을 키워놓고서 그때부터 이자율을 생각하라는 말이다.

결혼은 빨리하라

대부분의 결혼한 직장인들은 다 알고 있는 사실이 있다. 결혼 전에 연애할 때 두 사람이 쓰던 비용 중 한 사람 비용이면 결혼 후 한 달 생활이 가능하다는 것을 말이다. 당연히 집세, 교통비가 반으로 줄 뿐만 아니라 식비까지도 외식 대신 집에서 만들어 먹는다면 한 사람의 생활비는 거의 전부를 저금할 수 있다. 물론 요즘은 외식이나 배달음식이 유행이라고 하니 식비절감 효과는 작아졌을 수도 있겠다.

또한 결혼 전에야 주말마다 차를 타고 시외로 나가고 유명한 맛집을 찾는

     자기 혁신적 인재

등 당장의 교제 활동에 많은 신경을 썼겠지만 결혼 후에는 아무래도 장래를 대비한 재테크를 생각하게 된다는 현실적인 변화도 있다. 특히 서로 멀리 떨어져서 교제할 경우에는 주말마다 오고가며 도로에 까는 돈 역시 무시할 수 없다.

그러니 돈을 모아서 집도 사고 결혼비용도 충분하게 마련한 다음 결혼하겠다는 말처럼 이미 인생을 오래 살아본 인생 선배로서 볼 때 심각한 착각도 없을 것이다. 돈을 모으는 최고의 방법은 안 쓰는 것이다. 안 쓰려면 돈 쓸 일이 없는 상황을 만들어야 되는데, 이 경우 결혼 전 교제보다는 결혼하여 함께 사는 상황이 당연히 유리하다. 처음부터 목표를 크게 잡아 3억짜리 아파트를 산다고 생각하고 돈을 모은다고 볼 때 연봉 3천만 원인 직장인이라면 무조건 월급의 반을 모아도 20년, 절반인 1억 5천만 원이라면 10년이 걸리는데, 이 중 1억 5천만 원을 융자받는다면 거치기간 후 금리를 5%만 잡아도 연간 750만 원, 즉 월 60만 원 이상을 지출해야 한다. 연봉 3천만 원짜리 월급쟁이의 월급은 250만 원이다. 세금, 국민연금, 건강보험 등 매달 세금성 공제 20%와 60만 원 이상을 주택융자로 지불하고 나면 손에 쥐는 것은 140만 원 정도. 이 돈으로 생활하고 저축까지 한다면 아주 많이 힘들 것이다.

그러나 결혼하고 그들의 부모님들처럼 원룸이나 투룸에서 시작하거나 아파트가 아닌 작은 빌라 등에서 시작한다면 처음부터 목돈이 들어가지 않을 것이고, 맞벌이를 한다면 적어도 한 사람의 월급 모두를 저축할 수 있다는 장점이 있다. 아울러 빨리 결혼하고 빨리 2세를 낳을 경우 출산과 육아로 잠시 직장생활을 접더라도 비교적 젊은 나이이기 때문에 재취업도 가능하고, 노후 대책도 남들보다 빨리 세울 수 있다. 결혼을 늦추고 싶은 사람이라면 정말 깊게 생각해야 한다.

주기적으로

실천할 내용을 공개하라

———————— 나는 임직원들에게 강조하고 싶은 말이 있으면 내 책상 옆 A4용지에 크게 써서 붙여놓는다. 보통 분기를 주기로 내용이 바뀌는데 대개 이번 분기에 중점적으로 나아갈 방향이 담겨 있다. 그동안 붙여놓았던 것 중 일부를 소개하겠다.

좋은 결과에 만족하지 마라

견딜 수 있으면 해낼 수 있다

내·외부 고객에게 변명하지 마라

내 사전에 포기란 없다

당신은 리더의 권한으로 무엇을 하고 있습니까? 함께 땀 흘린 사람들과 성과를 나누고 아랫사람의 잘못을 나누고 직원들과 신뢰를 나누고 있나요?

당신은 지금 올바른 일을 하고 있나요?

회사는 수백만 개의 제품을 만들지만, 고객은 단 한 개의 제품을 사는 것이기 때문에 모든 제품의 품질에 신경을 써야 합니다. 회사에게는 0.1%의 불량이지만 고객은 100%의 불량으로 생각합니다.

모든 책임은 내가 진다

父父子子 君君臣臣(각자 자신의 본분에 충실하자)

언젠가는 할 일이면 지금 하자. 누군가가 할 일이면 내가 하자. 어차피 할 일이면 웃으며 하자.

우리는 위기를 낭비하지 않을 것이다

위대한 회사를 후배들에게 만들어주자

疑人不用 用人不疑(의심스러우면 쓰지를 말고, 썼으면 의심하지 않는다)

이것 또한 지나가리라

자기 혁신적 인재 ┈┈┈┈┈┈

질투는 물 안 주어도 잘 자라는 잡초

탐욕의 기준: 내가 정한 목표가 달성되면 누가 좋아할까? 나만 좋으면 탐욕!

해보셨습니까?

조직 제1의 자산, 관리자

조직이 원하는 리더

적어도 리더라면
회사를 떠난 직원을
수년 뒤에 우연히 만났을 때
그들이 나를 외면하지 않고
반갑게 달려와서
인사할 정도는 되어야 한다.

실제로 그런 일이 있을 때면
나름대로 보람을 느낀다.

7장 관리자의 자질
조직의 가이드 러너가 될 사람

조직이 나에게 부여한 힘, 즉 직책이나 직위로부터 나오는 힘이 '권한'이다. 이와는 달리 부하직원들로부터의 존경, 인정 등에 의해서 생긴 힘을 '권위'라고 한다. 바람직하기로는 모든 관리자나 리더들이 권한과 권위를 다 가지고 있는 것이지만 현실적으로 권한과 권위를 다 가진 리더를 찾기는 쉽지 않다. 그래서 두 가지 중 한 가지를 선택해야 한다면 나는 권위를 택하고 싶다. 권위 있는 사람은 부하나 동료들에게서 존경과 인정을 받고 있기 때문에 자연스럽게 조직의 리더 역할을 하게 되고, 조직은 성과를 중시하기 때문에 이런 사람에게 직책을 주어 권한을 가지게 한다.

누구나 직책이나 직위를 주면 그 역할을 충분히 수행할 수 있다고 말한다. 예를 들어 과장을 시켜주면 과장 역할을 잘할 자신이 있다는 말인데 조직의 입장에서는 충분한 검증 없이 과장을 시키는 모험을 할 수는 없다. 결국은 과장될 자격이 있는 사람만 과장을 시키는 것이다. 이때 권위가 있어서 주위 사람들에게 존경과 인정을 받고 있는 사람이 있다면 당연히 과장이 되는 데 유리할 것이다. 그러므로 리더가 되고 싶다면 우선 주위의 동료나 부하들의 마음을 얻고 인정을 받아야 한다. 열린 자세로 내가 조금 손해 본다는 마음으로 주위 사람들을 대하면 그들의 마음도 얻고 함께 좋은 팀워크로 성과를 낼 수 있기 때문에 나뿐만 아니라 부하들의 권위도 함께 커지는 상승효과를 기대할 수 있다. 직위나 직책의 힘 때문에 부하들이 나를 따라오는 것이 아니라 나의 진정성 있는 리더십 때문에 좋은 팀워크를 만들어내는 것이 진정한 권위의 힘이다.

직장인에게
40이라는 나이는?

———————— 직장인에게 40이라는 나이는 많은 의미를 가지고 있다. 아무리 늦게 직장생활을 시작했어도 이미 10년 이상의 경력이 생겼고 해당 분야에서도 대부분 전문가 소리를 듣고 있을 것이다. 만약 잘못된 습관이 생겼거나 나쁜 평판을 받고 있다면 큰일이다. 10년은 결코 짧은 시간이 아니기 때문에 어떤 식으로든 형성된 습관을 자기 스타일이라고 믿고 있는 상황에서 누군가가 잘못을 지적한들 쉽게 수긍하지 않을 것이다. 또 지금까지 아무 문제 없던 경험을 근거로 현재의 생활방식을 바꾸려 하지도 않는다는 특징이 있다.

특히 회사 차원에서 새로운 제도를 도입하거나 도약을 위한 개혁을 시도할 때 이런 직원들은 변화에 적응하고 적극 동참하기보다는 오히려 방해하고 저항하는 경우가 많다. 물론 지난 10여 년 동안 회사를 위해 나름대로 열심히 일했고 현재의 발전된 회사를 만드는 데 많은 기여를 한 점은 인정받을 만하다. 그러나 과거의 기여에 대한 자부심이 현재의 변화와 도약에 방해가 된다면 회사에서는 변화를 수용하고 적응하는 보다 젊은 직원을 대안으로 선택할

     조직 제1의 자산, 관리자 ·······

수밖에 없다. 그래서 40대 초반에 회사를 떠나는 사람들이 많다. 그런데 흥미로운 사실은 본인들도 적응하지 못하고 있고 변화하지 않으면 회사를 떠날 수밖에 없다는 사실을 알고 있다는 점이다.

습관은 정말로 무서운 놈이다. 관상의 경우도 마흔 이후의 얼굴은 자신의 책임이라고 한다. 40이 되기 전에 자신을 돌아보고 문제점을 파악하고 혼자 힘들다면 가족, 상사, 친구들의 도움을 받아서라도 회사가 원하는 인재로 거듭나기 위한, 즉 회사의 변화에 적응하기 위한 각고의 노력이 필요하다. 서둘러야 한다. 회사는 당신의 변화를 무한정 기다려주지 않는다.

나이아가라 증후군

─────────── 미국 동부 캐나다와의 경계에 세계 3대 폭포 중 하나인 나이아가라 폭포가 있다. 지금까지 이 폭포에서 뛰어내려 살아남은 사람이 몇 명 없을 정도로 무지막지한 폭포라고 알려져 있다. 뜬금없이 갑자기 왜 폭포 이야기를 하나 궁금할 것이다. 직장생활을 하다 보면 본인의 의지와 관계없이 회사를 떠나는 사람들이 너무도 많다. 사규로 정해진 정년을 채우는 것은 고사하고 IMF 및 2008년 금융위기를 겪으면서 이제는 더 이상 평생직장이라는 개념 자체가 사라져버린 것은 물론 회사와 직원들의 사고방식 역시 너무나 많은 변화가 있었다. 그런데 회사에서는 아무 기준도 없이 직원을 정리할까? 아니다. 내가 보기에는 소위 월급값 못 하는 직원이 1순위다. 그러면 본인들은 자신이 퇴출 1순위라는 사실을 모를까? 역시 아니다. 대부분의 퇴출 대상 직원들은 이미 알고 있다. 그런데 왜 속절없이 퇴출당하는 것일까?

이 문제의 해답이 바로 나이아가라 증후군이다. 저기 나이아가라 폭포 상류에서 뱃놀이하는 사람들은 저 아래에 무시무시한 폭포가 있다는 사실, 즉 회사에 위기가 찾아오면 대대적인 정리해고가 있을 것이라는 것을 잘 알고 있다. 그러나 지금은 상류이기 때문에 물결도 잔잔하고 폭포소리도 들리지 않는다. 아직은 여유가 있다는 생각으로 게으름을 피우며 시간을 낭비한다. 그러다 보니 노가 썩는 줄도 모르고 노는 데만 열중한다. 그러나 배가 점점 하류로 흘러가고 어느 순간 물결이 빨라지고 폭포소리가 들리기 시작하면 퍼뜩 정신을 차리고 노를 저으려고 찾아보지만 이미 썩어버렸다. 노 대신 손으로라도 저어서 탈출하려 몸부림쳐봐도 배는 속절없이 폭포 아래로 곤두박질친다.

어떤 조직에도 위기는 있게 마련이고, 위기를 극복하기 위한 수단 중 하나가 바로 인력구조조정, 인력감축이다. 당신이 인력구조조정 담당자의 심사를 통과해 살아남으려면 노의 역할을 하는 결정적으로 쓸모 있는 능력을 가진 직원이어야 하고, 평소에도 열심히 노를 저어 상류로 올라가거나 적어도 하류로 떠내려가지는 말아야 한다. 아니면 경영진 입장에서 회사가 아무리 망하더라도 운명을 같이할 사람이라고 인정할 만한 충성심이라도 있어야 한다.

이제는 어떤 회사에서도 열심히 노력하지 않는 사람을 내버려 두지 않는다. 본인은 윗사람이 모를 거라고 생각하고 약삭빠르게 행동하겠지만 그분들은 이미 직원들이 겪는 과정을 극복하고 살아남은 사람들이라는 점을 무시하면 안 된다. 회사의 벽에도 귀가 있다. 낮말은 새가 듣고 밤말은 쥐가 듣는다는 속담을 항상 명심해야 한다. 후배들과의 경쟁에서 항상 앞서가고 나이아가라 폭포로 떨어지지 않기 위해서는 자기계발만이 유일한 방법이다.

과거보다는
미래에 주목하자

─────────── 나는 문제나 사고가 발생했을 때 직원들의 적절한 대처요령을 지속적으로 교육하고 있다. 그 내용은 이렇다. 첫째, 문제나 사고가 발생하면 관련자(팀장, 관리자 등)는 상사에게 보고하고 즉시 문제나 사고

　　　　　　　　　조직 제1의 자산, 관리자 ┈┈┈┈┈┈

가 발생한 현장으로 달려간다. 둘째, 현장에서 피해를 최소화할 수 있는 방안을 강구하여 사안에 따라 즉시 관련부서나 타 부서의 협조를 얻어 실행한다. 셋째, 문제의 원인을 파악한다. 이때는 관련부서의 관련자들과 머리를 맞대고 치열하게 고민하여 가능한 한 모든 가능성이 있는 원인을 찾아내야 한다. 넷째, 재발 방지 대책을 수립한다. 동일한 유형의 문제가 또 발생하지 않도록 체계적인 대책을 수립해야 한다. 대책은 실행의 어려운 정도, 시급한 정도, 비용 발생 정도에 따라 여러 개가 수립될 수 있고 실행도 단계적으로 진행할 수 있다. 다섯째, 상사에게 상기 내용을 구두나 문서로 보고한다.

이런 절차를 따르게 하는 이유는 누가 뭐래도 관련자들은 상사보다는 그 분야의 전문가이기 때문이다. 만약 전문가들인 관련자들이 문제 발생 시마다 상사에게 달려와서 "어떻게 할까요?"라고 묻는다면 상사는 모든 분야에서 전지전능해야 하는데 현실은 그렇지 않다. 여러 개의 대안 중에서 선택해야 하는 경우가 아니라면 관련자들끼리 이미 결론이 내려져야 하고, 상사는 대책의 성격에 따라 난이도나 비용 등을 감안하여 정책적인 결정을 하면 된다는 것이 내 생각이다. 특히 재발방지 차원에서도 직원들 스스로가 결정하고 실행하게 하는 것이 바람직하며, 상사는 비용, 인력, 시간 등 정책적인 지원을 해주는 선에서 더 이상 개입하지 않는 것이 좋다.

만약 생산용 고가 장비를 구입할 때 공장장이 나서서 검토하고 견적을 받고 최종 선정한다면, 나중에 기계가 고장 나거나 문제 발생 시에 공장장이 나서서 해결해줄 건가? 아마 부하들은 기계 사용 중에 문제가 생기면 공장장에게 달려와서 어떻게 할지를 물을 것이다. 어차피 사용자가 따로 있다면 처음 검토 시부터 제작과정 및 현장 검수, 입고 후 정상가동까지 사용자를 통해서 진행하는 것이 옳고 그렇게 해야 책임감도 높이고 부하 육성에도 도움이 된다.

또 문제해결에 관련부서 관련자들을 참여시키는 이유는 해당 부서뿐만 아니라 관련이 없을 것 같은 부서원의 다른 시각에서도 해결책을 찾아보라는 뜻이다. 자칫 짧은 경험만을 가지고 범위를 한정하여 해결책을 찾을 경우 일부의 한정된 경험이 발전적인 미래를 방해하는 결과를 초래할 수도 있기 때문이다. 시대가 너무 빨리 변하기 때문에 1년 전에는 불가능하다고 생각했던 것들이 현실이 되는 경우를 우리는 너무 많이 보았다. 기계 사용자들이 평소에 기계 제작업체 사람들과 꾸준히 소통하면 빠르게 변하는 기술발전에 대한 지식을 얻는 것은 물론 다음번에 기계를 구입할 때 좀 더 효율적인 결정이 가능하다.

솔선수범은
아무나 하나

리더의 덕목 중에는 항상 솔선수범이 들어간다. 리더가 조건 없이 모범을 보이고 부하들이 하기 싫어하는 일까지도 묵묵히 실천한다면, 적어도 말과 행동을 일치시키려고 노력하는 모습이라도 보인다면 큰 무리 없이 조직을 이끌 수 있을 것이다. 나는 시골 출신이고 어려운 가정형편 때문에 초등학교 시절부터 논으로 밭으로 부모님을 도와 농사일을 해본 덕분에 힘든 일 특히 몸 쓰는 일에 대해서는 유리한 점이 많다. 청소하기, 더러운 것 치우기, 무거운 물건 나르기 등 학창시절에도 주위 친구들에게 물질적인 것으로는 베풀 수 없었기 때문에 몸으로 도울 수 있는 기회가 오면 항상 내 일처럼 뛰어다녔다.

어떤 조직에서도 지위가 올라갈수록 자신이 직접 하는 업무보다는 부하를 시키는 업무가 점점 늘어나게 된다. 직접 일하는 전문가에서 일을 잘 시키는 전문가로의 변신이 필요한데, 이때 자칫하면 실무감각이 떨어져서 나도 하기 힘든 무리한 지시를 내리기도 하고 많은 시간과 노력이 필요한 업무를 지시하면서 자신이 직접 할 때를 기준으로 판단하여 아주 쉽게 할 수 있는 일인 것처

　　　　　　　조직 제1의 자산, 관리자

럼 생각하기도 하는 어리석음을 범한다.

이때 명심해야 할 사항이 있다. 자식은 자신도 모르는 사이에 부모의 행동을 보고 배워서 자신도 모르게 부모를 따라 하기 마련인데, 부하들도 마찬가지다. 부하들이 쳐지고 꾀를 부린다고 생각되면 그건 다 당신에게 배운 것이라는 점을 잊지 마라. 거울에 비친 당신의 모습이라는 사실을 명심해야 한다. 가장 쉽게 부하들에게 모범을 보일 수 있는 것 중 하나가 바로 출근시간이다. 내 생각으로는 임원이라면 적어도 근무시작 2시간 전, 관리자라면 1시간 전에는 출근해서 부하들이 근무하는데 불편하지 않도록 미리 작업 준비도 하고 시설이나 기계 등의 상태도 점검해놓아야 한다고 본다. 소위 리더라는 사람들이 부하들과 같은 시간에 출근하여 그때부터 업무나 작업을 준비한다면 부하들이 뭘 보고 배우고 따르라는 말인가. 적어도 뭔가 자신들과는 좀 다르고 본받을 만한 점이 있어야 리더로서의 위상도 세워지는 것이 아닐까.

청소도 마찬가지이다. 현장을 돌아보다가 더럽거나 어질러져 있는 것이 발견되면 누군가를 불러서 치우라고 시키지 말고 그냥 자신이 치우면 된다. 이런 행동이 반복되면 부하들도 생각이 있을 건데 당신이 나타나거나 나타날 시간이 되면 청소나 정리정돈을 하게 될 것이다. 조직 내에서 부하들에게 존경을 받는다는 것은 생각보다 엄청 어렵다. 나의 행동에 이중적인 점은 없는지, 나를 평가할 때와 부하를 평가할 때의 기준이 다르지는 않은지를 주기적으로 거울(후배들)을 보면서 반성할 필요가 있다. 모든 면에서 부하들에게 모범이 될 수 있도록 솔선수범하는 것은 불가능하겠지만 적어도 업무와 관련하여 몇 가지 정도의 원칙을 부하들과 공유하고 열심히 지키려고 애쓰는 모습을 보여주면 된다. 갑자기 이벤트성으로 분위기를 띄웠다가 슬그머니 용두사미로 끝나는 경우라면 처음부터 시도하지 않는 것만도 못하다.

자, 지금이라도 부하들과 공유할 원칙을 정해보자. 아니 회사에서 정해놓은 원칙부터 철저하게 준수하는 모습을 보이고 더 좋기로는 업무를 가급적 매뉴얼화해서 어떤 상황이든지 매뉴얼대로만 하면 되게 만드는 것이 가장 바람직하다. 물론 많은 노력과 열정이 필요하겠지만 그나마 가장 쉽게 당신과 부하를 함께 성장시킬 수 있는 유일한 방법이다.

공장 주변 청소는
공장장의 업무다?

나는 지난 5년 동안 일주일에 한 번 정도는 공장 주변 청소를 하고 있다. 지금은 매주 화요일과 목요일에 과장급 이상의 관리자와 임원들이 함께 청소하기 때문에 더 이상 혼자 청소하지는 않게 되어서 다행이다. 주로 담배꽁초, 음료수 캔, 과자봉지나 커피용기 등으로 어질러져 있어서 매우 지저분하기 때문에 외부방문객 입장에서 보면 좋지 않은 이미지를 갖게 될 수도 있지 싶어 지금까지 직장생활 내내 거의 매주 청소를 하고 있다. 집에서도 그렇다. 물론 아파트에 살고 있지만 눈이라도 오면 나가서 치우는 것을 당연하게 생각하고 살고 있다. 아마 어릴 때부터의 습관, 특히 아버지의 청결정신을 나도 모르게 배운 것 같다.

지난 5년 동안은 주로 점심시간을 이용해서 청소를 했는데 직원들 중 누군가가 다가와서 '제가 하겠습니다' 하면서 청소도구를 뺏어간 경우가 3명에 불과했다. 처음에는 아무도 청소에 동참하지 않는 것이 많이 당황스러웠지만 시간이 흐르자 공장청소는 공장장의 업무라는 관습이 생긴 것 같았다. 당연히 공장의 업무 중에서 아무도 안 하는 일, 즉 업무분장이 되어 있지 않은 일은 공장장의 업무라고 생각한다. 그러므로 공장장은 그런 일을 계속하든가 아니면 공장장 이외의 누군가가 그 일을 하도록 업무분장을 조정하거나 규정을 만들면 된다. 내 경우에도 5년 동안 나 혼자 해오던 청소를 이제는 매주 화요일과 목요일에 공장의 과장 이상 간부사원들이 모여서 청소하는 것으로 바꿨기 때문에 지금은 혼자가 아니라 다 같이 함께 한다.

요즘 젊은 세대는 집에서 청소를 직접 해본 경험이 없는 것 같다. 대부분의 청소는 어머니가 해주고 있는지도 모른다. 그래서 어른인 공장장이 청소하고 있어도 당연한 것으로 인식했을지도 모른다. 과거 내가 직장생활을 시작했을 때만 해도 윗사람이 궂은일을 하면 얼른 '제가 하겠습니다' 하고 이후에는 알아서 진행하는, 그야말로 윗사람이 모범을 보이면 부하들이 따라가는 것이 자연스러웠었다. 이제는 솔선수범으로 모범을 보이고 직원들과 함께 해보고 왜 그들이 해야 하는지를 논리와 근거를 가지고 설득시켜야만 하는 세상이 되었다. 과거처럼 몇 번 시범을 보이고 이후에는 부하들이 알아서 하겠지라고 생각하면 큰일 난다. 끝까지 함께하지 않으면 이제는 부하들은 움직이지 않는다는 점을 명심해야 한다.

리더의 자질
결단과 실행

────────────── 유능한 리더라면 어려운 상황이나 조건에서도 용기 있게 결정을 내리고 일단 내려진 결정을 실행에 옮겨서 결과를 만들어내야 한다. 세월호 사고에서 보듯이 리더인 선장이 급박한 상황에서 결단을 내리지 못하고 우왕좌왕하다가 막판에는 승객을 버리고 자기만 살겠다고 도망가는 바람에 수백 명이 목숨을 잃는 최악의 상황이 발생한 것 아닌가. 모든 일이 순조롭게 진행되고 특별한 문제가 없는 상황에서는 결단을 내릴 일이 거의 없기 때문에 리더의 역량이 크게 중요하지 않다. 그러나 응급 시 결단이 필요한 상황이 되면 리더의 역량은 대단히 중요하다. 결단은 늘 어렵다. 결과에 대한 책임까지 감수해야 하기 때문에 용기까지 필요하다. 그렇게 어렵게 결단했으므로 실행에 옮긴 결과는 당연히 조직에 도움이 되는 것이어야 한다.

이순신 장군을 주제로 한 영화 〈명량〉이 공전의 히트를 쳤을 때 전국적으로 이순신의 리더십에 대한 찬사와 공부 열풍이 불었다. 그때 누군가가 했던 말이 가슴을 아프게 했다. 위기에서 나라를 구한 이순신 장군의 리더십을 칭찬하기 이전에 임진왜란 같은 국가적 환란이 일어날 때까지 방치한 위정자들 즉, 사리사욕으로 국가를 환란으로 몰고 간 리더들이 다시는 활개 치지 않도록 국가적으로 뜻을 모아야 한다는 것이었다. 임진왜란이라는 국가적 환란이 없었다면 이순신이라는 존재가 그렇게 크게 부각될 수 있었을까?

최근에는 임진왜란을 겪고 나서 유성룡이 다시는 이런 환란이 없기를 바라는 마음으로 저술한 《징비록》을 주제로 한 드라마가 방영되고 있다. 그러나 《징비록》의 교훈을 잊어버리고 정신 차리지 못한 조선은 30여 년 뒤에 병자호란이라는 치욕을 다시 겪는다. 한편 저술 60년 뒤에 일본 오사카의 서점에서는 일본어로 번역된 《징비록》이 팔리고 있었다고 하니 새삼 일본사람들이 무서워진다. 국가는 물론 회사에서도 수많은 법과 규정 등이 만들어진다. 대부분 어렵게 논란을 거친 결과물들이지만 제대로 실행되지 않아 유명무실해지는 경우가 많다는 사실은 우리가 다시 한 번 생각해야 할 점이다.

아무리 큰 용기로 결단을 내렸어도 실제로 행동으로 옮겨지지 않아 기대했던 결과를 만들어내지 못하면 괜한 고생이 된다. 실행을 하고 안 하고는 전적으로 리더의 몫이다. 리더라면 당연히 결정사항을 실행에 옮겨야 할 의무를 가지고 있다. 그것이 리더의 존재 이유이다. 이참에 우리 주위를 둘러보고 애써 만들었지만 서랍 속에서 잠자고 있는 규정이나 결정은 없는지 다시 한 번 점검해보자.

명분과 실리

같은 조직에 속해 있으면서도 생산부서와 품질관리부

조직 제1의 자산, 관리자

서, 영업과 지원부서 사이에 알력과 갈등이 심한 회사들을 종종 볼 수 있다. 특히 회사의 규모가 점점 커지고 각 부서마다의 전문성이 높아질수록 오히려 부서 간의 협조와 의사소통에 문제가 발생한다. 이런 이유로 개개 부서의 전문성과 효율성은 높아지지만 아이러니하게도 회사 전체의 효율성은 오히려 점점 나빠지고, 이로 인해 회사의 발전에 심각한 나쁜 영향을 주기도 한다.

이런 현상의 원인을 분석해보자. 생산이나 영업부서 같은 라인부서는 모든 실적이 수치로 나타나기 때문에 생산액, 생산성, 매출액 등 실리가 매우 중요하다. 그렇기 때문에 모든 것에 우선하여 실리, 즉 금액에 집중한다. 반면에 품질관리, 개발, 연구부서 등 스태프부서는 그들의 성과를 수치화하기 어렵고 그 효과 또는 라인부서의 성과를 통해서 확인해야 하기 때문에 현실적으로 실리를 추구하기 어렵다. 또한 이들 스태프부서는 라인부서를 효율적으로 지원해서 좋은 결과를 내야 하는데 현실에서는 오히려 라인부서를 통제, 견제, 간섭하는 경우가 많아 라인과 스태프 부서 간 갈등이 심해지기도 한다.

갈등이 표면화되면 조직원 모두가 힘들어지기 때문에 부서장들 간의 타협이 필요하다. 라인부서에게는 실리를 주기 위해 생산액, 매출액의 증대 또는 생산성이 향상될 수 있도록 스태프부서가 최대한 협조하고, 스태프부서에게는 명분 즉 자존심을 세워주는 것이다. 자존심을 세워주는 가장 쉬운 방법은 '수고했다, 덕분이다, 고맙다'고 말해주는 것인데, 이 정도는 부서장이나 리더라면 당연히 타협할 수 있을 것이다.

이와는 반대로 서로 실리를 취하려 한다거나 서로 자존심만 세우려 한다면 당연히 갈등은 심해지고 내 부서뿐만 아니라 회사에도 나쁜 영향을 주게 된다. 혹자는 생산부서와 품질관리부서 간에는 자주 싸워야 한다고 말하기도 하는데 두 부서 모두 회사의 발전을 위해 존재하는데 서로 싸워서 갈등이 심해지면 회사의 발전과는 거리가 멀어진다는 점을 명심해야 한다.

직장생활에서
위기가 닥치면

직장생활을 하다 보면 때로는 승진이나 승급이 남들보다 늦어지기도 하고, 한직으로 발령이 나기도 하고, 믿었던 부하나 동료들에게 배신을 당하기도 한다. 심지어는 회사가 어려울 때 정리대상으로 분류되기도 한다. 내 경우에도 크게 세 번 정도의 위기가 있었던 것으로 기억한다.

첫 번째 위기 때는 비록 전보다는 별 볼일 없는 일이었지만 나에게 맡겨진 업무를 열심히 최선의 결과가 나오도록 열정을 가지고 매진하는 한편 남는 시간에는 영어 공부를 했다. 당장의 업무에서 영어를 사용할 일이 별로 없었지만 말이다.

두 번째 위기 때는 공부에 집중했다. 특히 많은 양의 책을 읽었다. 아마 적게 잡아도 1000권은 넘었을 것이다. 경영, 리더십, 경제, 마케팅, 자기계발, 문학, 철학, 역사 등 많은 책을 읽으면서 항상 책의 내용 중 내게 도움이 될 만하거나 업무와 연관하여 활용할 수 있는 내용들을 정리해서 언제라도 다시 확인할 수 있도록 파일로 정리했고, 그렇게 모은 자료가 파일로 3000개 정도 된다. 10여 년 전부터는 내가 입수한 정보, 지식자료들을 여러 사람들과 공유하기 시작했다. 지금도 매일 800명이 넘는 주위의 사람들과 새롭게 얻은 정보나 지식을 공유하고 있다. 나는 이 행위를 '아침메일'이라고 부른다.

세 번째 위기 때는 훗날 은퇴 이후의 생활을 대비해서 남는 시간을 활용해서 농사연습과 조경에 대해서 나름의 공부를 시작했다. 다행히 집에서 차로 30분 거리라서 직접 시골에 가서 벼농사를 시작했고, 주로 주말을 이용해 제초작업과 비료를 주었다. 또 조경박람회 등을 이용해 잔디는 물론 각종 나무들을 활용한 조경실습 등 나무를 키우는 공부도 병행했다. 촌놈 출신인 나는 고등학교 다닐 때까지 농사일을 거들었기 때문에 어느 정도 농사에는 경험이 있지만 오랜만에 농지원부에 내 이름을 올리고 직접 농사를 지어보니 옛날보

조직 제1의 자산, 관리자

다 더 힘들었다. 그래도 나는 은퇴 후에 농사지을 땅이라도 있으니 행복한 편이다. 월급쟁이는 언젠가는 모두 직장을 떠나야 하는 운명이니까 말이다.

만약 내가 첫 위기 때 과감하게 다른 직장으로 옮겼거나 내 나름의 사업을 시작했더라면 아마 지금보다는 훨씬 나은 결과를 얻었을 것이라고 생각한다. 그러나 여전히 나는 직장생활이 좋다. 내가 전 직장을 그만두었을 당시 다시 나를 뽑아준 분의 기대에 저버리지 않기 위해 오늘도 열심히 오로지 앞만 보고 열심히 뛰어가고 있다. 이제 네 번째의 위기가 다가오고 있음을 직감한다. 네 번째 위기라고 판단되면 아마 이번에는 과감하게 은퇴 이후로 계획하고 있었던 것들을 실행하기 위해 더 이상의 월급쟁이 생활은 하지 않을 것이다.

관리자는
일시키는 전문가

———————————— 대학을 졸업하고 직장생활을 시작하면 학교 교육 내용을 곧바로 산업현장에 활용하기 어려운 것이 현실이다. 솔직히 말하자면 현장에서 충분히 활용할 수 있는 직원으로 육성하는 데는 적어도 3년간의 투자가 필요하다. 즉 3년 정도는 월급을 주며 가르쳐야 연봉 이상의 기여를 할 수 있다는 의미이다. 그러므로 입사 초기 3년 정도는 그야말로 몸을 쓰는 노동이 주가 될 수밖에 없다. 이 기간 동안에 실무를 익히고 이론적인 토대를 쌓고 나면 대개 주임 또는 대리로 진급하면서 그때부터는 부하나 후배를 맡아서 지도할 수 있게 된다. 다시 말해서 관리 개념의 업무가 생긴다는 뜻이다.

지위가 높아질수록 실무보다는 관리영역이 전체 업무에서 차지하는 비중이 늘게 되는데 실무와 관리업무 비율이 과장은 5:5 정도, 부장이나 팀장은 3:7, 임원은 2:8 정도 되지 않을까 한다. 관리업무는 주로 직접 몸을 써서 하는 일과 대비되는 서류검토, 조사, 연구, 인사, 노무, 재무 등 주로 머리를 많이 쓰는 업무에 해당된다. 그러므로 실무에 매달려서 많은 시간을 팔다리 바쁘게 뛰어다니면 현실적으로 머리를 써야 하는 관리업무를 효과적으로 할 수 없게 되는 것이 당연하다.

특히 임원의 업무 중 적어도 70%는 인사(HR)라고 보는데 여기서 말하는 인사관리는 적합한 인재를 뽑아서 적재적소에 배치하고 교육훈련을 통해 인재를 육성하고 뒤처지거나 성과가 나쁜 직원을 퇴출시키는 업무를 말한다. 뽑기보다는 내보내는 것이 몇 배는 어렵고 퇴출되는 당사자는 물론 상사도 엄청난 스트레스를 받기 때문에 직원은 채용 시부터 신중할 필요가 있다. 직원 채용 시 뽑을지 말지 망설여질 때는 다음의 기준으로 판단하라고 권하고 싶다. 그 사람을 그날 저녁 가족식사에 초대했을 때 어색하지 않을 것 같으면 뽑아도 된다고 말이다. 이런 업무는 대부분 면담과 면담 결과에 따른 피드백으로 진행되기 때문에 특히 여유 있게 면담하고 직원의 장래를 함께 걱정해줄 수 있는 마음의 여유가 필수다. 그래서 몸의 여유가 전제되어야 한다.

지위가 높아진다는 것은 직접 일을 하는 전문가에서 일을 시키는 전문가로 탈바꿈해가는 과정이라고 표현할 수 있다. 이런 과정은 생각보다 어렵고 또 힘들다. 회사 차원에서 이런 과정의 성장통을 최소화할 수 있는 방법을 강구해서 교육 등을 통해 지원할 수 있으면 다행이겠지만 그렇지 못한 경우에는 이 또한 상사의 책임이므로 백년 기업을 지향하는 회사라면 리더들이 가장 중요하게 생각해야 할 핵심 업무라는 것을 잊지 말아야 한다.

성과목표를
명확히 하는 방법

회사는 매년 연말이 되면 다음해의 사업목표와 시업목표를 기준으로 평가하기 위한 성과목표(KPI)를 정한다. 이렇게 정해진 성과목

 조직 제1의 자산, 관리자

표를 가지고 성과연동 연봉제를 시행하는 회사도 점점 늘어나고 있다. 그런데 부서가 하나라면 문제가 없겠지만 실제로는 성격이 다른 여러 부서가 존재하고 각기 다른 성과목표를 설정하기 때문에 연말이 되어서 목표달성에 대한 평가를 할 때가 되면 부서별로 달성도, 난이도 및 노력에 따라서 평가결과가 달라진다. 특히 연말 평가결과가 성과급이나 인센티브 지급률에 많은 영향을 준다면 더더욱 목표의 선정, 평가에 대한 객관적인 기준이 필수적이다. 만약 평가기준을 부서별로 자의적으로 설정한다면 비슷한 성과를 낸 부서끼리 평가결과에 대한 편차가 커질 것이고, 이로 인한 불만 또한 커질 수 있기 때문이다. 그래서 부서별 성과목표를 설정할 때부터 타 부서가 함께 참여하는 심사절차가 필요하다. 우선 공통의 성과목표는 공통의 평가기준을 정해서 평가하면 되고, 부서 고유의 성과목표의 경우는 달성도, 난이도 및 노력에 대한 타 부서의 동의를 받는 절차를 거쳐야 한다. 이렇게 성과목표와 달성기준, 나아가서 타 부서장들도 인정한 목표의 가중치 등을 감안한 공정한 목표를 설정해야 부서 간 경쟁의 공정성을 유지하고 평가결과에 대해 승복하는 문화를 만들 수 있다.

팀장, 부장, 과장 등 동일 직급 간에도 역시 각자의 성과목표에 대해서 함께 모여 심사하고 동의를 구하는 시간을 가져야 한다. 대부분의 회사에서는 인사고과 결과를 정규분포로 배열하길 원하기 때문에 같은 직급의 직원들 간의 평가기준에 대한 불만요소를 미리 없애기 위함이다. 나아가서 성과연동 연봉제가 성공하려면 목표설정을 명확히 하는 것은 물론 주기적인 발표회나 회의를 통한 진행결과에 대한 피드백을 필요로 하며, 위에서 언급한 것처럼 목표설정 및 평가기준과 결과에 대한 공정함이 필수조건이다.

변화를 시도할 때는
미리 예고하자

우리가 신제품을 낼 때는 관련부서를 아우르는 진행계획을 짜고 업무를 분담하고 중간점검을 하는 등 일사불란한 작전을 하듯이 모두 한마음으로 매진한다. 정해진 계획대로 차질 없이 진행하기 위해서는 관련부서가 모든 정보를 공유해야 한다는 전제가 필요하다. 여기에 착안하여 나는 새로운 제도를 도입하거나 개선하고자 하는 업무가 있을 때는 부하직원들과 협의하여 우리의 능력에 맞게 사안에 따라 1년 후, 6개월 후 또는 3개월 후 등으로 공개적으로 적용 시점을 정한 다음, 주기적으로 준비상황을 점검하고 적용시점이 얼마나 남았는지를 공개한다. 예를 들어 1년 후에 시행하겠다고 선언한 경우라면 3개월이 진행된 시점에서 '9개월 남았으니 준비사항을 체크해보세요', 또 6개월이 지난 시점에서 '이제는 6개월이 남았으니 분발하세요' 하는 방식으로 3개월 2개월 1개월이 남은 시점을 알려 결국은 모두가 틀림없이 시행된다는 것을 알고 믿게 만드는 것은 물론 거의 세뇌 수준으로 각인시킨다.

적용시기에 차이가 있는 이유는 준비에 소요되는 비용, 인력, 시간 등의 자원을 감안하기 때문이다. 중간에 주기적으로 준비상황을 점검하는 이유는 기간이 길수록 내버려 두면 준비가 소홀해지는 단점을 보완하기 위해서이다. 초등학교 시절 방학숙제를 미루다가 결국 개학 일주일 전에 밤을 새웠던 기억을 떠올리면 된다. 직장도 마찬가지다. 내일까지 완료하라고 지시하면 완성도는 떨어질지 몰라도 대부분 완료하지만 그 일을 1주일 내로 완성하라고 하면 잘 안 되는 것을 많이 봤다.

이렇게 하면 중간점검을 통해 나태해질 가능성을 제거하고, 준비에 많은 기간이 필요한 경우 대비를 철저히 할 수 있도록 자극을 주는 효과가 있다. 그리고 적용하는 새로운 제도나 개선에 대한 거부감을 줄이고 부정적인 직원들의 변명거리도 사전에 차단할 수 있다. 처음에는 1년 뒤부터 시행하겠다고 하

조직 제1의 자산, 관리자

면 기간이 많이 남은 것처럼 생각되어 대부분의 직원들이 큰 저항 없이 받아들이지만 지나고 보면 그 1년이 너무 빠르기 때문에 처음에는 많이 당황하기도 한다. 그러나 이런 식의 진행이 반복되면 습관이 되어 체계적인 업무처리가 가능해지고 모든 업무로의 확대적용을 기대할 수 있다. 정책에 따라 5~10년의 중장기 계획을 세워 진행해야 할 때 위와 같이 훈련받은 직원들은 큰 무리 없이 임무를 수행할 수 있게 되므로 장기적인 인재육성 방법으로 회사 차원에서도 검토해볼 만하다고 생각한다.

승진이 빠르면
퇴출도 빠르다

직장생활을 하는 사람들은 누구나 남들보다 빠르게 승진하는 것을 희망할 것이다. 아니 빠른 승진을 위해 불철주야 노력하고 있을 것이다. 그런데 40년 가까이 직장생활을 해오면서 느낀 것은 빠른 승진이 꼭 좋은 것만은 아니라는 것이다. 실제로 내 주변과 내가 아는 사람들을 보면 빠르게 승진해서 한때 부러움의 대상이 되었던 사람들이 있었지만 이제와 주위를 둘러보니 그들 중 여전히 직장생활을 하고 있는 이들이 거의 없는 것이 현실이다. 승진이 빠르면 매번 승진할 때마다 더 노련하고 경험 많은 강력한 경쟁자들을 만나게 된다. 그들의 견제 역시 점점 강해지기 때문에 전처럼 좋은 실적을 내기가 어려워질 뿐만 아니라 함께 어울리고 함께 고민해줄 동료를 만나기도 힘들어지고, 결과적으로 과거보다 점점 능력이 떨어지는 것 같은 현상이 나타나게 된다는 점 역시 명심해야 한다.

예선을 통과하면 준결승, 결승에서는 더욱 강력한 상대를 만나기 때문에 그들을 이기기 위해서는 몇 배 더 노력해야 한다. IMF 사태와 금융위기를 겪으면서 우리나라 국민의 대다수가 경험으로 깨달은 것은 이제 더 이상 평생직장은 없다는 사실일 것이다. 정리해고가 한참 유행처럼 번지던 시절에는 오륙도, 사오정, 삼팔선이라는 말이 유행했었고, 아무리 법적인 정년을 60세로 정해서 시행한다 해도 이런저런 이유로 회사에서 나가줄 것을 요구하면 정년을 채우는 것은 거의 불가능한 것이 현실이지 않은가. 회사가 계속해서 발전하고 조직이 커지는 상황이라면 계속 승진을 해도 그 사람에게 맡겨질 중요한 일이 늘어나기 때문에 문제가 없다. 그러나 경제상황이나 회사의 여건이 나빠져서 더 이상의 높은 자리가 필요 없게 되면 발전 가능성이 희박한 채 정체되어 가는 높은 자리의 누군가는 회사를 떠나야 한다.

그래서 나는 팀장이나 임원들에게 항상 강조한다. 절대로 빨리 승진하려 하거나 많은 월급인상을 바라지 말라고. 그저 열심히 일하고 내가 담당하고 있는 부서가 좋은 성과를 낼 수 있도록 대가를 바라지 말고 노력하라고 말이다. 당장의 승진과 월급인상보다는 60세 정년을 채우겠다는 전략으로 계획을 세우고 노력하다 보면 잘하면 50세가 넘어서까지 직장생활을 할 수도 있다는 점을 항상 잊지 말아야 한다. 또한 지금 이미 50세가 넘었다면 더욱 더 겸손하고 후배들을 적극적으로 키워서 장차 나의 뒤를 무난하게 이어갈 수 있도록 노력하는 모습이 필요하다. 그래야 그들이 당신에게 영향력을 행사할 수 있는 위치가 되어도 과거에 자신을 키워준 공을 고맙게 생각할 테니까 말이다.

효율성에
목숨을 걸어라

——————————— 처음 직장생활을 시작한 신입사원이 아직 초심을 버리지 않았다면 열심히 노력은 할 것이다. 경험과 업무에 대한 지식이 부족하다 보니 열심히 하기는 하지만 실수도 많을 것이고 무엇보다도 의도한 만큼의 성과를 내는 데는 한계가 있을 것이다. 선배들이 열심히 일하는 후배를 격려하

   조직 제1의 자산, 관리자

기보다는 오히려 '네가 열심히 일하면 우리가 상대적으로 노는 것처럼 보이니 적당히 하라'는 등의 태클이라도 걸면 신입사원의 의지는 쉽게 꺾여버리고 근무태도 역시 하향평준화의 길을 걷게 되는 것이 형식주의, 즉 매너리즘에 빠진 조직의 특징이다.

같은 업무를 3년 한 직원과 5년 한 직원의 업무능률은 얼마나 차이가 날까? 현장에서 살펴보면 오히려 3년 된 직원의 업무능률이 높은 경우가 많다. 왜일까? 경력이 많을수록 일의 능률이 높아져야 하는 것 아닌가? 내가 관찰해본 결과 입사 후 3년 정도까지는 매년 업무능률이 올라가지만 그 후부터는 조직문화에 적응한다는 미명하에 형식주의 현상이 나타났다. 업무를 진행할 때 다른 직원들과 속도를 맞추고, 잔업 또는 휴일근무와 연계하여 조절하기도 한다. 또 회사의 거창한 구호나 경영이념보다는 현장에서 타 작업자와의 관계를 더 중요시한다. 따라서 회사 차원에서 효율성을 제고하고 개혁에 성공하려면 이들 3년에서 5년 차의 역할이 가장 중요하다고 보면 된다. 결국 일은 그들이 하는 것이니까.

그러면 5년 차에게는 3년 차보다 월급을 얼마나 더 주어야 할까? 이론적으로는 실적을 기준으로 월급을 주는 것이 맞지만, 뿌리 깊게 우리 의식 속에 존재하는 연공서열 개념 때문에 습관적으로 매년 몇 %씩 월급을 올려주는 것이 현실이다. 따라서 효율성을 올리기 위한 제도가 따로 필요하다. 여기서 의문인 것은 업무능률이 떨어지는데도 단지 근무연수가 많다고 월급을 더 줘야 하는가이다. 상사의 눈으로 보면 매너리즘에 빠진 직원이 빤히 보인다. 자기 업무의 효율성을 높이려는 노력부터 계속된다면 회사는 성장할 수 있다. 인사고과에 자기 업무에서의 효율성을 얼마나 높였는지에 대한 평가항목을 추가하는 것도 방법이 될 수 있다. 각 직원들의 성과목표를 정하고 목표달성과 연봉을 연계하는 성과연동 연봉제의 도입도 필요하다고 본다. 이제는 근무한 세월이 아니라 얼마나 회사에 기여했는지가 자랑이 되면 좋겠다.

8장 최고의 관리자
부하의 자랑이 되어라

보통 관리자가 1:1로 직접 관리 가능한 부하의 숫자는 7~8명 정도라고 한다. 7~8명 정도면 직원은 물론 직원의 가족까지도 어느 정도 챙길 수 있다고 한다. 그러면 여기서 '관리'의 의미에 대해서 생각해보자. 당연히 업무를 효율적으로 추진되게 하고 조직의 목표를 달성하게 하는 일련의 활동을 말한다. 좀 더 구체적으로는 관리의 사이클을 돌리는 것, 즉 업무를 계획(Plan)하고 계획을 실행(Do)하고 실행결과를 확인(Check)하고 문제점이 있으면 개선조치(Action)하는 것이다.

그러나 여기서 내가 말하고 싶은 것은 업무 외적인 관리에 대한 것이다. 조직의 리더는 스포츠팀의 코치와 같아야 한다고 생각한다. 당연히 선수보다 코치가 운동을 잘하는 경우는 극히 드물다. 오히려 훌륭한 선수가 코치로서는 성공하기 힘든 경우가 많다. 그런데도 팀을 잘 이끌어서 우수한 성과를 내는 코치가 많고 선수보다 더 유명해지기도 한다. 왜 그럴까? 코치는 단순히 업무

     조직 제1의 자산, 관리자

능력(운동능력)만을 키우는 것이 아니라 정신적 능력(열정, 협동심, 극기 등 태도)을 함양하는 데도 많은 노력을 기울이기 때문이다. 즉 몸과 마음이 건강한 선수를 만드는 것이다. 이런 직원으로 구성된 조직은 스스로도 변화하고 성과를 낼 수밖에 없다. 나는 직원들의 태도를 긍정적으로 바꾸기 위해 작은 것부터 실천하고 있다.

첫째, 직원들의 조그만 변화를 알아주고 칭찬해주자. 머리 스타일, 새 옷, 장신구 등 직원에게 조그만 변화라도 있으면 관심을 가지고 변화된 점을 말해주고 잘 어울린다든지 감각이 뛰어나다는 점을 칭찬하라.

둘째, 표정이나 외모의 변화가 있으면 변화된 점에 대해 관심을 보이고, 실연, 이성 친구가 생김, 부부싸움 등 심경의 변화가 있는 일이 있었는지 알아볼 필요가 있다. 직원들의 컨디션이 바로 팀의 컨디션이기 때문이다.

셋째, 아침에 출근할 때는 반갑다고 말해주고 퇴근할 때는 수고했다고 말해주자. 인사를 주고받으면서 직원의 관심사에 대해서 언뜻언뜻 물어보면 대부분의 직원은 자연스럽게 자신의 속마음을 얘기하기도 한다. 이때 파악한 각각의 직원들에 대한 정보는 면담할 때 자연스럽게 대화를 풀어나가는 데 아주 요긴하다. 적어도 직원의 생일을 잊지 않고 축하한다고 말해주거나 한 달에 한 번이라도 생일축하 자리를 만들어보자. 가족의 안부도 묻고 아팠던 직원에게는 몸의 상태도 물어봐주는 자상한 상사를 직원들은 믿고 따르게 된다. 즉, 항상 부하들의 눈치를 살펴야 한다는 뜻이다.

따뜻한 마음
냉철한 머리

대학시절 경제학개론 첫 수업을 시작하기 전에 교수님께서 칠판에 쓰셨던 문구가 'Warm Heart, Cool Head'였다. 비록 나는 경제학개론을 교양과목 중 하나로 수강했지만, 지금까지 기억에 남아있는 것을 보면 그때 당시 격하게 공감했던 것 같다. 교수님은 경제학도로서 또는 대학을 마친 지성인으로서의 마음가짐에 대한 이정표를 보여주셨다고 생각한다. 매사에 냉철하게 판단하고 행동해야 하겠지만 항상 인간성을 잃지 말고 따뜻한 감성을 유지해야 한다는 뜻이었을 것이다.

이후 사회생활을 하다 보니 논리적으로 또는 이성적으로 옳은 것이 항상 최선의 결정은 아니라는 것도 알게 되었다. 인간은 감정의 동물이기 때문에 머리로는 이해가 되지만 왠지 기분이 나쁘거나 자존심이 상하는 경우가 있기 마련인데 이런 상황을 예방하기 위한 지침을 교수님께서 제시한 것 같다. 물론 조직을 유지하고 효율성을 높이기 위해 각종 규칙, 기준 등을 만들고 철저하게 따르게 한다. 이를 어기면 징계를 받거나 불이익을 받게 되는 것이 당연하다고 일반적으로 생각할 것이다.

그러나 현장에서 오래 근무하다 보니 이런 규칙이나 기준보다 더 중요한 것이 있었다. 그것은 직원들의 사기와 오래 함께 한 사람들만이 알 수 있는, 눈빛만 보아도 서로 통하는 끈끈한 연대의식이었다. 직원들을 흥이나 신바람 나게 만들어주면 논리적으로는 설명하기 어려운 놀라운 결과를 보여주기도 한다는 것은 현장에서 근무해보지 않은 사람들은 죽어도 모른다.

일전에 모 햄 제조회사 임원과 대화를 한 적이 있었다. 그분 말로는 햄 공장의 최고 실세들은 돼지고기를 뼈에서 발라내는 아주머니들이라고 한다. 이유를 묻자 그 대답이 나의 무릎을 치게 만들었다. 아주머니들이 신나서 일할 때와 사기가 떨어져서 일할 때, 돼지고기에서 발라내는 살코기의 수율이 많은 차이를 보인다는 것이다. 뼈에 붙어있는 살코기를 얼마나 열심히 발라내느냐에 따른 것인데 일반인은 육안으로 구별하기도 어렵다. 그렇다. 우리 민족은 흥의 민족, 신바람의 민족이다. 고위층, 이왕이면 회장님, 사장님이면 더욱 좋다. 가끔 불시에 일하는 현장을 방문해 일하는 직원들의 어깨를 두드리면서

   조직 제1의 자산, 관리자

"자네들이 있어서 나는 든든하다네. 열심히 일해주게." 한마디면 그것으로 족하다. 만약 이름까지 기억하고 불러준다면 더할 나위 없다.

어느 오너가 생각난다. 미국에 가서 MBA를 하고 온 분이었는데 당신이 아무리 계산해도 왜 회식을 해야 하는지 모르겠다고, 그래서 회식을 일체 금지시켰다고 했다. 정 회식을 하고 싶으면 자신들의 돈으로 하게 했단다. 그랬더니 비용도 제법 절감됐다는 것이다. 그때 내가 그분에게 해준 말은 이것이었다. "사장님, 큰 실수하셨습니다. 조만간 회식금지로 절감된 비용의 수십 배의 손실을 각오하셔야 할 겁니다."

임직원들의 사기나 흥, 신바람은 계산기나 컴퓨터로 측정할 수 있는 것이 아니다. 그러나 현장에서는 작업장의 온도를 조금 조절하는 것만으로도 생산성과 생산속도가 달라지는 것을 쉽게 확인할 수 있다. 전기료를 아낀다고 한참 더운 여름날에 에어컨을 꺼버리는 미련한 짓을 하는 회사가 아직 많다. 직원들이 상사에게서 인간미를 느끼지 못하면 상사와 부하직원의 관계는 업무를 떠나면 아무것도 아닌 관계가 되는 것이다. 그런 분위기에서 과연 좋은 성과가 나올 수 있을까?

말을 타고 정복할 수는 있지만
통치할 수는 없다

인사철이 되어서 관리자들의 부서가 바뀌거나 경력직원을 채용한 경우 가장 시급한 문제는 얼마나 빨리 새로운 업무를 파악하느냐일 것이다. 인사발령은 당연히 회사 차원에서 결정되는 것이기 때문에 관리자가 부서의 장으로 배치되어 권한을 행사하는 것이 당연하지만 관리방법에 있어서는 사람마다 다양한 형태를 나타내고 때로는 많은 시행착오를 겪기도 하는 것이 현실이다. 이때 업무파악을 빨리 하기 위해서는 부하직원들의 도움이 절실한데 현실에서는 부하들의 적극적인 협조를 얻어내는 것이 생각보다 쉽지 않다. 그래서 나오는 말이 바로 '말을 타고 정복할 수는 있지만, 말을 타고 통치할 수는 없다'이다. 이 말은 새로 부임한 관리자들에게 마음자세 즉 태도에 대한 교훈을 준다. 대부분의 부하들은 새로 온 상사, 아니 정확히는 상사의 업무파악을 위해 새롭게 추가되는 업무를 두려워한다.

통상적으로 새로 부임한 상사들의 업무파악 유형을 보면, 수시로 회의를 소집해서 이것저것 묻고 대답을 듣는 사람, 가급적 부하들의 모든 업무내용을 문서로 작성하여 보고하게 하는 사람, 줄기차게 술자리나 회식자리를 만들어서 개인적으로 친해지려고 노력하는 사람, 아니면 업무내용과 관련된 각종 문서를 열람하면서 업무를 파악하는 사람 등 다양하다. 여기서 내가 권하고 싶은 방법은 먼저 부하들을 불러서 물어보지 말고 당신이 직접 부하에게 가서 물어보고, 하루에도 몇 번씩 관련 현장을 수시로 방문하여 작업 상황을 꼼꼼히 살피고 혹시 이상한 점이라도 있으면 열심히 메모하라는 것이다.

이 과정에서 이상한 점이 있다고 섣불리 이유를 묻거나 틀렸다고 질책하지 말아야 한다. 어떤 원칙이나 기준도 모든 현장에서 동일하게 적용되기는 어렵기 때문에 특히 전에 근무하던 부서의 상황과 다르다고 해서 섣불리 이런저런 말참견을 할 경우 있는 그대로의 현실 파악이 어려워질 수도 있기 때문이다. 약 6개월만 입이 근질거려도 참고 열심히 뛰어다니다 보면 부하들로부터 얻는 정보보다는 직접 현장에서 얻을 수 있는 정보가 의외로 많다는 것에 놀랄 것이다. 이때쯤 의견을 정리해서 단기, 중기 및 장기적 관점의 부서운영계획보고서를 작성하여 상사에게 보고하고 실행에 옮기면 된다. '용장 밑에 졸병 없고, 졸장 밑에 용졸 없다'는 말이 있다. 어느 부서든 부서장 하기에 따라 얼마든지 변화가 가능하다. 결국 부서장이 성공하려면 부하들 모두의 노력으로 성과를 내야 하기 때문에 과감하게 부하들 속으로 들어가서 솔선수범하고 그들과 동고동락하는 모습을 보여주는 것이 곧 당신이 성공하는 지름길이다.

　　　　　조직 제1의 자산, 관리자 ··········

전 직원을 바꿀 필요는 없다
10%만 따라오면 성공할 수 있다

어느 조직이든 앞에서 리드하는 직원의 비율은 10% 정도라고 한다. 결국 새로운 제도를 도입하거나 신사업을 시작할 때 전체 인원의 10% 정도만 적극적으로 협조하고 앞장서서 나가면서 가시적인 효과를 내기 시작하면 나머지 대부분의 직원들은 더딘 속도로라도 대세의 흐름에 따라오게 되어 있다. 직원들의 눈으로도 변화가 감지되고 그 효과가 긍정적이라는 것이 느껴지면 점점 변화의 속도가 빨라지고 적극적인 직원의 비율도 올라가는, 소위 가속도가 붙게 된다. 대부분의 직원들은 결국 분위기를 따라 온다는 말이다.

문제는 적극적으로 반대하는 세력이다. 보통 10~20%의 인원은 적극적으로 반대하거나 은근히 반대하는데 이들은 대부분 근무기간이 길거나 비교적 지위가 높은 직원들이기 때문에 여기서도 역시 리더의 역할이 중요하다. 리더는 이들의 영향력을 최소화하면서 방안을 강구해야 한다. 적극적으로 대화를 통해 태도를 바꿀 것을 설득하는 한편, 그렇지 않을 경우 그들에게 돌아갈 불이익에 대해서도 알려주고 그래도 효과가 없을 때는 부서이동이나 관리 감독이 용이한 업무에 배치하는 등 그들을 무력화시킬 수 있는 방안도 함께 진행해야 한다.

특히 결과가 잘못될 경우에 제기되는 책임 운운하면서 업무진행을 망설이는 경우라면 구체적으로 과거에 어떤 책임을 졌던 적이 있는지 물어보라. 스스로 시말서를 쓰거나 자발적으로 사직서를 제출했던 경험이 있는지 말이다. 대부분 책임 운운하면서 버티는 직원일수록 실제로는 책임질 일을 만들지 않기 위해 업무 자체를 거부하는 경우가 많다. 이런 직원이 퇴출 1순위다. 눈을 마주 보면서 엄격한 표정으로 경고해야 한다. "당신이 안 하겠다면 나는 당신의 부하에게 업무를 맡길 것이며 결과가 좋을 경우 당신이 불필요한 존재가 될 수도 있다. 당신의 선택은 무엇인가? 당신의 진심을 말하라.”고 하면 그도 움직일 수밖에는 없을 것이다.

특히 이번의 개혁이나 변화가 왜 중요하고 따라오지 못하거나 적응하지 못할 경우 부득이 조직을 떠나야 한다고 반복해서 공개적으로 선언해야 하며, 개인적인 자리도 만들어서 인간적으로 협조를 요청하기도 해야 한다. 어떻게 하든 이미 변화가 시작되었다는 것을 반대 세력들이 감지하기 시작하게 만들면, 즉 대세의 흐름이 바뀌기 시작했다는 점을 느끼게 만들면 일단 반은 성공한 것이다.

적어도 3년은
기다려주자

입사한 후 임무를 받고 열심히 일하면 3년 정도면 그 분야에서 어느 정도 전문가 소리를 들을 수 있다. 내 생각으로는 대학을 졸업하고 사원으로 입사한 직원을 열심히 지도육성하면 3년 정도 지나야 비로소 월급 이상의 부가가치를 낼 수 있다고 본다. 적어도 3년이 될 때까지는 어떤 면에서는 회사가 인재를 육성하기 위해 투자한다고 봐야 한다. 여기서 말하는 3년을 기다리자는 의미는 뒤처지는, 성장속도가 느린 직원에 대한 것이다. 어느 조직이나 문제 직원이 있게 마련인데 내 경험으로는 어떻게 코칭하느냐에 따라 대기만성의 인재를 만들 수도 있다. 이런 직원을 따로 면담하고 해당 직원의 장점을 칭찬하고 문제점이나 단점의 개선 방안에 대해 진실한 마음으로 대화하면 대부분 자신의 문제점을 알고 있는 경우가 많다. 진짜 문제는 문제점의 개선 방법보다는 적극적으로 개선하겠다는 의지가 부족한 경우가 대부분이라는 것이다.

이때 필요한 것이 면담기록이다. 면담기록에는 직원의 장점과 단점을 기술하고, 특히 단점의 개선 방법과 계획, 일정을 명확하게 기록한 다음 직원과 나 그리고 나의 상사와 내용을 공유한다. 반드시 이메일 등으로 문서화하고 언제든지 확인 가능한 방법으로 해야 한다. 적어도 분기 또는 반기에 1회 정도는 다시 면담을 실시하고, 지난번 면담에서의 일정대로 개선이 진행됐는지 점검하고, 일정이 지켜지지 않았다면 그 이유를 분석하여 개선안을 다시 면담록에 기록하고 다시 세 사람이 공유한다. 나는 이 과정에서 가끔 직원의 배우자와 면담하기도 한다. 대부분의 경우 배우자 역시 직원의 문제점을 알고 있기 때문에 적극적으로 협조하기 마련이고 의외로 좋은 성과를 낼 수도 있다. 배우자보다 더 영향력이 있는 사람은 없는 법이니까 말이다.

만약에 대기만성형 직원이라면 반드시 3년 내에 괄목할 만한 성과를 보일 것이다. 3년이 되어도 성과가 없는 직원이라면 그들 스스로가 미안해서라도 알아서 회사를 떠날 것이다. 직원이 회사를 스스로 떠날 때라도 상사로서 꼭 해야 할 일이 있다. 당신이 꼭 그 직원을 다른 회사에 소개해주는 등의 지원을 해주어야 한다. 그 직원이 모르게 말이다. 그것이 관리자의 의무다.

그러면 왜 꼭 3년일까? 대부분의 회사는 3년 정도에 한 직급씩 승진승급하는 제도를 가지고 있다. 문제 직원이 3년 내에 개선되지 않는다면 그동안 후배들에게 추월당해서 승진승급이 늦어질 것이고, 3년이 되면 이미 3년 후배에게 추월당한 상태가 되므로 승진승급은 불가능하다고 보아야 한다. 조직 부적격자가 되었다는 뜻이다. 속된 말로 쿨 하게 3년 후배 밑에서 일할 수도 있겠으나 후배 입장에서는 엄청 껄끄러운 존재다. 서로 기피하는 개밥의 도토리 신세가 될 수도 있다.

피드백 활용하기

인사고과 기법이 발달했다고는 하지만 아직도 대부분의 평가는 상사의 감각적인 측면이 많다고 본다. "김 주임은 책임감이 부족해." "박 대리는 버릇이 없어." 식이다. 그런데 인사고과가 끝나고 나면 이들이 항의를 한다. 내가 왜 아무개보다 고과가 나쁘냐는 것인데 이때 관리자는 구체적인 사례를 가지고 대응해야 한다. 당신은 회사에서 연장근무를 필요로 할 때 빠지는 비율이 다른 사람의 2배라든지, 휴일근무가 필요할 때면 항상 이런저런 핑계로 빠져서 동료들이 당신 몫까지 일하게 한 것으로 보아 책임감과 연대의식이 부족하다고 판단했다 등이다. 숫자로 평가가 가능한 업무라면 업무의 난이도, 비중, 기간 등에 따라 적절하게 배분하면 된다. 그러나 함께 협업해야만 가능한 일이라면 한두 사람이 열심히 하지 않는 경우, 소위 뺄질 거리면 나머지 선량한 마음 약한 직원들이 어쩔 수 없이 선의의 피해자가 되기 때문에 관리자로서 반드시 체크해야 할 사항이다.

특히 일처리가 느린 직원이 다하지 못한 일을 일처리가 빠른 직원에게 도와주게 하는 행위는 결과적으로 일 잘하는 직원에게 벌을 주는 상황이 되므로 관리자로서 항상 조심해야 한다. 일처리가 빠른 직원은 남은 시간을 자신의 능력개발에 활용하도록 배려하고, 대신에 일처리가 늦은 직원에게는 밤늦게 남아서라도 맡은 일을 끝내게 하는 것이 정확한 대처방법이다.

이 장면에서 일을 잘 못하는 직원과의 피드백에 관하여 얘기하고자 한다. 적어도 1년에 2회 정도는 부하직원과 면담을 하고 면담 내용을 서로가 공유해야 하는데 이때는 상사 입장에서 생각하는 성과가 부진한 직원의 장단점을 분석해주고, 특히 단점에 대해서는 구체적인 개선계획을 수립할 수 있도록 도와주어야 한다. 아주 구체적이고 수치화할 수 있는 계획을 작성하고 실행할 수 있도록 도와주고, 개선이 성공했을 때와 실패했을 때 본인에게 어떤 영향을 줄 것인지를 분명하게 전해야 한다. 다음 번 면담에서는 그동안의 개선진행 사항에 대해서 먼저 점검하고 진척 정도에 따라 추가적으로 개선계획을 수정 보완해야 할 것이다. 개선상황이 부진할 경우는 그 내용을 문서화해서 직원, 나 그리고 나의 상사와 공유하고 계속 부진할 경우에 그 직원의 이직 등

조직 제1의 자산, 관리자

에 대한 처리방안도 결정해야 한다. 이때 주의할 것은 업무와 태도에 관련된 사항을 점검하는 것이므로 감정적으로 부하직원을 싫어한다거나 미워하는 것이 절대 아님을 부하직원이 알 수 있도록 진정성을 가지고 대화해야 한다. 일을 못하는 점은 서로 괴롭지만 그 사람 자체를 미워해서는 안 된다.

찾아가는 면담

———————————— 조직 내에서 소통을 강화하려면 면담이 필요하고 면담은 주기적으로 실시되어야 한다고 말들 한다. 그래서 부하직원을 불러서 소위 면담이라는 것을 하겠다고 마주 앉아 보면 1시간 내내 상사 혼자 얘기하고 부하는 예, 아니오의 대답만 반복하는 것이 현실이다. 시간이 거의 끝날 쯤이 되면 부하 생각으로도 뭔가 한마디 해야 할 것 같으니 상사가 듣기 좋을 만한 제안이나 건의사항, 그것도 상사의 심기를 거스르지 않을 만한 것으로 한두 가지 말하고는 면담을 마치게 되는 것이 패턴이다. 특히 연말의 인사고과용 면담에서는 상사가 일방적으로 당신은 어떤 점을 잘했고, 어떤 점이 부족했기 때문에 당신의 인사고과 등급은 이렇다라고 얘기하면 끝이다. 부하가 근거가 무엇이냐고 항의라도 하면 이런저런 이유를 대면서 상사로서도 어쩔 수 없는 상황이니 당신이 감수하면 내년에는 가급적 좋은 등급을 줄 수 있도록 해보겠다는 약속을 해주기도 한다. 현실이 이렇다 보니 상사의 나름대로의 배려에 따라서 과거에는 인사고과 등급이 나빴던 직원이 승진연한이 되면 갑자기 등급이 좋아지기도 하고, 지난해에 등급이 좋았던 직원이 올해에는 갑자기 등급이 나빠지기도 하는 현상이 발생하기도 한다.

그래서 몇 가지 면담요령과 피드백 방법에 대해 소개하고자 한다. 성과가 좋은 직원과의 면담은 아주 쉽다. 그저 아주 잘하고 있다고 칭찬해주고 본인이 더욱 좋은 성과를 낼 수 있도록 상사로서 지원할 준비가 되어 있으니 그저 지금처럼만 열심히 해주면 된다고 격려하면 된다. 문제는 성과가 부진한 직원과의 면담의 경우이다. 나는 보통 이런 직원과 면담을 시작할 때 첫 질문으로 "당신, 혹시 잘리면 먹고 살아갈 대책은 있어?" 하고 물어본다. 대부분의 직원들은 이런 질문을 받으면 당황하거나 얼굴이 붉어진다. 또 이런 직원일수록 현실에서는 자신의 인사고과가 나쁘다는 사실을 잘 알지 못하는 경우가 많다. 인사고과가 나쁘다는 사실과 그 이유를 대부분의 상사가 정확하게 통보해주지 않는 것이 현실이기 때문이다. 그러면 이어서 "당신의 평가결과가 동일한 비교대상자 10명 중에서 9등 정도 되는데 당신은 인정하는가?"라고 물어본다. 이 경우 대부분 본인이 적어도 3~4등 정도는 된다고 믿고 있어서 오히려 내가 깜짝 놀랄 때가 많다.

자, 여기까지 왔으면 이제부터는 왜 그 직원의 평가가 나쁘게 나왔는지 예를 들어가면서 설명하고 함께 그 직원의 장단점에 대해서 코칭을 시작해야 한다. 이를테면 단순히 "당신은 책임감이 부족해."라고 할 것이 아니라, 그동안 몇 번의 과제를 수행하는 동안 약속 기한을 지킨 적이 없고 끝까지 마무리 짓지 못한 것이 몇 번 있었다든지, 회사의 업무가 급증하여 잔업이나 휴일근무가 필요할 때마다 묵묵히 감수한 다른 직원들과는 달리 물론 나름 이유가 있었겠지만 항상 참여하지 않았다든지 하는 식이다.

이렇게 예를 들어서 근거를 가지고 설명해주어야 그 직원도 수긍하게 된다. 그리고 면담이 끝나면 반드시 면담 내용을 정리하여 그 직원과 면담자는 물론 인사고과 라인에 있는 면담자의 상사나 부하관리자와 공유해야 한다. 그리고 다음 번 면담을 시작할 때는 지난 번 면담에서 논의되었던 사항들이 제대로 실천되었는지를 확인해야 한다. 분기당 1회는 면담을 해야 효과가 있다. 이렇게 직원의 장점은 계속 발전시키고 단점은 세부적인 실천계획을 가지고 개선시키는 과정이 면담과 피드백의 사이클인 것이다. 이런 지속적인 관리는 해당 직원을 좀 더 긴장시키고 상사의 도움으로 자신을 관리하게 함은 물론

    조직 제1의 자산, 관리자 ....

현재 자신의 상태를 정확하게 파악하게 해준다.

일상적인 면담이라면 찾아가는 면담을 추천한다. 나는 내가 공장에서 가장 바쁘지 않은 사람이라고 생각하기 때문에 볼일이 있는 직원을 내 사무실로 부르기보다는 가급적 사내 인터폰으로 대화하거나 직원이 업무 중인 현장으로 직접 찾아가는 편이다. 작업 중인 직원 옆에서 어떤 때는 함께 작업하면서 내 이야기도 하고 직원의 생각을 듣기도 하는데, 이런 식의 대화에서는 직원들의 긴장도가 낮아져서 애로사항을 말하기도 편하고, 다소 비밀스러운 이야기까지도 자연스럽게 알 수 있게 되는 장점이 있다. 내 볼일도 보면서 말이다. 면담 중에 알게 된 애로사항을 해결해주는 것 역시 당연하다.

또 다른 방법은 다소 비용이 필요하다. 면담이 필요한 직원, 가능하면 그 직원을 포함해 식당 기준 한두 테이블 정도의 인원을 데리고 소주 한잔하면서 자연스럽게 속마음을 털어놓게 유도하는 방법이다. 한두 테이블 이상이면 집중력이 떨어져서 면담효과가 낮다. 적당히 알코올이 들어가면 평소에는 못하던 말도 용기 있게 내놓는데, 다소 귀에 거슬리는 말이 나와도 너그럽게 이해하고 포용하는 자세가 필요하다. 부하직원을 접대하는 돈은 비용이 아니라 투자라고 생각해야 한다. 나의 경험으로 볼 때 그래도 돈을 투자하는 경우가 면담의 효과도 크고 부하들과의 유대를 강화하는 데도 도움이 되었다.

무능한 리더와 유능한 부하, 유능한 리더와 무능한 부하, 어느 쪽이 더 위험할까?

모든 조직에서는 유능한 리더와 유능한 부하로 조직이 구성되기를 희망한다. 그러나 애석하게도 대부분의 현실에서는 희망사항에 불과하다. 현실에서는 무능한 리더와 유능한 부하의 조합 또는 유능한 리더와 무능한 부하의 조합이 많다. 물론 무능한 리더와 무능한 부하의 조합도 있겠으나 현실적으로 이러한 조직은 빨리 붕괴되기 때문에 많지 않다고 본다.

먼저 무능한 리더와 유능한 부하의 조직을 살펴보자. 리더가 무능하여 잘 못된 목표를 설정하였다면 유능한 부하들은 잘못된 목표를 가장 효율적으로 아주 빨리 실현시켜서 되돌리기 어려운 실패 상황을 만들 수 있다. 특히 이러한 리더 주위에 맹목적인 해바라기형 참모들이 장막을 치면 그들만의 결정으로 끝나버리기 때문에 더더욱 위험하다.

반대로 유능한 리더와 무능한 부하의 조합을 살펴보자. 물론 유능한 리더이기 때문에 올바른 목표를 설정했을 것이고 부하들을 통해서 그 목표를 달성하기 위해 노력하겠지만 부하들이 무능하기 때문에 진행속도는 매우 느릴 것이다. 느릴지는 모르지만 목표를 향해 서서히 리더가 원하는 방향으로 진행함으로써 적어도 회사가 망하지는 않을 것이다. 유능한 리더라면 시간은 걸리더라도 부하들을 유능하게 변화시킬 테니까 결국 조직을 성공으로 이끌 수 있다고 확신한다. 결론은 리더가 유능해야 한다는 말이다. 어렵겠지만 자기 자신을 냉정하게 평가해서 자신이 무능한 리더에 가깝다고 판단되면 의사결정 과정에서 유능한 부하들의 의견을 많이 듣고 참고하여 적어도 최악의 결정만은 피할 수 있도록 노력할 필요가 있다.

당연히 월급쟁이 리더라면 오너가 알아서 무능한 리더를 처리하겠지만 2세나 3세 오너 리더라면 얼마나 유능한 부하들을 구하고 그들을 결정과정에서 잘 활용하고 의사결정을 객관화하는가가 회사의 성공과 실패를 결정하는 중요 요소라 하겠다. 더욱 바람직하기로는 오너라 할지라도 스스로를 평가해서 자신이 유능한 리더가 아니라고 판단되면 소유와 경영을 분리해 전문경영인 체계로 가는 것도 좋지 않을까?

삼성의 이병철 회장이나 현대의 정주영 회장의 경우처럼 아무리 자식이라도 경영자로서의 능력이 부족할 때 과감히 버릴 수 있다면 지금이라도 그에 버금가는 회사를 만들어낼 수도 있지 않을까 생각해본다.

　　　　　　　　　　　　　　　조직 제1의 자산, 관리자

직원들이
움직이지 않는 이유

———————— 직원들은 상사가 기대하는 것만큼 움직여주지 않는다는 점이 상사들의 공통적인 불만사항 중 하나이다. 그러면 왜 부하들은 상사가 생각하는 것만큼, 상사가 기대하는 것만큼 움직여주지 않는 것일까? 이유는 두 가지다.

첫째, 상사가 지시하는 내용을 이해하지 못했거나 관련 지식의 부족으로 대략적인 지시 내용은 알고 있지만 구체적으로 어떻게 해야 하는지 알지 못해 행동에 옮기지 못하는 경우이다. 이 경우 일단 상사에게 알겠다고 말하고 그 자리를 모면하지만 처음부터 업무지시 내용을 이해하지 못했기 때문에 진행률은 zero가 된다.

둘째, 상사가 지시한 일을 수행했을 때 결과가 잘못되면 책임질 일이 발생할까봐 망설이기 때문이다. 이 경우도 진행상황은 빵점이 된다. 한 번의 지시로 상사가 부하에게 충분하게 내용을 전달하고 이해시키거나 한 번의 지시만으로 부하는 상사의 의도를 이해하고 충분히 행동으로 옮길 수 있다면 그보다 더 좋을 수는 없겠지만, 내 경험을 볼 때 그것은 불가능에 가깝다고 생각한다.

결국은 업무지시를 할 때 상사는 부하의 지식, 능력 및 업무처리 속도를 감안하여 아주 세세하게 쓰거나 그리는 등 가능한 모든 방법을 동원해 설명해서 부하의 이해도를 높이고, 부하의 지식수준보다 수준이 높은 업무라면 누구에게 조언을 받거나 어떤 자료를 참고하면 되는지까지 알려주어 첫 번째 문제를 해결한다. 또 나름대로 연구하고 궁리해서 실행했을 때 비록 결과가 나쁘더라도 결코 책임을 묻지 않겠다는 상사의 의지를 보여줌으로써 두 번째 문제도 해결해주어야 한다.

이렇게 몇 번의 실전을 경험하고 나면 자신감이 생기기 때문에 부하의 일처리 속도가 점점 빨라지고 존재감도 점점 키울 수 있는 것이다. '지시'는 부하가 상사의 기대만큼 결과를 만들어주길 바라면서 시키는 것이기 때문에 직원들마다에 대한 기대치가 다르다면 당연히 지시할 때의 기대수준도 달라져야 한다. 나는 개인적으로 모든 부하들에게 유사한 업무로 적어도 3회의 기회는 주어야 한다고 생각한다. 통상 3회 반복하여 성공하면 좀 더 수준 높은 업무를 맡길 수 있고, 3회의 반복 시도에도 실패한다면 근본적인 대책, 즉 수준에 맞는 타 업무 부여 또는 타 부서 전출 등을 고려해야 한다.

부하와 상사와의
거리감

────────────── 지난 30여 년의 직장생활을 돌이켜보면 과장~차장이었을 때가 부하직원들과의 관계가 가장 좋았던 것 같다. 비록 근무여건은 열악했을지라도 저녁에 퇴근하면 소박한 안주로 소주 한잔이 자연스러웠고 당연히 2차는 우리 집이었다. 언제 직원들이 쳐들어올지 몰라서 항상 제철 과일로 담근 과일주나 몸에 좋다는 약초주를 준비해두었다. 그러다가 부장이 되고 임원이 되니까 점점 직원들과의 거리가 멀어지고 어색해져서 언제부터인가 우리 집으로 쳐들어오는 직원이 전혀 없는 상황이 되었다. 아마 내 지위가 높아지면서 심리적인 거리감이 점점 커진 탓일 것이다.

부하직원과의 심리적 거리감은 직급 차의 제곱에 비례한다는 말이 있다. 즉 신입사원과 과장의 직급 차는 3(주임–대리–과장)의 제곱인 9지만, 전무이사인 나와의 거리는 직급 차 9(주임–대리–과장–차장–부장–실장–이사–상무–전무)의 제곱인 81이 되니 말이다. 심리적인 거리가 먼 관계로 원활한 소통을 위해서는 역시 직급 차의 제곱 이상만큼의 노력이 필요하다 하겠다.

아무리 지위가 높아도 결국은 다 같은 월급쟁이라는 공통점을 가지고 있으

　　　　　　　　　　　　　　　　조직 제1의 자산, 관리자 ┈┈┈┈┈┈

니 여러분들도 노력하면 충분히 도달할 수 있는 위치라는 것을 직원들에게 인식시키는 것부터가 소통의 시작이다. 직원들과 아주 많이 다르고 특별한 노력을 해서 지금의 지위가 된 것이 아니라, 일반인과 태도만 조금 다르면 충분히 성공할 수 있다는 것을 인식시키는 것이 비전 공유이고, 또한 부장님, 이사님이 회사 내에서 상당한 정신적 물질적인 대우를 받고 있고, 퇴직 시에 나름의 예우를 받고 있는지를 보면서 열심히 할 동기가 부여된다고 생각한다.

결국 직장인의 목적은 돈을 벌고 그 돈으로 행복하게 사는 것이니 지금 다니고 있는 회사가 나에게 돈을 벌게 해주고 그 돈으로 행복해질 수 있는지 여부가 충성심을 키우는 핵심이라고 본다. 부하직원이 가정문제를 상의하거나 젊은 직원들이 그들의 이성문제에 대한 자문을 구하거나 아무런 거리감 없이 자신들의 이야기를 해줄 수 있는, 그야말로 평소에는 이웃집 아저씨 같은 상사, 그러나 업무에서는 엄격한 상사가 되기 위해 노력해야겠다.

부하는 나를 알아주는
상사에게 충성한다

흔히 '국가에 충성하라, 회사에 충성하라'고들 하는데 충성해야 하는 주체가 눈에 보이는 것이 아니다 보니 좀 막연하다 싶다. 대통령이나 회장님께 충성하라고 말하면 좀 더 명확해지기는 하겠지만 대놓고 주장하기에는 다소 민망한 부분도 있다. 사실 조직에 충성한다는 것은 그 조직의 핵심가치를 따르고 조직의 문화를 공유하면서 업무를 수행한다는 뜻이 아닐까 한다. 조직의 핵심가치나 조직문화는 상사나 선배들의 영향을 많이 받는다. 그들의 행동, 업무스타일 등을 따라 하면서 자연스럽게 그 조직의 일원으로 녹아드는 것이다. 막연하게 회사나 1년에 한 번 대면하기도 어려운 회장님에게 충성한다는 생각에 적응하기는 어렵다. 내 생각으로는 회장님은 임원과, 임원은 팀장과, 팀장은 팀원과 함께하면서 자연스럽게 임원은 회장님을 배우고, 팀장은 임원을 배우며, 팀원은 팀장을 따라하면서 조직의 핵심가치와 문화의 공유가 이루어진다고 본다.

부하는 결국 조직에 충성한다기보다는 자신이 따르는 즉, 자신을 인정하고 알아주고 믿어주는 상사나 선배를 따르면서 함께 성장하는 관계에 놓여 있다. 부하는 자신을 알아주고 믿어주는 상사나 선배, 때에 따라서는 장래가 촉망되는 유능한 후배에게 충성함으로써 결과적으로는 회사에 충성하는 효과를 가져온다는 말이다. 학교에서는 선생님이 문제아, 말썽꾸러기 학생을 대표로 선임하면 점차 모범생이 된다고 한다. 이는 선생님이 자신을 인정하고 신뢰한다고 생각하게 만드는 것으로 학생 역시 선생님의 기대를 저버리지 않기 위해 옳지 않은 행동은 삼가고 대표로서의 모범적인 태도를 유지하기 위해 노력하는 과정과 비슷할 것이다. 정상적인 조직이라면 상사나 선배 또는 유능한 후배에게 인정받는 것이 결과적으로 임원이나 회장님에게 인정받는 선순환으로 정착되어야 한다. 간혹 회사보다는 개인 간의 유대가 강해서 상사가 회사를 떠날 때 부하들이 회사에 잔류하지 않고 상사를 따라서 함께 떠나는 경우가 있는데, 이는 상사나 오너와의 신뢰에 대한 확신이 다소 부족했기 때문이 아닐까?

부하와 비전을
공유하는 법

어떤 회사에 방문하면 회사의 비전이나 가치와 이념 등을 눈에 잘 띄는 곳에 써서 걸어놓은 것을 보곤 한다. 내용이 너무 거창하거나 공자님, 예수님 말씀인 경우가 많다. 과연 그걸 보면서 말단 직원들까지 그런 거창한 비전을 이해하고 맡은 바 업무를 통해 목표를 정하고 실행할 수 있

조직 제1의 자산, 관리자

을까. 결국 대부분의 회사에서 주장하는 비전은 대외용이지 회사 내부용은 아닌 것 같다. 다양한 계층의 직원들과 대화해보면 지위가 낮을수록 그들이 생각하는 비전은 과장 또는 부장이 되었을 때 어떤 대우를 받을 수 있을까 등 주로 금전적 물질적인 것들이 많고 또 그것으로 설명해야 쉽게 이해한다. 부장 정도 되면 임원이 되었을 때 달라지는 대우, 권한과 책임 등이 주 관심사다. 또한 선배 직원들이 어떤 모습(정년퇴직, 명예퇴직 시의 보상 등)으로 회사를 떠났는가와 퇴직 시의 예우(위로금, 차량 제공 등)에 따라 회사에 대한 충성심이 달라진다. 즉 손에 잡히는 것이 아니면 대부분의 직원들은 회사의 거창한 비전을 전혀 이해하지 못한다. 심지어 나와는 관계없다고 생각하기도 한다.

내가 생각하는 비전은 회사의 임직원 또는 상하가 같은 방향과 공통의 목표를 바라보는 것이다. 그러나 각자의 입장, 지위가 다르기 때문에 정확하게 같은 방향을 바라보기는 힘들다. 처음에 방향이 1도만 달라도 시간이 지나면서 점차 거리가 훨씬 더 벌어지는 문제가 발생하니 수시로 대화를 통해 방향을 조정하여 항상 같은 방향으로 가게 할 필요가 있고, 이런 과정이 곧 비전을 공유하는 것이라 할 수 있다. 비전을 공유하면 일단 동지의식이 생기고 목표를 달성하기 위한 방법을 함께 찾고 계획을 세우고 중간 점검을 하는 등의 일을 하며 점점 시너지를 낼 수 있는 조직으로 변화된다. 또 내가 열심히 노력해서 도달해야 할 목표가 충분히 노력할 가치가 있다고 판단되어야 직원들 스스로 움직일 수 있다.

나는 비전과 관련해서 직원 교육 시에 항상 구체적인 신공장, 신사업에 대한 계획을 설명하고 직원들 각자가 어떤 공장, 어떤 사업에서 어떤 역할을 할지 그리고 그 역할을 수행할 경우 어떤 대우를 받게 될지를 고민해보게 한다. 직원들 스스로가 자기계발 계획을 세우고 노력할 때 옆에서 코칭해주는 것 역시 가장 현실적인 비전 공유 방법일 것이다.

부하에게
인정받는 상사

아무리 잘 대해주고 인간적으로도 친한 상사라도 타 부서와 비교해서 승진승급이 늦거나 연봉인상율이 낮다면 과연 부하들 입장에서 충성하고 따르고 싶은 상사로 생각될까? 오히려 평소에 혹독하게 부려먹더라도 타 부서보다 승진승급이 빠르고 월급도 많이 오르고 인센티브나 보너스 몇 퍼센트라도 더 받게 해주는 상사가 낫지 않을까?

대부분의 회사 인사담당자의 말에 따르면 직원을 뽑을 때는 성적 순, 승진은 충성도 순이라는 말이 있다. 부하를 승진승급시키는 가장 중요한 요소는 충성도인데 여기서 말하는 충성도란 결국 회사와 생사고락을 함께할 것 같은 사람, 회사가 망해도 끝까지 회사를 위해 고군분투할 것 같은 사람을 말한다. 그런데 이런 이미지를 만들어주거나 부각시켜주는 사람이 바로 상사이다. 즉 상사는 부하의 좋은 평판을 만들어주는 사람이다. 부하에게 있어 주변의 긍정적인 평판은 바로 승진승급의 필수요건인데, 부하의 존재감을 잘 키워주는 상사가 바로 능력 있는 상사다. 그래서 부하들 각자의 개성과 능력을 살려서 좋은 평판을 얻도록 코치하고 돋보이도록 만들어주는 상사가 될 필요가 있다. 최악의 경우 나의 승진승급 보류를 무기로 상사와 협상하면 부하 몇 명 정도의 추가적인 승진승급이 가능하게 된다.

리더는 부하의 운명을 책임지는 사람이다. 한번 인연을 맺은 부하와 상사의 관계라면 그 인연이 죽을 때까지 지속될 수 있도록 계속해서 관심과 지원을 해야 하며 필요하다고 생각되면 부하의 이직과 창업도 도와주어야 한다고 생각한다. 지금의 자리에서 부하가 적응하지 못하거나 뒤처진다면 당연히 부하의 능력과 적성에 맞는 새로운 일자리나 새로운 사업을 함께 고민하고 해결해주는 것이 진정 유능한 상사라고 주장하고 싶다.

조직 제1의 자산, 관리자

제 허락 없이는
제 부하를 징계 못 합니다

———————————— 직장생활을 하다 보면 필연적으로 사고는 발생하기 마련이고, 그 사고를 처리, 즉 사고 원인을 조사하고 피해를 최소화하기 위한 방안을 찾아 실행하고, 재발방지 대책을 수립해서 단계별로 실행하는 과정에서 반드시 책임문제가 거론된다. 사고의 경중에 따라서는 보고서나 사고경위서 정도가 아니라 시말서나 사직서를 제출해야 하는 경우도 종종 발생한다. 피해규모가 크거나 사고의 내용이 심각한 경우에는 사내 인사위원회에 회부되어 임원이나 최고경영진 앞에서 사고경위를 설명하고 책임소재를 찾는 절차를 진행하기도 하고 징계수위도 결정한다. 나의 경우도 직무가 공장장인 관계로 매년 수차례의 인사위원회를 주재하는데, 어떤 때는 사고원인에 대한 책임소재가 애매한 경우도 있다. 예를 들면 조직의 업무는 문서화되어 있는 규정이나 매뉴얼에 의해서 운영되는데 해당 사고와 관련된 것이 없다고 일방적으로 담당직원의 잘못이라고만 치부하기는 애매하다. 담당직원에게 규정이나 매뉴얼도 없이 알아서 업무를 처리하라고 하는 것은 심각한 혼선과 사고 유발의 원인이 될 수도 있기 때문이다. 그래서 나는 책임소재를 따질 때 다음과 같은 기준을 가지고 있다.

첫째, 규정이나 매뉴얼이 없는 상태에서 사고가 발생하면 무조건 담당 관리자나 임원의 책임이다. 당연히 담당자는 책임이 없다. 둘째, 규정이나 매뉴얼이 있는데도 담당직원이 따르지 않았다면 전적으로 담당직원의 책임이다. 이때 관리자나 임원의 책임은 없다. 셋째, 규정이나 매뉴얼이 있는데도 담당직원이 따르지 않아서 사고가 난 경우라도 관리자나 임원이 담당직원에게 규정이나 매뉴얼에 대한 충분한 교육훈련을 시키지 않았다면 쌍방 책임이 되며 대략의 책임 비율은 관리자와 해당 직원이 7:3 정도로 보면 된다.

다음의 사례는 회사의 최고경영자가 주재한 인사위원회에서 있었던 일이다. 내 판단으로는 위의 책임소재 기준으로 볼 때 관련된 규정이나 매뉴얼도 없었고 회사 내에서 체계적으로 관리되지도 않았던 업무에서 사고가 발생했고, 해당 직원은 자신이 맡고 있던 업무를 성공시키기 위해 3개월 동안 야간, 휴일 근무도 마다하지 않고 묵묵히 참아내며 일해오던 중 피로누적에 의한 단순실수로 인해 사고가 발생한 경우다. 단지 사고가 발생해서 피해금액이 발생했다는 이유만으로 인사위원회에 회부되고 징계문제가 거론된 적이 있다. 이때 내가 최고경영자에게 주장한 내용은 이렇다. "이 상황은 1차적 책임소재가 회사와 공장장에게 있습니다. 직원에게 잘못이 있다고 하기에는 무리가 있습니다. 그렇기 때문에 제 허락 없이는 직원들을 징계할 수 없습니다. 꼭 징계를 강행하시겠다면 제 허락이 필요 없는 공장장인 저를 징계해주십시오. 오늘 아침 아내에게 3개월간 매달 200만 원의 감봉을 감수하라고 통보하고 출근했습니다." 결론은 다행스럽게도 아무도 징계를 받지 않았다. 현장에서 발생하는 사고에 따른 징계는 기준이 명확해야 한다고 본다.

리더란 부하의 운명을 책임지는 사람

직장생활을 30년 넘게 해오다 보니 저절로 알게 된 것 중 하나가 결국 직원들이 즐겁게 일하고 가정생활이 행복해야 회사에서의 실적도 오르고 그 덕분에 나 자신도 행복해진다는 사실이다. 직원들은 확실한 나의 내부고객이기 때문에 그들을 만족시키는 것이 중요한데 나 자신이 사장이 아니기 때문에 금전적인 급여, 복지 등을 개선하는 데는 한계가 있다. 직원들 역시 가정이 있고, 아내와 자식이 있기 때문에 지속적으로 업무를 통해서 회사에서 인정받고 성장하게 만들어주는 것, 그것이 내가 가장 잘할 수 있는 영역이라고 보며 리더로서의 숙명이라 생각한다.

조직 제1의 자산, 관리자

IMF 금융위기 때 직원들을 설득해서 자진해서 상여금을 반납하고 1시간 근무 더하기 운동을 벌였던 기억이 난다. 나름대로의 고육지책이었지만 조금이나마 회사 형편에 도움이 되길 바라는 마음도 있었고, 한편으로는 위기를 핑계로 인원감축을 단행할지도 모른다는 두려움도 있었다. 물론 회사에서는 임직원의 마음과는 달리 한술 더 떠서 전 직원 연봉제 전환과 퇴직금 매년 정산제를 도입하고 그때까지의 퇴직금을 중간 정산하는 것은 물론 600% 지급하던 상여금도 200%로 축소시켰다. 서슬 퍼런 분위기에 감히 아무도 이의를 제기하지 못했었다.

이어서 예상했던 대로 감원바람이 불었다. 내 기억으로는 과장급 이상 관리자의 반 이상이 2년 사이에 현장을 떠났다. 물론 명예퇴직이나 권고사직이 아니라 별도의 위로금 등도 없는, 본인이 원해서 퇴사하는 형식이었지만 진실은 여러분들도 쉽게 알 수 있을 것이다. 그들의 퇴사를 저지하기 위해 오너와 수많은 신경전을 벌이고 시간을 벌기 위해 노력해봤지만 이미 퇴출시킬 결심이 확고한 그분들의 의지를 꺾기에는 역부족이었고 2년 사이에 스트레스로 치아와 잇몸이 모조리 망가지는 아픔도 겪었다.

피 말리는 그 2년 동안 해당직원들과 수없이 면담하고 그들에 대한 경영진의 생각을 바꾸기 위해 노력했었고, 나중에는 그 직원들 모르게 거래처나 다른 회사의 임원들과 접촉하여 이직을 권유하는 연락을 하게 하는 등의 형식으로 직원들의 자존심을 지켜주며 자연스럽게 이직을 유도했던 기억도 있다. 그들 중에는 아직도 이런 내막을 모르고 회사와 나를 비난하는 사람들도 있다. 이때 느꼈던 가장 큰 깨달음이 바로 '리더라면 부하들의 운명을 책임져야 한다'는 생각이다. 물론 회사의 최고경영자나 오너가 그런 생각을 가지고 경영을 해주면 더 없이 좋겠지만 그런 경영자는 거의 없는 것이 현실이다.

그러므로 적어도 자신이 리더라고 생각하는 관리자나 임원 등만이라도 구조조정 등에 따른 갑작스러운 해고에도 각 직원들의 가정이 깨지지 않고 행복을 영위할 수 있도록 배려하는 차원에서 시간과 계획을 세워서 코치하는 것이 바람직하다고 본다. 회사를 떠난 직원을 수년 뒤에 우연히 만났을 때 적어도 리더라면 그들이 나를 외면하지 않고 반갑게 달려와서 인사할 정도는 되어야 하며, 실제로 그런 일이 있을 때면 나름대로 보람을 느낀다.

조직 제1의 자산, 관리자 ┄┄┄┄┄┄┄┄┄┄┄

9장 진정한 관리자
부하의 편협한 사고를 깨부수는 자

윗사람이 어떤 지시를 하면 즉석에서 안 되는 이유를 줄줄이 나열하는 사람들이 너무 많다. 기술적으로 어렵다든지 시간이 너무 오래 걸린다든지 아니면 상사가 전문가가 아니라 잘 모르시겠지만 전문가의 시각으로 볼 때 안 되는 것이라는 등의 이유를 댄다. 부하가 이렇게 나오면 정작 지시를 한 상사는 뻘쭘해질 수밖에 없다. 한마디로 상사는 무식하고 현장 사정을 전혀 파악하지 못한 사람으로 전락하니 말이다. 실제로 현장에 대한 파악이나 전문지식이 없는 상사는 이런 상황에서 부하들에게 번번이 농락당할 수밖에 없는 것도 현실이다.

그럼 한번 생각해보자. 과연 상사의 지시가 그렇게 말도 안 되는 걸까? 지시하는 상사보다는 그래도 그 지시를 받는 부하가 해당 업무에 관한 한 더 전문가이기 때문에 혹시 상사의 지시를 토대로 부하의 전문지식을 잘 응용하면 나름대로 그럴듯한 개선 아이디어가 나올 수도 있지 않을까? 현장에서 늘 근무하는 사람의 눈에는 잘 안 보이는 문제점이 지나가던 상사의 눈에는 보일 수도 있지 않을까? 상사의 지시에 기다렸다는 듯이 안 되는 이유를 주절주절 나열할 수 있다는 것은 결국 지금까지 하던 방식과 습관대로만 하면 완벽하니 전혀 개선할 필요가 없다는 말인데, 세상에 완벽한 사람이나 작업이 있을까? 이런 사고방식을 가지고 있는 직원이라면 월급 주는 사람의 시각으로 봤을 때 전혀 발전 가능성이 없는 직원이니 당연히 정리대상 1순위가 될 것이다.

지금부터라도 되는 이유를 연구하자. 물론 갑자기 업무태도를 바꾸는 것이 쉽지는 않을 것이다. 그러나 지금하고 있는 방식에 약간의 인력, 투자, 시간을 할애하면 더 좋은 결과를 만들어낼 수도 있다. 이제부터는 무조건 안 된다고 말하지 말고 약간의 전제조건, 예를 들면 인력충원, 투자, 시간 등만 해결하면 충분히 가능하다고 말하자. 그리고 전제조건을 감안해도 충분히 기대효과가 크므로 당신의 아이디어를 채택해달라고 상사를 설득하자. 당신이 노력한 결과 당신의 팀 실적이 좋아지면 팀장님도 상사로부터 인정받을 테니까 상사와 당신 모두에게 도움이 된다. 이런 노력들이 결국 회사를 지속적으로 성장시킨다.

책임이 무서워서
일을 못 하겠다고요?

새로운 업무나 프로젝트가 생겼을 경우 부하들을 불러 모아놓고 누가 할지를 물을 때가 있다. 이때 대부분은 서로 눈치를 보면서 일을 맡지 않으려고 한다. 이렇게 나서지 않는 가장 큰 이유 중 하나는 바로 결과에 대한 책임이 두렵기 때문이다. 그런데 여기서 말하는 책임을 진다는 의미는 무엇인가? 어떤 책임이 무섭다는 것인가? 일이나 프로젝트를 수행한 결과 애초 예상과 달리 문제가 발생한다거나 실패했을 경우의 책임을 말하는가? 그렇다면 실제로 책임을 져본 적은 있는가? 아니 정말로 책임질 생각 자체가

        조직 제1의 자산, 관리자

있기는 한가? 책임을 통감하고 자발적으로 시말서나 사직서를 제출해본 적이 있는가? 없다면 잘못된 결과에 대해서 상사에게 꾸지람이나 잔소리를 받는 것조차 싫어서 아예 처음부터 일을 하지 않겠다는 말인데, 여러분이 사장이라면 이런 직원을 어떻게 대해줄 것 같은지 함께 생각해볼 일이다.

많은 회사에서 직원들의 시행착오를 장려하고 실패를 통해서 배운다고 선전하고 있지만 이것이 아직은 직원들 개개인의 마음까지 움직이지는 못하고 있는 것 같다. 또 어떤 직원은 내가 지시한 일을 안 하는 이유가 만약 실패할 경우 상사인 내가 책임질 일이 생길까봐 걱정돼서 그렇단다. 상사에 대한 충성심에 눈물이 날 지경이다. 결국 책임을 핑계로 못 하겠다는 말일 뿐이다. 물론 모든 잘못된 일에는 꾸지람과 책임이 따른다. 마찬가지로 모든 잘된 일에는 칭찬과 상이 따른다. 실제로 현장에서 문제가 발생하거나 실패했을 때 책임질 일이 무서워서 변명하고 남에게 책임을 돌리는 직원들도 많이 봤다. 상사가 시말서나 사직서를 쓰라고 지시할 때까지 버티는 직원도 봤다. 문서로 된 시말서나 경위서만 쓰지 않으면 책임지지 않아도 되고 인사상 불이익이 없을 것으로 생각하는 직원들도 있더라. 이런 태도로 일하는 직원이 과연 회사에 도움이 되기는 할까?

이제는 책임질 각오로 일하고 결과가 나쁘면 쿨 하게 잘못을 시인하고 자발적으로 어떤 처벌도 감수하겠다는 시말서라도 제출해보자. 그래야 결과가 좋았을 때 상을 달라고 당당하게 요구할 수 있지 않은가. 선선히 자신의 잘못을 인정하고 변명하지 않는 것이 상사에게 인정받는 지름길이라는 점을 잊지 말자.

머리 굴리는 소리
다 들린다

내개 처음 과장이 되어서 소위 관리자로서 업무를 시작

했을 때였다. 직원이 13명 내외였는데 품질관리 조직이기 때문에 대부분 원료나 반제품, 완제품을 분석하고 허가규격과 일치하는지를 판단하여 적합하면 제품을 출하하는, 어떻게 보면 아주 단순한 일상의 반복이었다. 각각의 시험별로는 분석하는 데 걸리는 시간이 정해져 있고 특별한 일이 없는 한 정해진 시간 내에 업무가 완료되어야 한다.

그런데 직원에 따라 시험을 완료하는 데 걸리는 시간에 많은 차이가 있었다. 관찰해보니 경력이 오래된 직원이 꼭 일을 빨리 하는 것은 아니었다. 신입사원은 숙련도가 낮아서 지연되고 있다고 쉽게 이해할 수 있지만 경력이 많은 직원들의 업무가 지연되는 이유를 몰라서 옆에서 자세히 관찰해보니 휴식 시간이나 점심시간 또는 퇴근시간에 맞추기 위해 일부러 업무 속도를 조절한다는 것을 알 수 있었다.

5분만 마저 하거나 점심시간을 5분만 할애하면 끝낼 수 있는 일을 중단하고 오히려 5분 전에 식당으로 간다거나, 정상적으로 시험하면 1시간이면 끝낼 일을 일부러 질질 끌어서 끝내지 않고 오히려 저녁에 2시간 잔업까지 하고 잔업수당을 챙기는 등 문제가 많았다. 이런 문제점을 해결하기 위해 우선 각각의 문제 직원들과 진지하게 면담하고 그들의 업무태도 개선을 요구하였고, 차제에 시험 항목별 표준시간을 정하여 시간 관리를 진행하고 각 직원별로 성과를 비교한 결과 빠른 시일 안에 문제가 해결될 수 있었다.

나는 보통 직원들에게 업무를 지시할 때 다음 세 가지에 대해 확인하곤 한다.

첫째, 이 업무가 당신의 지적 능력으로 볼 때 어렵다고 느껴집니까?

둘째, 이 업무가 당신의 육체적 능력으로 볼 때 힘들다고 생각됩니까?

셋째, 이 업무가 당신 생각에 시간이 많이 걸릴 거라고 생각합니까?

물론 처음부터 해당 직원이 충분히 해낼 수 있는 업무인지를 생각하고 업무를 부여하기 때문에 대부분의 직원들은 문제가 없다고 대답한다. 그러나 현실은 다르다. 아무 문제가 없다고 큰소리친 업무의 결과가 애초에 약속한 기한 내에 상사에게 보고되는 비율은 보통 30~40%에 불과했다. 그 이유는 뭘까? 특별한 이유가 없다면 이런 상태를 다소 비속한 말로 '너무 머리를 굴린다'고 말할 수 있겠다. 이런 상태를 극복하는 가장 좋은 방법은 적어도 3번 정도는 업무 지시 후에 적극적으로 중간점검을 실시하여 진행상황에 대해 코칭을 실시하고 업무진행 방법에 대한 습관화를 유도하는 것이다. 즉 우리 상사는 업무를 지시하면 반드시 중간점검을 하고 꼭 마무리를 맺고야 만다는 믿음을 부하에게 심어주어야 하는 것이다. 그러므로 지시받은 일은 어차피 해야만 한다는 불문율 같은 것을 형성시킨다. 이것이 업무교육의 기본이고 코칭의 시작이다.

당연히 코칭 시에는 업무처리를 기한 내에 하는 것이 상사와의 신뢰관계를 맺는 데 아주 중요하고 자신의 조직 내에서의 신분상승의 밑거름이 된다는 점을 강조해야 한다. 그리고 또 하나 부하는 상사 입장에서 아무리 쉬운 일을 아무리 쉽게 설명하면서 지시사항을 이해시키려 해도 잘 이해하지 못하는 경우가 의외로 많다는 점을 기억해야 한다. 상사의 이해했느냐는 질문에 습관적으로 이해했다고 대답하는 경우가 대부분이다. 얼떨결에 상사의 지시사항에 대해 이해했다고는 했지만 자기 자리로 돌아간 부하는 구두로 한 지시사항의 대부분을 기억하지 못하는 경우가 많고, 기억하지 못해도 다시 상사에게 돌아가서 지시사항에 대해서 다시 물어볼 용기가 있는 부하는 거의 없다고 보면 된다.

지시사항에 대한 부하의 결과물이 애초 의도와 다른 경우가 많은 것은 어찌 보면 당연한 결과이다. 이런 상황을 개선하기 위해서는 지시할 때 가급적 자세하게 지시사항을 글로 적거나 그림 등으로 구체화시킬 필요가 있다. 지시자가 항상 명심할 것은 지시자의 의도와 다른 결과물을 부하가 가져왔다 하더라도 그 책임의 70%는 지시할 때 부하를 제대로 이해 또는 설득시키지 못한 상사에게 있다는 점이다.

시행착오를
권장하자

─────────────── 어느 외국 회사에서는 인사를 할 때 지난 1년 동안 아무런 사고도 치지 않고 그렇다고 새로운 시도도 없었던 직원을 1순위로 해고한다고 한다. 책임지기 싫으면 책임질 일 자체를 안 하면 되는 것이다. 결국 매사에 눈치만 보고 책임질 일은 모두 피해가며 복지부동 했다는 말인데, 과연 여러분의 부하가 이런 사람이라면 당신은 그런 부하를 계속 데리고 일할 수 있을까? 우리가 흔히 말하는 시행착오란, 나름대로 궁리하고 시험해보고 틀림없이 결과가 좋을 것이라는 판단으로 어떤 행위를 했는데 예상과 다르게 좋지 않은 결과가 되어버린 경우를 말한다. 이런 선의의 시행착오에 대해서 책임을 묻지 않는 조직이라면 직원들이 개개인의 창의적인 아이디어를 경쟁적으로 만들어낼 수 있을 것이다.

전에 내가 근무했던 회사에서의 일이다. 오너에게 시행착오에 대해서 책임을 물을 것인지를 문의했고 그분은 당연히 책임을 묻지 않겠다고 했다. 그런 사실을 공장의 전 임직원에게 공표했다. 그런데 어느 날 품질보증팀의 팀장과 부하직원이 불량제품을 재생하는 아이디어를 가지고 모의시험을 하고 여러 가지 방법으로 궁리해본 뒤 좋은 결과가 나오니까 틀림없는 방법이라 판단했다. 그래서 시험 규모를 키워 적용시켰는데 예상과 달리 결과가 아주 나쁘게 나타나 회사에 약 3억 원 정도의 손실을 끼치게 된 적이 있었다. 두 사람을 불러서 자초지종을 들어보니 내 생각으로도 궁리한 내용이나 아이디어가 참신하고 모의시험 결과도 좋아 보였다. 말 그대로 시행착오였다. 오너에게 근거자료를 첨부하여 보고하고 전형적인 시행착오이기 때문에 책임을 물을 수 없다고 주장하여 동의를 얻어냈고 두 사람에게 어떤 책임도 묻지 않았다. 반대로 다른 과장은 생산시설을 사는 데 몇 가지 중요 사항을 계약서에 반영하라는 3번에 걸친 지시를 무시하고 그대로 시설을 도입하여 결국에는 제대로 보

   조직 제1의 자산, 관리자 ┈┈┈┈┈┈

상도 받지 못한 채 반품하게 되어 약 500만 원의 손실이 발생했다. 이 일이 빌미가 되어 해당 과장은 인사고과에서 나쁜 점수를 받아 회사를 떠나게 되었다. 이런 경우는 시행착오로 볼 수 없기 때문이다.

아기가 혼자서 걷기 위해서는 적어도 1000번은 넘어져야 한다고 한다. 마찬가지로 한 명의 유능한 인재로 크기 위해 수많은 시행착오는 필수라고 본다. 아기가 자꾸 넘어지면서도 결국 일어서고 혼자 걷는 것처럼 직원들도 수많은 시행착오가 필요하지 않을까? 당연히 시행착오는 권장되어야 하고 절대로 질책하거나 책임을 물어서는 안 된다. 다만 시행착오의 내용을 분석하고 다음에는 유사한 시행착오가 발생하지 않도록 대책을 세우고 실행하는 자세는 기본이라 하겠다.

경력직원을 채용하는 이유

경력직원을 뽑는 이유는, 지금까지와는 다른 새로운 관점과 경험을 가지고 있는 경력자들을 통해 조직 내에서는 미처 보지 못했던 문제점들을 찾고 그들의 아이디어를 조직의 개선에 활용하기 위함이다. 기존의 직원들이 이런 경력직원들의 활동을 보면서 자극받고 분발하게 하여 결과적으로 조직을 바람직한 방향으로 가도록 활성화시키는 것이 목적이다. 그러나 현실은 이런 경영자들의 의도와는 좀 다르다. 기존 직원들은 경력직원들의 열정과 적극적인 태도에 대해 협력하고 시너지를 내기보다는, 기존의 조직을 이해하지 못한다고 매도하고 심지어는 왕따도 불사하는 경우가 많다. 또 아무리 성과를 내도 일정기간 근속하지 않았다는 이유로 조직의 일원으로 인정하지 않으려 해 결국 조직에 적응하지 못하고 안착에 실패하는 경우가 많다. 심지어는 경력사원의 다른 시각과 관점을 기존 조직과 다르다는 이유로 기존 조직의 관습, 관행을 무조건 따르라고 강요하기도 하는데 이렇게 되면 결국 외부에서 경력사원을 영입하는 목적이 퇴색되고 만다.

특히 경영자가 경력사원의 아이디어와 새로운 시도를 기존 조직의 문화와 다르다는 이유로 "당신은 우리 회사의 문화를 몰라서 하는 소리야." "우리 회사의 문화와 다르기 때문에 안 돼."라고 말하면 경력직원은 모든 의욕과 열정이 사라지고 그저 그런 기존의 직원들과 똑같은 직원으로 전락하게 된다. 경력직원의 사고방식이 회사의 문화와 다소 다르다 할지라도 회사의 발전과 문제해결을 위한 아이디어라면 큰 틀에서 판단하여 활약할 수 있는 기회를 주고 기존 직원들과 선의의 경쟁을 유도하는 것이 경력직원을 채용하는 근본 목적을 달성하는 최선의 방법이라고 본다. 변화와 개혁을 추구하기 위해서 애써 경력직원을 채용하고는 무슨 일만 하려고 하면 우리 회사의 문화나 관습과 다르다는 이유로 안 된다는 말만 반복하기 전에 왜 경력직원을 뽑았는지, 경력직원을 채용하기로 한 초심을 다시 한 번 생각해보아야 하지 않을까.

메기 효과의 함정

'메기 효과'라는 말이 있다. 산지에서 미꾸라지를 잡아서 운반차로 식당까지 운반하는 도중에 스트레스와 환경변화로 많은 수의 미꾸라지가 죽는다. 이때 운반차 내부에 메기를 몇 마리 넣고 운반하면 미꾸라지 일부가 메기에게 잡아먹히기는 하지만 미꾸라지들은 메기에게 잡아먹히지 않으려고 긴장해 열심히 도망 다니기 때문에 식당에 도착할 때까지 싱싱하게 살아있게 된다는 것이다. 살아있는 미꾸라지는 돈이 되지만 죽어버리면 상품 가치가 없으니 운반 도중에 미꾸라지가 죽지 않게 만드는 방법이다.

회사라는 조직에서도 규모가 커지고 임직원 수가 늘다 보면 거기에 비례하여 운영체계를 개선하고, 현재에 안주하여 침체되어 있는 분위기를 쇄신하기

     조직 제1의 자산, 관리자

위해 외부에서 능력과 경험이 있는 임직원(메기)을 영입하기도 한다. 이들 경력 임직원들이 입사하여 기존의 직원들을 긴장시키고 위기의식을 가지게 하며 회사가 원하는 방향으로 변화를 유도하게 하는 소위 메기 효과를 조직적으로 이용하려는 것이 목적일 것이다. 여기서는 메기 효과를 두 가지 관점에서 살펴볼 필요가 있다.

첫째, 회사 입장에서는 외부에서 영입한 임직원이 메기 효과를 발휘하게 하여 침체되고 활력이 떨어져 있던 조직에 신선한 자극을 주어 생산성이나 효율성이 높아지기를 기대한다. 물론 단기간 내에 성과를 기대하는 것이 당연하다. 이때 메기의 애사심이나 충성심에 대해서는 크게 기대하지 않기 때문에 이들에 대한 평가는 순전히 성과가 기준이다. 성과가 부실하면 당연히 퇴출된다.

둘째, 메기 입장에서는 무엇보다 기존 직원들의 경계심에 따른 텃세에 부딪쳐 조직의 변화를 추진하는 것이 결코 쉽지 않다. 흔히 말하는 이 텃세를 극복하는 것이 가장 먼저 해결해야 하는 과제인데, 흔히 이런 과정을 '적응'이라고 한다. 적응하는 동시에 단기간에 조직에 변화를 가져와야 한다는 과제의 어려움도 있다. 현실에서는 상당수의 메기가 오히려 미꾸라지에 의해 도태되고 만다. 아무리 메기의 능력이 뛰어나도 미꾸라지들을 움직여서 성과를 내야 하는데 미꾸라지들의 협조를 얻는 데 실패하면 아무런 성과도 얻을 수 없으니 말이다. 나는 메기가 성과를 제대로 낼 확률은 20% 정도라고 본다. 즉 대부분의 메기는 제대로 성과는 고사하고 적응도 못 하고 사라지는 것이 현실이다.

어느 연구 결과에 따르면 새로 옮긴 직장에 적응하는 데 필요한 기간은 대략 3년 정도라고 한다. 결국 3년이 지나도 회사가 원했던 메기 효과가 나타나지 않는다면 퇴출대상이 되겠지만, 메기 역할을 잘했다 하더라도 미꾸라지 운반이 끝난 식당에서는 더 이상 메기가 필요 없다는 사실을 잊으면 안 된다. 메기가 계속해서 살아남을 수 있는 유일한 방법은 3년 내에 주위의 미꾸라지를 새롭게 변신시키고, 자신 역시 체질이 강화된 미꾸라지로 변신해서 생존하는 것이다.

원칙, 규칙, 법대로 하려니까
어쩔 수 없이 늦어진다고요?

여러 관련부서가 협업하여 프로젝트를 진행하다 보면 소통문제, 책임감의 정도, 일처리 하는 태도 등을 이유로 원만하게 진행되지 않아 어려움에 처하는 경우가 빈번하다. 원칙, 규칙 또는 법에 따라 진행하다 보니 지연되거나 불가능할 수밖에 없다는 대답을 하는 경우가 많다. 예를 들어 공문서의 경우 공공기관의 처리기간이 실 근무일수 기준 20일이기 때문에 무조건 20일은 기다려야 한다고 말하는 경우다. 처리기한이 20일이라는 것이 꼭 20일을 기다려야 한다는 뜻인가? 아니다. 아무리 늦더라도 20일 이내에는 처리해준다는 뜻이다. 그러므로 담당자의 능력과 노력에 따라서는 며칠 만에도 처리 가능할 수도 있다.

인류가 존재해온 이래 모든 여건, 즉 시간이나 돈, 인력 등이 충분히 잘 갖춰진 상태가 단 한 번이라도 있었을까? 나는 결코 없었을 것이라고 본다. 우리는 늘 전부 또는 일부가 부족한 상태에서 일하고 있다. 결국 일부 여건이 좋지 않아서 업무진행에 차질이 생길 수밖에 없다는 논리는 한마디로 '못 하겠다'는 말과 같다. 그런데 월급쟁이가 월급을 받으면서 맡겨진 일을 못 하겠다고 하는 것은 '나를 퇴출시켜주세요'라는 말과 같다. 입사하여 경력이 쌓이고 과장이나 팀장 정도 되면 해당 분야의 전문가가 된다. 모든 여건이 잘 갖춰진 상황에서라면 굳이 전문가가 필요할 이유가 없을 것이다. 약간의 경험만 있어도 정해진 절차를 따르기만 하면 업무는 잘 진행될 것이기 때문이다. 꼭 전문가가 필요한 이유라면 한정된 조건하에서 그들이 가지고 있는 다양한 경험과

조직 제1의 자산, 관리자

경력을 무기로 융통성과 창의력을 발휘하여 어려운 문제를 해결할 수 있다고 믿기 때문이다.

이러한 회사의 기대와는 달리 이런저런 이유를 대면서 안 된다는 말만 반복한다면 상사나 경영자의 입장에서 볼 때 어떻게 평가할지 입장을 바꿔서 생각해볼 필요가 있다. 특히 명심해야 할 것은 대부분 지위가 높아질수록 나이가 많다는 점이다. 나이가 많을수록 그분들이 생각하는 시간의 속도는 젊은 사람들보다 빠르다. 그러므로 상사나 경영자는 여러분이 생각하는 것보다 오래 참고 기다려주지 않는다. 또한 그분들은 여러분이 현재 겪고 있는 상황을 오래전에 이미 경험했다. 여러분의 심리상태나 변명을 이미 꿰뚫고 있다는 점 역시 기억해야 한다. 그러므로 항상 그분들의 기대치보다 더 빠르고 더 높은 수준의 결과를 보여야만 좀 더 직장생활을 오래할 수 있을 것이다.

문제 직원
길들이기

——————————————— 자식을 낳아서 기르다 보면 유독 속 썩이고 사고도 많이 치는 녀석이 있다. 물론 요즘처럼 자식을 한 명만 낳아서 기르는 사람들이 대부분인 경우에는 잘 이해가 안 되겠지만 내 경우 딸 셋에 아들이 하나이기 때문에 다양한 개성의 아이들을 접할 수 있었다. 이 중 유독 개성이 강하고 자기중심적인, 부모 입장에서 볼 때 성격이 다소 삐딱한 녀석이 있었다. 이럴 때 부모의 역할이 중요하다. 부모의 말을 안 듣는다고 야단치고 때리고 질책하는 등 물리적인 방법을 동원할 경우 오히려 부작용만 커지고 점점 부모자식 사이만 멀어진다는 것을, 이미 대한민국의 모든 부모님들이 알고 있을 것이다. 자식의 세대를 살아본 경험이 있는 부모님 입장에서야 미래의 자식에 대한 우려 때문에 자꾸만 뭔가 조언을 해서 조금이라도 도움을 주고 싶겠지만

방법에 문제가 있기 때문에 역효과가 나타나고 사이만 나빠진다.

우선 부모는 과감하게 물리적인 차원의 강요와 질책 대신에 화학적인 방법 즉 자식이 진정 원하는 것이 무엇인지를 파악하고 자식의 얘기를 들어주는 것에 주목해야 한다. 대부분의 자식들은 철이 들 때까지는 무조건 부모의 말씀에 대항하는 경향이 있기 때문에 잔소리를 중단하고 묵묵히 부모의 할 일을 하다 보면 오히려 자식이 의아해져서 긴장하게 된다. 오히려 한 술 더 떠서 다른 자식들이 질투할 정도로 그 아이에게 무조건적인 관심을 가지고 꾹 참고 대하면 조금씩 마음의 문을 열게 된다. 절대로 간섭해서는 안 되고 질문도 하지 마라. 만약 자식이 게임에 관심이 있으면 억지로라도 게임에 관심을 가지고 질문도 해보고, 영국의 프리미어 리그 축구에 관심이 있으면 축구선수나 프로팀에 대해 질문해보자. 만화에 관심이 많으면 만화에 대해서 물어보면 아마 신이 나서 입에 거품을 물고 설명해줄 것이다. 이렇게 자식과 어울리면서 거리감을 줄이는 중간중간에 그들의 장래희망이 무엇인지, 정말로 하고 싶은 일은 있는지, 공부에 취미가 있는지 또는 없는지 등을 슬쩍슬쩍 물어보고 비록 대답이 맘에 안 들어도 모르는 척 지나가주면서 세대차를 좁힐 필요가 있다.

직장에서도 마찬가지다. 유독 나를 싫어하거나 소위 코드가 맞지 않는 상사나 부하가 꼭 있게 마련이다. 이럴 때 나는 그 사람들에게 더욱 더 친절하고 살갑게 대해준다. 진정성을 가지고 그 사람을 안타까워하면서 눈을 질끈 감고 참고 대하다 보면 나의 경험으로는 보통 1년 이내에 길어도 3년 이내에 결국 그 사람도 나를 좋아하게 되는 것을 수없이 보아왔다. 특히 나를 싫어하는 다른 부서 직원들이 있다면 그 직원에게 넌지시 말해보자. '내가 비록 다른 부서 소속인 옆집 아저씨지만 너를 승진시키지는 못해도 막을 수는 있다. 나라면 굳이 나를 싫어하는 티를 내서 내가 알게 하진 않을 것이다. 나 역시 당신을 싫어하게 되고 중요한 순간에 그 사실이 떠오를 테니까. 친한 척이라도 하는 것이 직장생활의 팁이다. 불가근불가원이 아닌가.'

안 하는 것과
못 하는 것의 차이

내가 지금 근무하는 회사에 처음 부임했을 때의 일이다. 문제가 있는 부분을 지적하고 개선을 지시하면 모두가 잘 알겠다고 씩씩하게 대답하고는 약속된 시간이 지나도 전혀 개선이 되지 않는 일이 자꾸 반복되었다. 혹시 내가 지시하는 내용이 너무 어렵거나 힘들거나 아니면 시간이 너무 많이 걸리지는 않는지 직원들에게 확인 재확인해봤지만 전혀 문제가 없어 보였다. 그런데도 여전히 지시사항은 개선되지 않았다. 처음에는 부하들이 조직적으로 업무진행을 지연시키고 있다고 생각해서 엄하게 질책도 해봤지만 전혀 효과가 없었다. 할 수 없이 처음부터 다시 시작하는 심정으로 즉, 초등학교 선생님의 자세로 아주 기초적인 부분부터 차근차근 면담과 관찰을 통해서 파악해봤다.

여기서 아주 놀라운 사실을 발견하게 되었다. 그들은 내가 아주 쉽게 지시했다고 생각했고 그들도 충분히 이해했다고 했던 지시사항을 실제로는 전혀 이해하지 못하고 있었고, 나의 이해했느냐는 질문에 이해하지 못했다고 대답하면 혹시나 혼날까봐 이해한다고 말했던 것이다. 그때부터 나의 지시방법은 완전히 달라졌다.

첫째, 가능하면 지시내용을 자세하게 글로 쓰거나 그림으로 설명한다. 둘째, 그래도 이해하기 어려워 보이면 다른 회사의 사례를 견학시키거나 전문가의 도움을 받게 해서 지시사항을 이해시킨다. 셋째, 중간중간 지시사항의 진행상황을 함께 점검하면서 필요하면 방향수정 등을 통해 좋은 성과로 유도한다.

이때 명심해야 할 점이 있다. 부하들은 지시 후 중간에 확인하지 않으면 상사가 지시한 사실을 잊었다고 생각하고 적당히 넘어가려는 경향이 있다. 우수한 부하라면 당연히 상사에게 중간보고를 하겠지만, 역시 우수한 상사라면 지시사항이 원래의 취지대로 잘 진행되고 있는지 넌지시 확인해서 상사가 이미 겪어서 알고 있는 실패의 경험 즉 시행착오를 미리 제거해주는 배려가 필요하다.

또한 상사가 아주 쉽게 범하는 오류에 대해서도 한마디 하겠다. 보통 관리자들은 능력이 좋아서 맡은 업무를 일찍 끝낸 직원에게 업무처리가 늦은 직원을 도와주라고 지시하는데, 이런 지시는 능력이 우수한 직원에게 상이 아니라 벌을 주는 행위가 된다. 우수한 직원에게 그에 상응하는 월급 인상이나 인센티브 등의 상을 주고 있다면 괜찮겠지만, 그렇지 않다면 똑같은 월급을 주면서 능력이 있다는 이유로 일만 더 많이 시키는 결과가 되기 때문이다. 오히려 능력이 떨어지는 직원에게는 밤을 새워서라도 능력이 좋은 직원이 오늘 해낸 업무량 정도는 끝까지 완수하고 퇴근할 것을 지시해야 한다. 그래야 그 직원도 나름대로 살 길을 찾기 위한 즉, 업무속도를 빠르게 할 방법을 찾게 될 것이고 그렇게 일하는 습관이 그를 구해줄 것이다.

나의 판단기준

나는 회사에서 업무와 관련된 모든 것을 판단할 때 가장 기본이 되는 두 가지 기준에 따르려고 노력한다. 첫째, 내가, 우리가 하고자 하는 것이 국가를 위해 도움이 되는 일인가? 둘째, 내가, 우리가 하고자 하는 것이 회사를 위해 도움이 되는 일인가? 당연히 우선순위는 국가–회사–나의 순서다. 또한 도움이 된다는 의미는 정상적인 상황, 정당한 방법이라는 조건이 붙는다. 나에게 도움이 되더라도 회사에 도움이 되지 않는다면 회사에서 월급을 받는 직장인으로서 양심에 어긋나는 일이기 때문이다. 물론 회사에 도움이 되더라도 국가에 도움이 되지 않는다면 대개는 불법이거나 부정한 경우이기 때문에 당연히 해서는 안 되는 일이다.

누가 뭐라고 해도 나의 판단기준은 첫째가 국가의 이익, 둘째가 회사의 이익이다. 지금의 젊은 세대에게 권하고 싶은 것이 있다. 젊은이들이 그들의 자식 세대에게 진정으로 어떤 세상을 남겨주고 싶은가 곰곰이 생각해보라는 것이다. 혹시 지금의 행동을 동영상으로 찍어서 나중에 자식들에게 보여주었을 때 창피할 것 같다는 생각이 드는 행동을 하고 있지는 않은가?

지금부터라도 국가나 국민의 이익을 위해 무엇을 할 수 있는지 각자의 자리에서 고민하고 행동으로 옮기자. 그것이 갈등을 해결하는 최선의 방법이라고 본다. 직장에서도 회의시간에 의견조율이 잘 안 되거나 업무를 서로 떠넘기거나 책임을 미루는 현상이 발견될 때마다 나는 그들에게 꼭 물어본다. "지금 하고자 하는 일이 국가적으로 도움이 됩니까? 회사에도 도움이 됩니까?" 만약 둘 다 그렇다는 대답이 나온다면 지금 다투는 사람들은 자신의 입장에서만 생각하는, 자신의 개인적인 이유로 반대하는 사람이기 때문에 반대하는 명분을 잃게 된다. 결국 계속 반대할 명분이 없어지게 되는 것이다.

PART

4

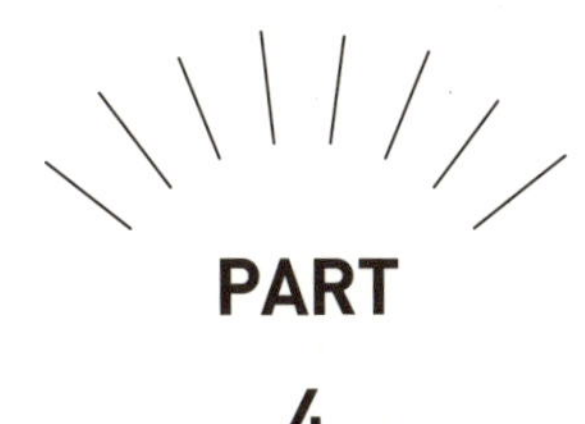

오래 가는 직장인

학벌, 스펙, 배경을 초월하는

신뢰성, 준비성, 정치력

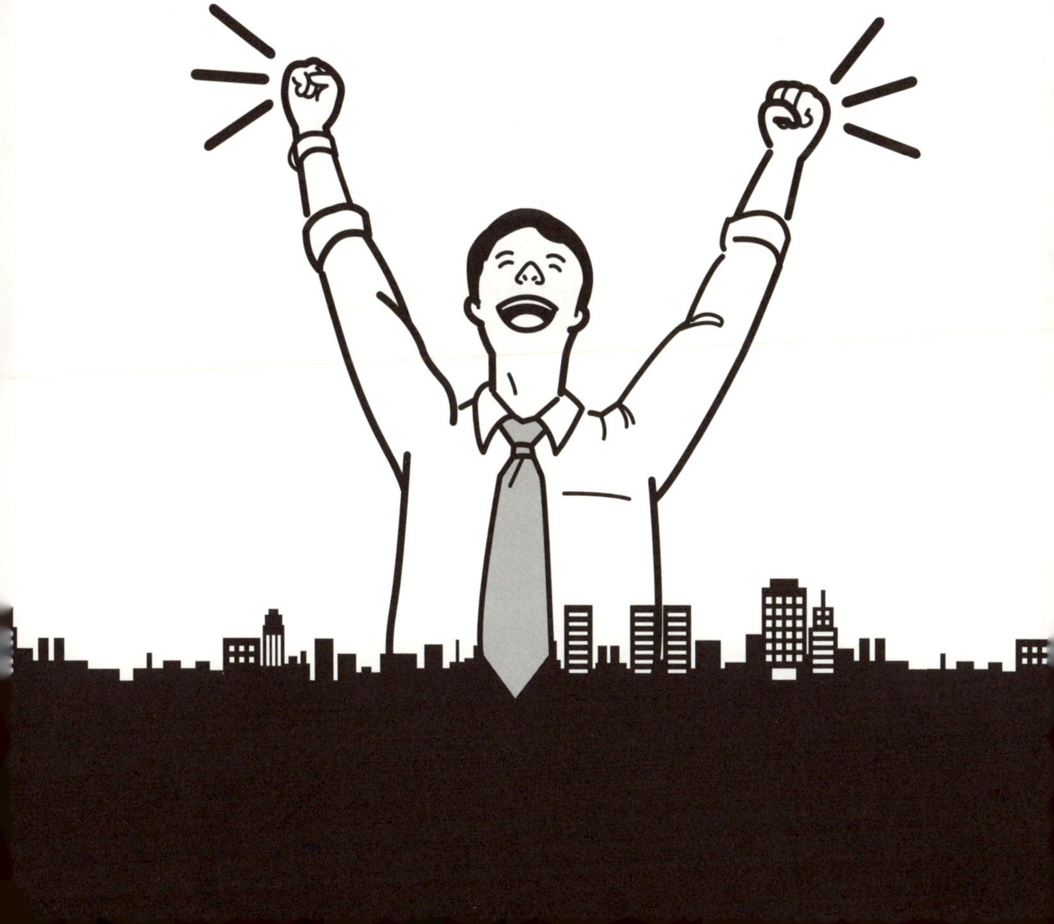

남들과 나를 비교하지 말자.
나의 경쟁 상대는 나라는 생각으로
나와의 약속을 철저히 지키고,
내가 세운 기준대로 내 나름의 길을 가면
그렇게 해서 나를 이기면
그것이 진정한 승리가 아닐까.

나와의 싸움에서 이길 때의 기쁨은
이겨본 사람만이 알 수 있다.

10장 능력 있는 관리자
부하가 조직에서 가장 신뢰하는 사람

직원은, 특히 월급쟁이는 아무리 애사심이 강하고 업무에 대한 열정이 크다 하더라도 퇴근시간 무렵이면 몸도 마음도 지치기 마련이다. 다행히 하루의 일과를 만족스럽게 마무리했다면 모를까 업무가 생각대로 되지 않았거나 상사에게 꾸지람이라도 들었다면 그 피로도와 어깨처짐은 미루어 짐작이 간다. 성격이 들장미 소녀 캔디와 같아서 외로워도 슬퍼도 기죽지 않고 씩씩하게 행동하면 좋겠지만 자기도 모르게 힘든 상황이 표정으로 나타나는 건 어쩔 수 없을 것이다.

이때 관리자의 역할이 중요하다. 일찍 퇴근할 것을 권하면서 오늘 하루 정말로 수고 많았다고 집에 가서 푹 쉬고 밝은 마음으로 내일 보자고 따뜻한 말 한마디 건네는 게 어떨까? 지위가 높아질수록 입은 닫고, 귀와 지갑은 팍팍 열어야 한다고 귀가 닳도록 듣고 있지만 현실에서는 정말로 실천하기 어려운 것이 립 서비스, 즉 말로 하는 베풂이 아닐까 한다. 처음에는 정말 어색하겠지만 3일만 해보면 금방 습관이 되고 적어도 퇴근하는 직원이 순간이나마 활짝 웃게 만들 수 있는 묘약이 바로 퇴근할 때 상사가 해주는 수고했다는 말이다.

내가 근무했던 직장의 어느 고위층의 실화를 소개할까 한다. 그분은 평생 직장생활을 하시면서 거의 칭찬이라는 것을 해본 적이 없다고 본인이 인정할 정도로 칭찬에 인색했다. 처음 그분과 함께 일을 하면서 옆에서 지켜보니 3시간짜리 회의 중 거의 2시간 반 정도는 오로지 잘못을 꾸짖고 책망하는 것으로 일관했다. 그 모습을 보고 있자니 솔직히 앞날이 캄캄해서 대책을 찾기 시작했다. 어느 날 회의가 끝나고 회식자리에서 기분 좋게 취하신 것 같아 건의사항을 꺼내놓았다. 짧은 기간이지만 그동안 옆에서 지켜보니 너무 칭찬에 인색하신 것 같다고, 그러니 앞으로는 회의나 회식이 있을 때면 무조건 3명 이상을 칭찬해야만 회의나 회식이 마무리되는 것으로 기준을 정하자고 제안했더니 술에 취해서 그런지 흔쾌히 승낙하셨고 옆의 다른 임원들을 불러 증인도 세웠다. 그날 이후 회의나 회식이 있을 때면 무조건 그분이 3명 이상에 대해 칭찬해야만 끝날 수 있도록 강제적으로 밀어붙였다. 처음에는 꽤나 힘들었는지 안 하겠다며 화를 내기도 했지만 지금은 아주 자연스럽게 칭찬을 건넨다. 덕분에 회의 분위기도 많이 밝아졌고 자유롭게 의견을 내고 토론하는 방식으로 진화할 수 있었다.

여기서 아주 중요한 것을 말하고 싶다. 반드시 수고했다는 말을 해줘야 하는 직원은 업무와 관련하여 꾸지람을 받았던 직원이다. 적어도 그날 업무와 관련하여 꾸지람을 들었더라도 퇴근할 때는 감정적으로 정리될 수 있도록 배려해야 한다. 업무와 관련하여 야단치긴 했지만 그것이 개인감정과는 무관하다는 표현이 필요한데, 퇴근하는 직원에게 진정성 있는 얼굴로 수고했다고 말해주는 것이 가장 적당한 표현의 예라고 생각한다. 물론 퇴근할 때는 자신에게도 수고했다고 한마디 해주는 센스가 관리자에게는 꼭 필요하다.

부하를 동생과 다르게 대하면
그들도 눈치챈다

직장에서도 학연, 지연 등을 중요시하는 사람들을 많이 본다. 누구는 고등학교 후배니까 누구는 대학교 선배니까 하는 식으로 알게 모르게 승진승급 시에 영향력을 행사하고 편의를 봐주는 등의 행태가 나쁘다고 말하면서도, 실제로는 실력과 능력보다 우선시하는 경우를 종종 본다. 또 같은 지역, 같은 학교, 같은 회사 출신이라는 이유로 무조건 잘 대해주고 이익을 주려고 노력하는 경우도 많이 보았다. 과연 이전에 몇 년 같은 학교에 있던 선후배가 또는 얼굴도 모르지만 같은 지역 출신이라는 이유가 10년, 20년 같은 직장에서 생사고락을 함께한 직장 선후배보다 더 잘 해줘야 할 만한 것인지 한번쯤 생각해볼 필요가 있지 않을까.

특히 내 경험으로는 학연, 지연을 따지는 사람일수록 오히려 남들에게 학연, 지연을 챙긴다고 이의를 제기하고 따지는 경우가 더 많더라. 학연, 지연, 혈연 등을 빌미로 누군가에게 특혜가 주어진다면 결국 그로 인해 누군가는 당연히 누렸을 기회를 갖지 못하는 피해를 입는다는 말이 된다. 그리고 학연, 지연 등을 많이 이용하는 사람들일수록 남들을 공격할 때 학연, 지연을 활용하여 업무를 불공평하게 진행한다는 식으로 호도한다. 내가 아무리 공평하게 업무를 처리해도 그들은 나도 그들과 같다는 편견으로 어떤 식으로든 꼬투리를 잡으려고 계속 공격하곤 한다. 나도 그런 식으로 많이 공격당했었다. 그래서 괜한 구설수에 오르지 않으려고 전 직장생활 24년 동안 내 후배를 뽑아본 적이 없다. 또 친동생이 항상 하던 불평 중 하나가 직장후배보다 친동생인 자기에게 더 소홀하다는 것이었다. 나는 현재에 충실한 사람이기 때문에 현재 내가 속해 있는 조직을 위해 항상 최선을 다해야 한다고 생각한다. 이때 가장 중요한 것은, 아니 나에게 가장 중요한 사람들은 바로 이 순간 나와 함께 일하고 있는 동료들이다. 학연, 지연, 혈연을 먼저 생각하면 당연히 동료들도 알게 되고. 동생을 대하는 것과 다르면 당연히 그들도 알게 된다는 점을 항상 명심해야 한다.

직장에서의 업무를 통한 토론과 충돌, 타협을 통해 생긴 전우애가 학연, 지연보다 더 대단하다는 사실을 잊지 말자. 직장 동료들이야말로 당신의 운명을 함께 개척하고 있는 소중한 사람들이라고 생각하면 항상 그들을 고맙게 생각하게 될 것이고, 자연스럽게 차별 없이 대하게 될 것이다.

변명하지 마라

조직생활을 하다 보면 나 또는 우리 부서의 잘잘못과 관계없이 화가 난 사람을 상대해야 할 때가 종종 있다. 이럴 때 꼭 기억해야 하는 것이 바로 변명하지 말라는 것이다. 특히 나 또는 우리 부서의 잘못이 있을 때, 고객이나 상사 또는 부하에게 절대로 변명하면 안 된다. 여기서 변명의 의미는 상황을 설명하는 것까지 포함된다. 화가 난 고객님이나 상사, 부하는 흥분 상태이기 때문에 아무리 좋은 말로 설명하려 해도 변명으로 받아들일 수밖에 없다. 문제가 발생되었기 때문에 일어난 상황이므로 일단은 쿨 하게 사과부터 하자. 나라도 그 상황이면 화가 날 수밖에 없었을 것이라고 맞장구치고 어느 정도 화가 누그러질 때까지 차라도 한잔 대접하면서 얘기를 들어주다 보면 고객의 흥분도 점점 안정이 된다. 그럼 그때부터 화가 난 원인에 대해 차근차근 다시 한 번 사과하면 오히려 상대방이 미안한 마음을 갖게 될 수도 있다. 만약 상대가 오해로 인해서 화를 냈었고, 그 상황에서 아무 잘못도 없는 내가 오히려 미안하다고 사과했다는 것을 나중에라도 알게 되면 다음번부터는 함부로 화부터 내지 않는다는 이점도 생긴다.

고객이나 상사의 경우라면 누구나 어느 정도는 대응 방법, 즉 공손해야 한다는 것을 알고 있다. 그러면 부하의 경우는 어떨까? 부하도 분명히 화가 나

 오래 가는 직장인

고 흥분할 때가 있다. 이럴 때 지위를 이용해서 눌러버리는 상사가 대부분일 텐데 여기서 한번 생각해볼 필요가 있다. 만약 당신이 화가 난 부하에게 당신의 잘못을 인정하고 쿨 하게 사과할 수 있다면, 그리고 이런 일을 계기로 부하와 자연스럽게 진솔한 대화를 나눌 수 있다면 당신은 충성스런 부하를 한 명 만들 수도 있다. 사과하는 것도 일종의 습관이라 몇 번 용기내서 하다 보면 금방 익숙해진다.

대상을 확대해보자. 나의 잘못으로 배우자나 이성친구가 화를 낸다면 역시 쿨 하게 사과하고 잘못을 인정하자. 다만 상대가 여자일 경우에는 내가 구체적으로 무엇을 잘못했는지를 꼭 말하면서 사과해야 한다. 잘못한 점이 무엇인지 모른 채 무조건 사과하다가 무엇을 잘못했느냐는 질문에 답변하지 못하면 상황이 더 악화될 수도 있으니까.

사기꾼은
남들을 믿을까요?

무학대사와 이성계가 했다는 말을 대부분 알고 있을 것이다. 하루는 이성계가 무학대사에게 "대사님은 돼지로 보입니다."라고 말하니까 무학대사가 "제 눈에는 장군님이 부처님으로 보입니다."라고 화답했다. 이성계는 일부러 무학대사를 놀리려고 한 말인데 무학대사가 오히려 자기를 부처님 같다고 하니 의아해서 그 이유를 물었다. 그때 무학대사가 그 유명한 말로 대답했다. "돼지 눈에는 모든 사람이 돼지로 보이고, 부처님 눈에는 모든 사람이 부처님으로 보입니다."

운전을 예로 들어보자. 운전을 시작하고 대략 3년 정도 지나면 그 사람의 성격에 따라 운전습관이 정착하게 되는데 대부분 평상시의 태도와 운전할 때의 태도가 달라 놀랄 때가 많다. 그래서 그 사람의 진짜 성격을 알고 싶으면 함께 배낭여행을 가보든가 아니면 그 사람이 운전하는 차를 타보라고 권하는지도 모르겠다. 특히 운전습관이 과격하고 급한 운전자는 도로 운전 중에 자기보다 느린 운전자를 보면 운전도 못하는 놈이 괜히 차를 끌고 나와서 교통체증만 유발한다고 욕하고, 자기보다 빠르면 죽으려고 환장했나, 왜 저렇게 빨리 달리는지 모르겠다고 욕한다. 여기서 빠르다, 느리다의 평가기준은 순전히 본인이다.

사기꾼을 예로 들어보자. 사기꾼의 주 업무는 수단과 방법을 안 가리고 남을 속여서 그 결과로 부정한 이득을 취하는 것이다. 이렇게 남을 속이는 데만 전력을 다하기 때문에 당연히 남들도 자기처럼 남들을 속일 것이라고 생각해서 누구도 믿지 못한다. 모든 대인관계에서도 남들에게 사기당하지 않기 위해 나름대로의 원칙이나 기준을 가지고 행동할 것이다. 반대로 사기당하는 사람들은 어떨까? 그들은 남들도 자기처럼 순수하다고 즉, 남을 속이지 않는다고 생각하기 때문에 쉽게 당하는 것이 아닐까.

지금 이 글을 읽는 분들도 자신의 평소 스타일을 뒤돌아보라고 권하고 싶다. 나는 남을 못 믿는 사기꾼 스타일에 가까운가 아니면 남을 잘 믿는 피해자 스타일에 가까운가를. 조직에서 일하는 사람이라면 그래도 사기 피해자 스타일을 권하고 싶다. 남을 못 믿는다는 것은 무의식중에라도 남보다 자신의 이익을 추구한다고 볼 수도 있으나 반대로 남을 잘 믿는다는 것은 공통의 이익 또는 남에게 피해주지 않으려는 의식이 강하다고 볼 수 있기 때문이다.

특히 지위가 높을수록 실제로 일하는 부하들의 노력이나 실적에 따라 자신의 실적도 달라지기 때문에 전적으로 부하를 신뢰하는 것이 필요하다. 부하를 믿지 못하면 불안해서 각종 안전장치, 예를 들어 책임과 권한을 세세하게 규정하거나 이중삼중의 감시체계를 만드는 등 불필요하고 복잡한 방법을 동원하지만 정작 부하들이 상사를 속이려고 마음먹으면 아무리 제도가 완벽해도 무용지물이 되는 것을 많이 보아왔다. 내 경험으로는 가장 신뢰했던 부하가

오래 가는 직장인

배신하곤 한다. 그러니 소수의 부하만을 남들도 다 알도록 신뢰했다가 배신의 쓴 잔을 마시지 말고 모든 부하들을 골고루 신뢰하는 것이 최선이다. 어차피 부하들의 잘못은 곧 나의 잘못이니까 말이다.

당신은 화나면
부하를 때릴 것 같은 사람인가요?

당신은 어떤 타입의 관리자인가? 화나면 부하를 때릴 것 같은 사람인가? 아니면 아무리 화나도 때릴 것 같지 않은 사람인가? 대표적인 두 가지 타입의 관리자에 대한 예이다. 일반적인 경영서적에서도 당연히 화내고 큰소리치는 관리자보다는 참고 웃으며 인내하는 관리자가 좋다고 하는데 현실에서 보면 애써 화를 참고 웃으면서 인내를 가지고 대하는 것이 얼마나 어려운지 관리자라면 잘 알 것이다. 세상에 내 마음대로 안 되는 것 중에 하나가 자식이라고 한다. 자식조차도 내 마음대로 안 되는데 하물며 부하직원들이 내 마음을 알아주고 잘 따라주기를 바란다면 너무 이기적이다. 그러다 보니 때로는 화를 내기도 하는데, 자꾸만 화를 내고 흥분하면 부하들과의 소통은 점점 어려워진다는 점을 잊으면 안 된다.

리더로서 역량을 발휘하려면 부하들이 스스럼없이 상사에게 업무, 비업무 무관하게 먼저 말을 걸어오게 하는 것이 최선이다. 그렇게 되려면 부하들이 어떤 말을 상사에게 해도 자기에게 불이익이 없을 것이라는 확신을 가지게 해야 하는데, 과연 자주 화내고 화나면 물불 안 가리고 때릴 것 같은 상사에게 속마음을 털어놓을 수 있을까?

그렇다고 매사 참기만 하고 웃으며 대한다면 언제부턴가 부하들은 상사를 우습게보게 된다. 이를 해결하는 가장 좋은 방법은 배려심을 가진 사후관리다. 업무, 비업무를 떠나서 진행과정에 대한 사후관리를 철저하게 하면 된다.

그래야 부하들이 상사와 대화하고 난 후에도 진행상황까지 대화를 통해 점검하고, 지속적으로 관심을 가지고 있다고 생각하게 된다.

유능한 리더는 부하의 가정생활까지도 세세하게 파악하고 있어야 한다. 부하와 대화를 시작하기 전에 가족이나 애완동물 얘기를 먼저 하면 분위기가 훨씬 부드러워지고 좀 더 진솔한 의견교환도 가능해진다. 나는 가끔 회식 후 귀가하는 부하직원의 손에 장미 한 송이를 들려주고는 옛날에 아내에게 했었던, 한쪽 무릎을 꿇고 사랑을 고백하는 프로포즈를 시도하도록 강요한다. 이렇게 과거 연애시절을 생각하고 추억을 되살릴 수만 있다면 아마 그 장미는 몇 년이 지나도 예쁘게 말려져서 잘 보이는 벽면 한쪽에 걸려 있게 될 것이다. 딸이 보면 질투하니까 주의해서 시도해보라. 딸에게 줄 장미까지 준비하거나 많은 돈을 투자한 꽃다발은 오히려 효과가 반감된다는 것도 잊으면 안 된다. 사실은 이렇게 말은 하지만 나 역시 아직 이 부분에서는 많이 부족하다고 생각한다. 같이 노력해보자.

화가 날 땐

3초만 참았다가 대응하자

──────────────── 살다 보면 특히 본인의 의사와 관계없이 만들어진 회사 같은 조직의 일원이 되면 화나거나 화나게 하는 사람이 항상 있기 마련이다. 그때마다 용수철처럼 화를 내고 언성을 높이는 방식으로 자신을 감정을 표현한다면 조직의 분위기는 엉망이 될 것이고 결과적으로 가장 힘든 건 화내는 자신일 것이다. 나이가 들수록 특히 지위가 높아질수록 화내는 것도 요령이 필요하다. 지위가 높은 사람이 화내는 것과 막 입사한 말단 직원이 화내는 것을 상상해보라. 주위에 미치는 영향의 차이는 쉽게 짐작이 갈 것이다. 그럼에도 불구하고 꼭 화를 내야 한다면 적어도 3초 정도는 속으로 심호흡을 하고

오래 가는 직장인 ┈┈┈┈┈

나서 화를 내보는 것이 어떨까?

3초가 긴 시간은 아니지만 분명하게 말할 수 있는 것은 그 3초 만으로도 화가 많이 억제된다. 당연히 화내는 목소리도 많이 작아질 것이다. 게다가 주위 사람들 모두가 당신이 대단히 화를 낼 것이라고 생각하고 있는 상황에서 화를 참고 차분하게 그러나 단호한 목소리로 당신의 현재 감정을 말한다면 훨씬 효과적으로 당신의 의도를 전달할 수 있다.

지위가 높아질수록 당신이 화를 내면 그 영향이 미치는 범위가 점점 커지고 혹시라도 화내면서 모욕적인 언사나 비속어 등의 실수를 할 가능성도 커지는 것이 당연하다. 더 안 좋은 것은 화를 자주 낼수록 화를 내는 효과는 점점 줄어들고 부하들은 당신이 화내는 그 순간만 모면하면 된다는 생각이 팽배해질 것이므로 결국 당신만 손해라는 점을 명심하자. 소나기는 누구나 맞기 싫어서 잠시 동안 옆집 처마 밑으로라도 피하면 되지만 이슬비는 피하지도 않을 뿐더러 자신도 모르게 흠뻑 젖게 된다는 진리를 항상 기억해야 한다.

부하들이 당신을 따르게 하려면 큰소리나 화내기보다는 참고 웃으면서 단호한 목소리로 당신의 의도를 반복적으로 설명하는 것이 최선이 아닐까 한다. 당신이 반복해서 강조하면 부하들도 결국은 중요하다고 생각하게 될 테고 언젠가는 따라올 것이라고 확신한다. 물론 많은 인내력이 필요하지만 말이다.

부하들 접대에
돈을 아끼지 마라

나는 항상 승진자들에게 승진턱을 낼 때는 반 달치 월급 정도는 쓰라고 조언한다. 직장인들은 당연히 조직의 일원이고, 그들이 승진했다면 당연히 조직의 다른 구성원들의 도움이 있었기 때문이다. 적어도 반 달치 월급 정도는 투자해서 동료, 부하들에게 한 턱 내는 모습을 보여주면 부하나 동료들도 승진자가 매우 고마워하고 있다는 것을 깜짝 놀라면서 느낄 수 있다. 이것을 나는 '부하를 접대한다'고 말하는데, 그 이유는 지금의 승진도 그들 덕분이지만 앞으로도 그들의 노력 여하에 따라 내 운명이 달라지기 때문이기도 하다. 즉 그들은 내가 항상 존중하고 고마워해야 하는 존재이며 공동운명체다.

그러면 상사에 대해서는 어떻게 해야 할까? 상사에게 개인적으로 밥 사고 술 사는 것은 당연히 문제가 될 수 있다. 이때는 승진자 여러 명이 얼마씩 비용을 부담해서 개인적으로 접대하기 부담스러운 상사들을 모아서 공동으로 대접하면 된다. 물론 상사에게는 고마움의 표시로 한 번만 접대하면 된다. 내가 처음 직장생활을 시작한 모 그룹에서 배운 좋은 점 중 하나는 밥과 술은 항상 상사가 사야 한다는 것이었다. 그런 생활에 익숙해지다 보니 이후에 직장을 옮겨서도 항상 부하에게 밥 사고 술 사는 것이 당연한 것이 되었고 아직도 그런 생활이 이어지고 있다.

현실적으로 돌아가서 그렇게 밥과 술을 사주다 보면 다소 경제적으로 힘들어질 수도 있겠지만 부하들도 눈치가 있어서 상사가 개인 돈으로 밥을 사는 것을 알면 항상 거창하게 비싼 것만 먹는 것이 아니기 때문에 생각보다는 부담이 적다. 지금 근무하는 회사에서의 일이다. 팀장들에게 저녁을 사겠다고 했더니 한우전문 식당을 예약했었나 보다. 20명이 넘는 팀장들이 고기를 주문하여 먹기 시작하는데 아침에 아내에게 받은 100만 원을 금방 넘어갈 것 같았다. 다행히 어떤 팀장이 적당한 선에서 주문을 중지하고 2차를 가자고 해서 더 이상 주문은 없었는데 나중에 계산해보니 대략 120만 원 정도가 나왔다.

문제는 그 다음날 발생했다. 아침에 한 팀장이 찾아와서 내 은행 계좌번호를 알려달라고 해서 이유를 묻자 어제 먹은 식대를 팀장들에게 각출해서 입금시키겠단다. 그럴 필요 없다고 앞으로도 가끔은 저녁을 사겠다고 돌려보냈지만 회사의 회식 문화에 대해 약간은 서글픈 생각이 들었다. 부하에게 밥과 술

     오래 가는 직장인

을 사주다 보면 시간이 지남에 따라 점점 승진도 하게 되고, 내가 그랬던 것처럼 부하들은 또 그들의 부하들에게 밥과 술을 사주면 되니까 직접적으로 접대해야 할 부하의 수도 점점 줄어들면서 이런 바람직한 전통이 자연스럽게 형성되는 좋은 점이 있을 텐데 말이다.

나는 직원들을 교육할 때 항상 주장한다. 적어도 아파트 두 채 값 정도인 3~5억 원은 부하들 접대에 투자해야 임원이 될 수 있다고. 요즘에는 회사에서 공식적으로 임직원들의 회식비를 지원하기도 하는데 단지 회사 돈으로만 부하들 회식을 시켜준다면, 그것을 부하들이 알게 되었을 때 당신에 대한 고마움은 많이 줄어들 것이다. 가끔은 통 크게 당신의 개인 돈으로 부하들에게 한 턱 쏠 필요가 있다. 요즘 대세는 1/n이라고 하는데 부하들과의 회식자리에서 상사가 1/n을 제안한다면 부하들은 상사와의 회식을 가능한 한 기피하게 될 것이다. 부하들은 1차 회식비라도 대신 내주는 상사라야 그나마 회식에 끼워줄 것이고, 회식자리에서까지 보기 싫은 상사를 계속 내 돈 내고 봐야 한다면 아마 회식 자체를 포기할지도 모른다. 1차가 끝나면 재빨리 식대를 계산하고 이런저런 핑계로 빨리 빠져주는 것이 좋은 상사의 기본임을 명심하자.

문제 발생 시에는
최선의 해결책에 집중하자

대부분의 상사들은 부하의 잘못으로 문제가 발생하면 큰소리로 질책하거나 책임을 추궁하곤 한다. 그런데 궁금한 것이 있다. 그렇게 야단치고 나무라면 생겼던 문제가 사라지나? 아니면 관리자나 상사는 아무런 책임을 지지 않아도 되나? 문제는 이미 발생되어 있다. 아무리 몸부림쳐도 이미 발생된 문제는 사라지지 않는다. 누구의 잘못인지 따지는 것은 피차간의 감정만 상할 뿐이지 문제해결에는 전혀 도움이 되지 않는다.

즉 문제를 발생시킨 부하직원이 이미 책임을 느끼고 반성하고 있는데 공연히 불러서 심하게 질책하면 반성하는 마음이 오히려 반항하는 마음으로 변할 수 있다는 점을 이미 부하시절을 겪은 상사들은 잘 알고 있다. 나는 문제나 사고가 발생하면 다음과 같이 진행하도록 가르친다. 가장 먼저 할 일은 현 단계에서 발생된 문제로 인한 피해를 최소화하는 방안을 강구하고 시행하는 것이다. 그다음에는 문제의 원인을 분석한다. 마지막으로 분석된 원인별로 해결책을 찾고 동일한 문제가 다시는 발생되지 않도록 하는 대책을 수립한다. 특히 문제가 발생되면 관련자들끼리 즉시 모여서 앞에서 말한 세 가지 내용에 대한 회의를 진행하고 그 결과를 보고하도록 하고 있다.

인간은 늘 실수하는 존재라고 생각한다. 물론 주의력이 부족하거나 덤벙대는 성격 등으로 남들보다 실수를 자주 하는 사람도 있지만 보통 동일한 작업을 100번 할 경우 1번 정도의 비율로 인간은 실수할 수 있다고 한다. 그렇게 자주 실수할 수밖에 없는데 실수할 때마다 그러다가는 상사는 어쩌면 하루 종일 부하 야단치는 것으로 보내야 할지도 모른다. 나는 부하가 잘못을 느끼고 있고 나름대로 책임지는 태도를 보일 경우 절대로 질책하거나 야단치지 않는다. 오히려 그들로 하여금 피해를 최소화할 수 있는 방안을 강구하고 문제의 원인을 분석하고 재발방지 대책을 수립하게 함으로써 실수를 계기로 업무에서 성장할 수 있는 기회가 되도록 배려하고 있다. 같은 실수를 반복하지 않으려는 노력이야말로 업무능력을 높이는 지름길이 되는 것은 물론 인간만이 가지고 있는 최고의 장점이니까 말이다.

이중처벌 금지

조직을 경영하다 보면 크고 작은 사건, 사고가 발생하는데 조직이 커지면 커질수록 더 많아지는 것 같다. 이번에는 사건, 사고가 발

 오래 가는 직장인

생했을 때의 처리 기준에 대해 말해보고자 한다.

　첫째, 이중처벌 금지 원칙이다. 현장에서 사고가 발생하면 우선 피해를 최소화할 수 있는 조치를 취하고 원인 조사와 병행해서 재발 방지대책을 수립하게 되는데, 이 과정에서 자연스럽게 사고의 책임 소재도 따지게 된다. 당연히 책임의 정도 및 피해금액을 감안하여 사내 인사위원회에 회부해 임원들로 구성된 인사위원들 앞에서 사고의 경위와 향후 대책 등에 대해 소명하는 시간을 갖기도 한다. 이런 일련의 진행과정에서 나는 관련되는 임직원들에게 꼭 당부하는 것이 있다. 이중처벌하지 말라는 말이다. 일단 사고가 발생하면 사고 유발자인 직원은 누구보다도 마음고생과 스트레스를 받게 된다. 다행히 사고의 내용이 경미하여 굳이 인사위원회 회부까지 갈 필요 없다고 판단되면 일단 따로 불러서 단호한 목소리로 혼내야 한다. 그리고 이후에 또 같은 종류의 사고를 유발할 경우에는 인사위원회에 회부될 것이라고 경고하고 끝낸다. 그러나 사고 내용이 심각해서 인사위원회에 회부해야 한다면 굳이 따로 불러서 야단치지는 말라는 뜻이다. 즉, 야단을 쳤으면 더 이상의 책임을 묻지 말라는 것이고, 추가적인 징계를 해야 할 상황이라면 야단치지 말라는 말이다.

　둘째, 반복 질책을 금지한다. 요즘 젊은 사람들은 기성세대의 젊은 시절과 비교할 때 참을성이 그렇게 많지 않다는 점을 생각하라는 뜻이다. 여기서 참을성이 적다는 뜻은 무모할 수도 있다는 말이다. 예를 들면, 어느 신입사원이 지각했다고 가정해보자. 이럴 때 일단 불러서 왜 지각을 했는지 묻고 다음부터는 조심해서 지각하지 말라고 말하고는 끝내야 한다. 대답하는 태도나 어이없는 이유로 변명한다고 해서 그것을 문제 삼아 재차 야단칠 경우 자칫 회사 못 다니겠다고 짐 싸서 집으로 가버릴 수도 있다. 당연히 무모한 행동이지만 요즘 젊은 사람들에게서 나타나는 일반적인 행동임을 잊으면 안 된다. 얄밉기는 하지만 젊은 시절의 객기라는 점도 인정해주어 상사로서의 인내심으로 보살피다 보면 모난 부분이 점점 깎이고 원만하게 변하는 것을 많이 보아왔다.

셋째, 진정성 있게 대화하자. 사고나 불성실한 태도 등에 대해 조언할 경우 눈을 마주하고 당신을 진심으로 걱정하고 있다는 느낌이 전달되도록 노력해야 한다. 말투가 너무 가볍다든지 심각한 얘기를 웃으면서 농담처럼 한다면 그 직원은 사고나 태도의 본질을 떠나서 모욕감을 느낄 수도 있다. 만약 상대가 모욕감을 느꼈다면 당신이 아무리 논리적이고 합리적으로 대화해도 전혀 효과가 없다는 점을 명심하자.

팀워크가
좋은 조직이란?

흔히 상하와 동료가 일사분란하게 움직여서 좋은 성과를 내는 조직을 보고 '팀워크가 좋은 조직'이라고 말하곤 한다. 그러나 팀워크가 좋다고 말하려면 몇 가지 전제조건이 필요하다. 주어진 매뉴얼이나 규정에 따라 일상적인 업무를 일사분란하게 처리하는 것만 보고 팀워크가 좋다고 하면 곤란하다. 진짜 팀워크가 좋은 조직은 미리 예측하지 못했던 심각한 문제에 봉착했을 때에도 기존의 일반적인 상황에서의 대응 매뉴얼을 응용해서 빠른 시간 내에 문제를 해결하는 것은 물론, 향후에 발생 가능성이 있는 문제를 예측하여 대비책을 세우고 미리미리 매뉴얼을 정비하는 조직이라고 생각한다.

역사적으로 보아도 평화롭고 풍요로운 시기에는 탁월한 능력의 리더가 필요 없었다. 오히려 위기가 닥치고 모든 여건이 불리한 상황에서 뛰어난 리더, 즉 영웅이 나타나 슬기롭게 난국을 헤쳐나가곤 했다. 그러나 이런 영웅들의 면면을 살펴보면 대부분 미래에 닥쳐올 위기에 착실하게 대비하고 있었다는 점을 간과해서는 안 된다. 우리의 영웅인 이순신 장군을 보더라도 미리미리 준비하고 대비하였기에 임진왜란을 승리로 이끌지 않았는가? 이순신 장군의 상징인 거북선도 임진왜란 발발 하루 전에 완성되어 왜군과의 해전에서 유용

오래 가는 직장인

하게 사용되었다고 하는데, 이런 꼼꼼한 준비와 대비가 있었기에 연전연승이 가능했다고 생각한다. 리더라면, 관리자나 임원이라면 항상 앞으로 닥쳐올 위기에 대비하여 부하들을 가르치고 매뉴얼을 정비하고 준비하는 자세가 필요하다. 비록 파도가 위험하지만 큰 파도를 탈 수 있으면 더욱더 멀리까지 전진할 수 있다는 사실이 중요하다.

재수 좋은 상사

———————— 한때 나의 별명은 '재수 좋은 상사'였다. 비록 평소에는 좀 심하게 부려먹지만 부하들 승진승급은 어느 상사보다 확실하게 시켜주었기 때문일 것이다. 사실 매년 정기승진일에 가까워지면 은근히 자신의 승진을 기대하는 사람들이 많다. 만약 다른 부서와 비교해서 승진자가 적다면 당연히 애비 잘못 만나서 손해 본다는 비난을 피할 수 없게 된다. 내가 과장일 때 뽑았던 직원과 내가 부장일 때 뽑았던 직원은 나와 함께 임원생활을 했고, 내가 임원일 때 뽑았던 직원은 내가 그 회사를 떠날 때 내 자리를 이어받았다. 그리고 또 하나 내 기억으로는 내 부하들 중 내가 승진을 시도하면서 실패한 경우는 거의 없었던 것 같다.

비결은 의외로 간단하다. 부하를 승진시킬 만한 가치가 있는 직원으로 만들면 된다. 즉 핵심인재로 만들면 이후에는 스스로의 힘으로 승진하게 된다. 어떻게 하면 공장에서 근무하는 직원을 핵심인재로 만들 수 있을까? 간단하다. 대부분 공장에서 최고경영진에게 보고되는 보고서들은 사건보고 같은 나쁜 일이거나 투자처럼 돈을 쓰자는 내용이 일반적이다. 공장에서 올리는 결재서류의 대부분이 결재자 입장에서는 기분 나쁘게 느껴질 내용들이라는 말이다. 만약 비용이나 원가절감 내용, 업무개선, 생산성 향상 등의 보고서나 기안서를 접하게 되면 당연히 담당자에 대해 관심을 가지게 될 것이고, 이런 기분 좋은 보고서나 기안서가 3회 정도 반복되면 궁금해서라도 그 직원을 따로 불러 면담도 하게 될 것이다. 고위층에게 이렇게 긍정적인 각인효과를 주면 혹시라도 내가 빼먹고 승진 신청을 하지 못했어도 사장님이 먼저 챙기게 될 것이다. 그래도 안 될 때 내가 쓰던 방법은 나의 승진과 부하 3명의 승진을 교환하는 것이었다. 나의 승진을 1년만 미루면 내 부하 3명을 금년에 승진시킬 수 있으니 한 번 시도해보라고 권하고 싶다.

이 방법은 특히 나의 승진이 불투명할 때, 가능성이 낮을 때 사용하면 좋다. 회사 입장에서도 손해 볼 것이 없기 때문에 의외로 잘 통할 수 있다. 회사에서 관심을 가지고 진행하는 이벤트 등에서 두각을 나타내면 전 임직원들에게 좋은 인상을 줄 수도 있으니 좋은 시범케이스가 될 수 있도록 기회를 놓치지 말 것을 강조하고 싶다.

대안 없는 비판은
조직의 적

———————————— 회사나 부서와 같은 조직을 이끌다 보면 여러 부류의 임직원들을 볼 수 있다. 그중에는 남들처럼 의견을 내지는 못하고 비판에만 능한 즉, 남들이 제시한 의견의 약점이나 단점만을 찾아서 비판하는 사람들이 있다. 아무리 좋은 의견이라도 완벽할 수는 없기 때문에 관련자들이 머리를 맞대고 완벽한 아이디어나 방법으로 만들면 되겠지만 대안 없는 비판자들은 사사건건 비판거리만 찾아서 집요하게 물고 늘어진다. 현재의 우리나라 국회를 생각하면 상황을 이해하기 쉬울 것이다. 이런 상황에서 리더가 이들의 비판에 약해져서 망설이거나 의견의 실행을 멈추게 되면 오히려 비판자들은 더욱더 기세등등하게 되고 그나마 의견을 개진하던 직원들조차 입을 다물게 된다. 이런 상황을 타개하기 위해서 리더는 비판자들에게 비판 말고 더 좋은 대

오래 가는 직장인 ┄┄┄┄┄┄┄┄

안을 제시하라고 요구해야 한다.

우리의 목표는 좋은 의견을 내고 힘을 합쳐 그 의견을 실행하여 좋은 결과를 만들어내는 것이기 때문에 비판자들에게 대안이 없으면 입을 다물라고 하는 것이 최선의 방법이다. 대부분의 직원들은 순한 양 같아서 대세의 흐름에 따르게 되는데 리더의 강력한 카리스마가 발휘될 때 그들은 순한 양처럼 리더를 따르게 된다. 또 다른 방법은 비판자가 도출된 의견, 즉 비판자가 비판했던 의견의 실행을 맡기는 것이다. 공개적으로 비판자에게 임무를 부여하고 결과에 대한 평가도 공개적으로 하겠다고 팀원 전체 앞에서 선언한다. 이 경우 비판자에게서 말썽쟁이에게 반장을 맡겼을 때 모범생으로 변신하는 효과를 기대할 수도 있고 아니면 비판자는 단지 비판만 할 뿐 업무를 실행할 능력이 없다는 것을 증명하는 계기가 될 수도 있다. 리더로서는 전혀 손해 볼 것 없는 작전이다.

어차피 그 비판자 역시 회사를 위해서 일해야 한다는 명분에는 동의할 수밖에 없을 테니까 오히려 리더가 낮은 자세로 비판자에게 도움을 구하고 나름대로 성과를 낼 수 있도록 도와준다면 오히려 리더와 비판자 모두에게 도움이 될 수도 있다. 보통 비판자들은 남들에게 자신의 존재를 인정받고 싶어 하기 때문에 비록 자신의 고유 의견을 내지는 못하지만 남들의 의견에 딴죽을 걸면서 자신의 존재를 나타내려는 경향이 있다. 이럴 때 공개적으로 리더가 비판자에게 도움을 요청하는 것만으로도 그들의 욕구를 어느 정도 채워주는 효과가 있다고 생각한다.

직장인의
세 가지 유형

전에 어떤 강의에서 들었던 기억이 있어서 부하들을 세 가지 유형으로 구분해서 설명하고자 한다. 각 유형별로 관리자들이 부하의 지도육성에 참고하길 바란다.

첫째, 머리형(지식형). 이 유형은 사실을 중시하고 이성적이며 지식과 정보를 중요시한다. 먼저 생각하고 계획을 세운 후 확인까지 한 다음에야 실행에 옮긴다. 머리를 뜨겁게 할 때, 즉 문제가 발생될 때 동기유발이 되며 사고방식은 '되면 한다'이다. 새로운 지식과 정보에 관심이 많아서 주로 알려달라는 말을 잘 쓴다. 말투의 특징은 상대편 말을 자르는 것이며, 주로 몸 쓰는 일이나 사람 만나는 일에서 방전이 잘 되고 잠자기나 사색하기, 아니면 혼자 내버려 두면 오히려 충전되는 타입이다. 잠자리의 특징은 침대 양끝에서 서로 등을 보이며 잔다. 상당수의 남자들이 이 유형에 해당한다.

둘째, 가슴형(감성형). 주로 여자들이 이 유형에 많이 해당한다. 이 유형은 분위기를 좋아하고 감성적이며 감정과 관계를 중시한다. 분위기에 많이 좌우되기 때문에 타 유형에 해당되는 사람들의 입장에서는 답답하다고 느낄 수도 있다. 이런 유형의 동기유발을 위해서는 먼저 분위기를 만들어주어야 하며 느낌(feel)이 오면 엄청난 추진력을 발휘하기도 한다. 즉 가슴을 뜨겁게 해주면 동기유발이 된다. 업무진행도 분위기에 많은 영향을 받기 때문에 일방적인 지시보다는 분위기 조성이 더 효율적이다. 주로 사용하는 말은 '알아줘'로 단순히 이야기를 들어주는 것만으로도 효과가 있다. 대화의 특징은 주로 논리나 근거에 의존하기보다 반복적으로 요구하는 조르기를 잘한다. 혼자 있거나 몰아붙일 때 많이 힘들어하며 수다 떨기나 외출을 통해 활력을 불어넣을 수 있다. 잠자리의 특징은 가운데서 서로 얽혀서 잔다.

셋째, 배형(배짱형). 남자들 중에서 주로 다혈질적인 사람들이 이 유형에 많

오래 가는 직장인

이 해당된다. 이 유형의 특징은 먹는 것을 좋아하고 도덕적 관념이 강하며 자신은 물론 상대방의 바른 태도나 예절을 중시한다. 의리파가 많다. 먼저 실행하고 나서 확인하고 그 후 생각하는 스타일이다. 이런 유형은 상황, 특히 태도나 예절 면에서 도덕적으로 문제가 있다고 판단될 때 활성화되고 동기유발이 된다. 배가 뜨거운 타입이기 때문에 배짱이 좋다. 주로 사용하는 말은 '하면 된다'로 안 된다는 말을 싫어하는 경향이 있다. 부하나 남들을 잘 믿기 때문에 상대에 대해서도 알아서 하라고 주문할 때가 많으며 대화 중에는 상대의 말을 누르는 경향이 강하다. 머리 쓰는 일 또는 복잡한 일을 주면 방전되기 쉬우며 잘 먹여주거나 충분히 화낼 수 있게 해주면 의외로 충전되고 활력이 넘치게 된다. 잠자리의 특징은 혼자 침대 가운데에서 큰 대 자로 자고 다른 사람은 방바닥이나 다른 방에서 자는 모습이 일반적이다.

부하(직장인)의 유형을 소개하는 것은 유형에 따라서 대응하는 방법을 달리해야 하기 때문이다. 머리형에게 몸 쓰는 일을 시키거나 배형에게 머리 쓰는 일을, 가슴형에게 무조건 해내라고 몰아붙인다면 그 결과는 실패일 것이 뻔하다. 이제는 관리도 과학적인 근거와 논리를 가지고 해야 한다는 말이다. 이제 당신 주위의 상사와 동료 그리고 후배의 유형을 파악해보고 위에서 언급한 내용을 참고로 응대해보라. 분명히 좋은 효과가 나타날 것이다.

세대차이 극복은
이해보다는 인정

———————————— 가정이나 직장에서 늘 부딪치는 문제 중 하나가 세대차이에 따른 갈등이다. 우리나라는 유난히 갈등이 많아서 갈등에 따른 국가적 손실비용이 300조 원이 넘는다고 하는데 국민의 한 사람으로서 뭔가 조금이라도 갈등해결에 기여하고 싶은 마음이 간절하다. 이미 한 세대(30년) 이상을

먼저 살아온 기성세대와 아직 미래세상을 살아보지 못한 어린세대 사이에는 경험의 유무에 따른 생각과 행동에 많은 괴리가 있다는 것은 누구나 상식으로 알고 있다. 게다가 세월의 속도는 나이의 제곱에 비례한다고 한다. 즉 20세의 세월의 속도는 20의 제곱인 시속 400㎞이고 50세의 세월의 속도는 50의 제곱인 2500㎞인 것이다. 아버지의 세월의 속도가 아들보다 6배 정도 빠르다는 뜻이다. 그러니 젊은 아들에게 1년은 긴 시간으로 느껴지겠지만 장년인 아버지가 느끼기에는 불과 2개월밖에 안 된다. 그러므로 아버지는 자신의 경험을 근거로 자식이나 후배들이 시행착오로 시간을 낭비하지 않고 목표를 달성할 수 있도록 노파심에서 계속 걱정과 조언을 하는 것이고, 젊은 아들의 입장에서는 아직도 시간이 많이 남아있으니 그냥 내버려 두어도 때가 되면 알아서 할 테니 잔소리 좀 그만 해달라는 것이다.

이것이 갈등의 본질이다. 상식적으로는 이미 젊은 세대를 경험한 아버지가 당연히 아들세대를 이해해야 하는데, 그래야 된다는 것을 알면서도 기성세대의 입장에서 젊은 세대를 이해한다는 것이 여간 어려운 일이 아니다. 나 역시 머리로는 이해해야 한다고 생각하지만 현실에서는 매우 어렵다. 그래서 생각해낸 방법이 억지로 어렵게 이해하려 할 것이 아니라 '그 세대는 원래 그렇다'라고 인정하는 것이었다.

내가 아는 지인 중 한 사람의 사례다. 중학교에 입학하더니 초등학생 시절에는 그렇게 모범생이었던 아들이 변하기 시작했다는 것이다. 머리에 물을 들이고 공부도 안 하는 것 같고 옷도 영 마음에 안 들게 입고 다니는 걸 그냥 보다가 참다못해 아빠가 잔소리를 했단다. 그랬더니 이 녀석이 정색하면서 뭐가 문제냐고 대들기까지 했다는 것이다. 같이 소주 한잔하는데 자식 하나 있는 것이 다 망가졌다고 장탄식이다. 그래서 이렇게 조언해주었다. 아들 몰래 아침에 아들 학교 교문 근처에 숨어서 다른 학생들의 상태는 어떤지 조사해봐. 다른 학생들과 비교해서 평균치보다 상태가 좋으면 그냥 쿨 하게 현재의 아

오래 가는 직장인

들 상태를 당연하다고 인정해주라고. 그리고 아들에게 "넌 옷이 그게 뭐냐?"고 시비조로 말하는 대신에 "아들, 요즘엔 어떤 스타일의 옷이 유행이야? 아들, 요즘엔 주로 뭐하고 놀아?" 하고 아들의 문화와 코드를 맞추는 시도를 해보라고 말이다.

얼마 뒤에 그분을 만났는데 매우 행복해하셨다. 학교 앞에서 몰래 관찰해본 결과 당신의 아들은 양호한 편이었다고 한다. 그날 저녁에 아들에게 고맙다고 했더니 아들이 어리둥절해하더란다. 세대차이 극복은 잔소리가 아니라 젊은 사람들의 행태를 일단 인정해주고, 내 생각을 말하기보다는 그들의 생각을 들어주는 것에서부터 시작된다. 나도 집에서 아들에게 가끔 혼이 난다. 무의식적인 내 행동에 대해 아들은 "아버지, 여기는 회사가 아닙니다. 그리고 엄마나 제가 아버지의 부하직원은 아닙니다. 그렇게 말씀하시면 곤란합니다."라고 말해서 나의 말문을 막는다. 35년 직장생활에서 생긴 나의 말투를 아들이 날카롭게 꼬집어줄 때 한편으로는 아들이 고맙고 대견하다. 이렇게 계속 아들과 대화하다 보면 언젠가는 세대차이를 완전히 극복할 수도 있지 않을까 기대한다.

선물

──────────────── 내가 처음 사회생활을 시작했던 대기업 모 그룹은 좋은 기업문화가 많았다. 그중 하나가 명절에 상사가 부하에게 선물하는 것이었다. 반대로 부하가 상사에게 선물하는 것은 금지되어 있었다. 그 당시에는 잘 몰랐지만 회사 차원에서 상사에 대한 선물을 금지해준 덕분에 자연스럽게 습관처럼 인식되었고, 이후 다른 회사에 근무하면서도 상사에게 선물을 했던 기억은 거의 없는 것 같다. 그러나 부하들에게는 명절에 꼬박꼬박 한 번도 거르지 않고 선물을 해오고 있다. 부하들의 숫자가 적었던 품질관리 과장 시절

에는 큰 부담 없이 선물을 줄 수 있었다. 그런데 지위가 올라가고 부하의 숫자가 많아지기 시작하자 어쩔 수 없이 직속 부하로 한정하여 선물을 주고 있는데 나에게 선물을 받지 못하는 직원들에게는 내게 선물을 받는 관리자들이 선물하기를 권하고 있다.

그런데 선물, 특히 아랫사람에게 선물하다 보면 '주는 맛'이 쏠쏠하고 제법 사람을 기쁘게 한다. 간간히 해외 전시회 출장이라도 가게 되면 판촉물 하나라도 더 확보해서 귀국 후에 직원들에게 나누어줄 때 기뻐할 모습을 상상하기도 한다. 지금은 선물을 주는 것이 연례행사가 되었다. 매번 명절이 다가오면 당연하게 집사람과 함께 어떤 선물을 줄지 고민하면서 선물을 고르는 것이 하나의 즐거움이 되었다.

오래 가는 직장인

11장 경영자 마인드
최고경영자를 이미지 트레이닝 하라

'모든 책임은 내가 진다.' 2차 세계대전을 종결시키기 위해 일본 히로시마, 나가사키에 두 번의 원자폭탄 투하를 결정한 미국 대통령의 책상 위에 붙어 있었다는 문구다. 원자폭탄 투하로 인해 수만의 인명이 살상될 것을 뻔히 알고 있는 상황에서 누군들 쉽게 원자폭탄을 투하할 수 있었겠는가. 사실 이런 상황이 리더가 꼭 필요한 경우다. 원자폭탄 투하로 인해 수만 명의 사망자가 발생할 것을 알고 있지만 그렇게 하는 것이 전쟁을 계속하여 더 많은 인명을 희생시키는 것을 막을 수 있는 유일한 방법이라고 판단했던 것 같다. 다행히 원자폭탄 투하로 일본은 무조건 항복을 했고 전쟁은 끝났다.

이렇게 리더는 위기가 닥쳤을 때 진가를 발휘한다고 생각한다. 상식적으로 판단할 수 있는 것을 위해 지도자가 필요한 것이 아니라 상식으로는 판단이 불가능한 상황에서 리더가 필요한 것이다. 이순신 장군은 임진왜란이라는 전쟁이 있었기에 그 존재가 빛났던 것이 아닐까? '일이 잘 풀리면 창밖을 보고 잘 풀리지 않을 때는 거울을 보라'는 말도 있다. 일이 잘 풀릴 때는 창밖에서 놀고 있는 아이들, 즉 직원들이 잘해서 좋은 결과가 나왔다고 그 공을 부하들에게로 돌리고, 일이 잘 풀리지 않아 나쁜 결과가 나왔을 때는 거울 속의 나를 보면서 잘못을 반성하고 책임을 지라는 뜻일 것이다.

좋은 의도를 가지고 나름대로 궁리하고 예측하고 진행한 일의 결과가 예상과 다르게 나쁘게 나타나고, 경우에 따라서는 회사에 손실을 끼치는 경우도 종종 있다. 이런 상황이라면 책임을 묻거나 징계해서는 안 된다고 생각한다. 만일 반드시 누군가가 책임져야 한다면 당연히 리더가 책임져야 한다.

어려운 일이 닥쳐서 모두가 두려워하고 있을 때 리더가 당당하게 앞에 나서서 결단을 내리고, 앞장서서 실행하고 이후의 모든 책임은 내가 지겠다고 많은 부하들에게 공개적으로 선언한다면 망설이는 부하는 없을 것이다. 리더의 지시에 따라 부하가 업무를 수행했다면 고의적인 사고가 아닌 한 부하에게 업무 처리에 관하여 권한을 위임한 것이기 때문에 모든 책임은 리더가 지는 것이 당연하다. 이런 책임지는 리더의 모습은 대표적인 솔선수범의 예이기도 하다.

이것 또한 지나가리라

이스라엘의 다윗 왕 때의 일이었다고 한다. 다윗과 골리앗의 그 다윗 왕이다. 계속되는 이민족과의 전쟁에서 연전연승하고 이스라엘 왕국의 전성기를 누리고 있을 때 다윗 왕은 금 세공인을 불러서 전성기인 지금을 기념할 수 있는 반지를 만들라고 했다. 그리고 그 반지에 모든 일이 잘 풀리고 문제가 없는 지금은 물론 아주 어려운 상황에서도 꿈과 희망을 가질 수 있는 문구를 새겨 넣으라고 지시했다. 금 세공인은 반지는 만들었지만 왕이 요구하는 문구는 아무리 생각해도 만들 수가 없어 고민 끝에 총명하기로 소문이 나있던 다윗 왕의 아들 솔로몬 왕자에게 부탁했고 솔로몬 왕자는

오래 가는 직장인

'이것 또한 지나가리라'라는 문구를 알려줬다고 한다. 지금 잘 나가고 있다면 앞으로는 틀림없이 고난이 닥칠 거라는 생각으로 미리미리 겸손한 마음으로 대비하고, 지금이 가장 힘들고 괴롭다고 생각되면 이제부터는 더 이상 힘들고 괴로울 일이 없을 거라고 생각한다면 앞으로는 희망적일 수 있다는 진리를 우리는 자주 잊고 사는 것 같다.

전에 어떤 책에서 봤던 미국에서 영업사원으로 성공한 사람의 실화가 생각난다. 그도 남들처럼 금광을 찾기 위해 열심히 땅굴을 파고 있었다. 수년에 걸쳐 파고 또 파도 금광은 발견되지 않았고 결국은 지쳐서 다른 사람에게 싼 값에 채굴권을 넘겨버렸다. 그런데 채굴권을 사간 사람이 딱 5미터를 더 파고들어가자 어마어마한 양의 금맥이 발견되었던 것이다. 보통사람이었다면 좌절하거나 채굴권을 산 사람에게 매달려서 부스러기라도 얻으려고 사정했을 텐데 우리의 주인공은 자기 자신을 성공으로 이끌 중대한 결심을 하게 된다. '앞으로는 절대로 중간에서 포기하지 않는다!' 이런 자세로 영업을 시작한 그는 끝까지 포기하지 않고 될 때까지 고객을 설득하여 결국은 미국에서 최고의 영업인으로 성공했다는 얘기다. 여러분은 지금 어떤 상태인가? 최상? 최하? 아니면 이것도 저것도 아닌 어정쩡한 상태일까? 그러나 확실한 것은 이것 또한 지나간다는 것이다.

인인불인 불인인인(忍忍不忍 不忍忍忍)

———————————— 내가 아버지에게서 물려받은 가훈은 '참을 인(忍) 자가 세 개면 살인도 면한다', 즉 세 번만 참을 수 있으면 아무리 어려운 상황도 극복할 수 있다는 말이다. 그런데 직장생활을 하고 점점 지위가 올라갈수록 참아야 할 경우도 점점 더 많아진다는 것을 피부로 느낄 수 있었다. 내 말 한마디가 직원들의 운명을 바꿀 수도 있다고 생각하면 아무리 화가 나거나 답답

해도 참을 수밖에 없는 경우가 너무나 많다. 그래서 생각해낸 것이 아버지에게 물려받은 가훈의 참을 인 자를 두 배로 늘리자는 것이었다. 그것이 참을 인자가 6개가 된 이유다.

인인불인 불인인인(忍忍不忍 不忍忍忍). 참을 수 있는 것을 참는 것은 참는 것이 아니다. 참을 수 없는 것을 참는 것이 정말 참는 것이라는 의미를 부여했다. 처음 보는 사람들은 어디에서 따온 사자성어냐고 묻기도 하는데, 실제로 이런 말이 따로 있는지는 모르겠으나 나는 위에서 언급한 의미를 가지고 1990년대 후반에서 2000년대 초반에 오롯이 전에 근무하던 직장동료와 둘이서 만든 신 사자성어라고 생각하고 있다. 처음에는 참을 인 자 6개를 가지고 별 생각 없이 만들었지만 자꾸 음미할수록 진짜 옛날부터 있었던 말 같은 느낌이 들어 기분이 좋다. 항상 마음에 새기기 위해 크게 인쇄해서 우리 집 거실의 눈에 잘 띄는 곳에 걸어두었다. 처음부터 내 사무실을 방문하는 사람들에게 열심히 홍보했기 때문에 알고 있는 사람들도 꽤 많을 것이다.

지금도 신입사원 교육 때면 이렇게 말한다. "여러분이 임원이 될 수 있는 방법을 알려주겠다. 앞으로 여러분이 20년만 퇴출되지 않고 버티면 틀림없이 임원이 될 수 있다." 퇴출되지 않으려면 당연히 참는 법을 열심히 깨우쳐야 한다. 요즘처럼 말만 앞서고 비평만 하고 행동이 없는 사람이 많은 시대에 성공하려면 참고 또 참고 묵묵히 결과를 만들어내는 사람이 필요하다.

돌아가신 나의 아버지는 참 성격이 특이하셨다. 당신의 아버지 즉 할아버지가 큰집의 양자로 오면서 종손이 되셨다. 그때만 해도 자식 10명을 낳으면 5명 살리기도 어려울 정도로 유아 사망률이 높았기 때문에 이미 아버지 위로 2명의 자식을 잃었던 터라 집안 어른들의 사랑을 독차지하면서 특별히 사랑받았던 관계로 대부분의 종손이 그러하듯이 성격 자체가 지극히 자기중심적이고 이기적이었다. 그런 이유로 어렸을 때부터 아버지 성격 때문에 매우 힘든 생활을 했고, 항상 아버지 같은 사람은 되지 말자고 다짐했었고, 자연스럽

　오래 가는 직장인

게 참는 법을 배웠다. 그렇게 참다 보니 어느새 사회적으로도 꽤 높은 지위에 오르게 됐으니 지금 와서 생각하면 오늘의 나를 만든 가장 중요한 사람들 중 하나는 바로 나의 아버지가 아니었을까 한다.

참는 것도 습관이 되면 매우 쉽다. 나는 지금도 누군가가 나에게 잘못했다고 말하면 일단 무조건 미안하다고 사과하는 습관을 가지고 있다. 물론 반대로 누군가가 나에게 배려해주거나 베풀어주면 즉시 고맙다고 인사하는 습관도 가지고 있다. 상대가 누구든지 그가 화를 낸다면 분명 이유가 있을 것이고, 그 이유를 알게 될 때까지는 잠시 참고 기다린 후에 대응해도 절대 후회할 일이 생기지 않는다는 것을 나이든 사람들은 이미 경험을 통해서 알고 있다. 그러니 어렵겠지만 상사가 화를 내면 오죽하면 저렇게 화를 내실까, 부하가 짜증을 내면 내가 너무 밀어붙였나 하고 입장 바꿔 생각할 수만 있다면 직장에서의 심각한 감정문제는 많이 줄어들 것이다.

현관에서
직원들을 맞이하자

——————————— 내가 공장장이 되면서 꼭 해보고 싶었던 것 중 하나가 아침 출근시간에 현관에서 웃는 얼굴로 직원들을 맞이하고 문을 열어주는 것이었다. 즉 '아침 맞이'다. 외부출장이나 아침회의 참석 등의 특별한 경우를 빼고 일 년 내내 말이다. 드디어 용기를 내어 아침에 현관에서 직원들을 맞이하고 있다. 벌써 5년이 넘었다. 처음에는 나도 좀 쑥스럽고 직원들도 많이 어색해 했는데 이제는 습관이 되어서 그런지 자연스럽게 하루를 시작하는 행사가 되었다.

언제부턴가 아침 맞이가 없으면 어제는 왜 안 나오셨느냐는 투정도 받고 있고, 영하의 추운 날씨에는 따뜻한 커피나 음료를, 한여름 더운 날에는 시원한 것들을 슬그머니 주머니에 넣어주고 가는 분들도 생겼다. 어색하기만 하던 행사가 이제는 자연스러워졌고 큰소리로 "어서 오세요. 반갑습니다!"라고 외치며 재미있게 하루를 시작하는 작은 이벤트가 되었다. 요즘엔 '어서 오세요'와 '오늘도 안전하세요'라는 구호를 함께 외치고 있다.

아침 맞이의 좋은 점은 전 직원들의 컨디션을 살필 수 있다는 것이다. 우울해하거나 기분이 나빠 보이는 직원은 일과 중에 따로 찾아가서 혹시 집안에 무슨 일이 있는지 물어보고 힘내라고 격려하면 조금은 풀어진다. 연이은 연장근무와 업무누적으로 힘들어하는 직원들에게는 따로 찾아가 초콜릿이나 사탕을 나누어주고 힘내라고 어깨를 쳐준다. 또 너무 기분이 좋은 상태로 출근하는 직원에게는 마음을 가라앉히라고, 잘못하면 사고 난다고 주의를 주기도 한다. 분위기가 많이 가라앉은 직원의 경우에는 담당팀장에게 면담해보라고 귀띔도 한다.

아침 맞이의 또 다른 좋은 점은 전 직원들의 달라진 점을 쉽게 알 수 있다는 것이다. 머리스타일이 바뀐 직원이나 새 옷을 입고 온 직원에게는 예쁘고 잘 어울린다고 칭찬해주고 살이 빠진 직원에게는 다이어트 성공을 축하해준다. 아파 보이는 직원이 있으면 상태를 물어보고 작업배치에서 배려해주거나 필요 시 병원으로 보내서 치료받게 한다. 또 직원 개개인의 출근시간을 알 수 있기 때문에 은근히 지각을 예방할 수도 있으니 그야말로 일석삼조쯤 된다고 생각한다. 자, 오늘도 이렇게 활기찬 하루가 시작된다. 나에게는 바로 오늘이, 바로 지금이 가장 행복한 순간이다. 내 사전에 내일은 없다. 그저 오늘도 오늘에 충실할 뿐이다.

　오래 가는 직장인

존경받기보다는
두려움을 선택하라

마키아벨리의 말인 것으로 기억한다. '군주는 존경받기보다는 두려움을 선택하라.' 아무리 가족적인 분위기의 회사나 아무리 상사가 형님 같고 아버지 같은 직장이라 할지라도 업무를 추진할 때의 엄격함은 필수다. 임직원들은 업무를 하기 위해서 직장에 다닌다. 즉 업무가 최우선이란 말이다. 주어진 기한 내에 업무가 처리되지 않으면 누군가는 책임져야 되는 것이 현실이다. 그러니 너그러운 형님, 이웃집 아저씨처럼만 일하다가 일이 잘못되어 책임지게 만드는 것보다는 처음부터 업무에 관해서는 엄격한 게 낫다. 정해진 규칙, 기준에 따라 업무를 진행시키고 좋은 결과에 대해서는 아낌없는 칭찬이 필요하며, 반대로 나쁜 결과에 대해서는 냉정할 정도의 반성을 포함한 질책이 필요하다. 특히 장래가 촉망되는 직원일수록 잘못을 꾸짖을 때는 엄격하게 하여 다른 직원들에게 경각심을 주는 것은 물론 업무처리에 대한 좋은 습관을 길러주어야 한다.

다른 직원들이 볼 때 평소 상사가 아끼는 직원을 때로는 심하게 질책하는 것을 보면서 업무처리에 얼마나 집중해야 하는지를 느끼게 해야 한다. 사적인 관계에서야 얼마든지 너그럽고 챙겨주는 상사가 되어야 하겠지만 업무에 임하면 공사구분이 확실하고 공과에 대한 상벌이 정확해야 한다. 두려움을 준다는 뜻이 소리 지르고 화를 내라는 것이 아니라는 것을 여러분들도 잘 알고 있으리라 믿는다. 적어도 직원들이 자신의 업무처리 결과에 대해서 어떤 대접을 받게 될지를 정확히 알게 하라는 것이다.

지위가 높아질수록
육체적으로 여유가 있어야 한다

아무래도 직위가 낮을수록 육체적인 일, 즉 팔다리 쓰는 일이 많으며 지위가 높아질수록 머리 쓰는 일, 즉 관리업무가 많아진다. 지위가 낮을수록 실무형 전문가라면 지위가 높아질수록 일을 시키는 관리형 전문가가 되는 것이다. 국내 모 대기업에서 우수한 창의적 인재 1명이 1만 명을 먹여 살린다고 광고하는 것을 보았다. 고위직으로 올라갈수록 자리에 엉덩이를 붙이고 책도 읽고, 신문도 봐야 내 조직 또는 우리 회사의 미래를 생각하고 머릿속으로 정리도 할 수 있다. 아무리 유능한 인재라고 해도 육체적으로 여유가 없다면 생각할 시간도 없을 것이고 결국에는 체력이 고갈되고 정신적으로도 방전되어 정상적인 직장생활이 어렵다.

가끔 공장장 모임에라도 나가면 끊임없이 부하들로부터 전화가 걸려오는 사람이 있다. 결국 마음 편하게 식사 한 번 못 한다는 것인데, 공장장이 잠시도 공장을 비울 수 없다면 그 공장은 분명 문제가 많을 것이라고 생각한다. 가급적 공장의 운영을 시스템화하고 위임전결을 확실하게 실행한다면 아마 현재 그 공장장이 고민하는 문제의 반 이상은 직원들 선에서 해결될 수 있다고 본다. 즉 외근 중인 공장장에게 자꾸 직원들의 전화가 걸려오는 것은 그 공장장이 유능해서가 아니라 반대로 무능하기 때문이라고 생각한다.

임원이라면 적어도 1주일에 하루 정도는 외부업무를 해야 한다. 여기서 외부업무란 각종 업무관련 모임 참석, 견학 또는 각종 전시회 참석, 자신이 속한 업계와 관련된 교육이나 강연회 등이 포함되겠다. 임원은 항상 미래의 먹을거리를 준비하는 안목이 필요하기 때문에 같은 업계 임원들과의 활발한 교류도 필요하다. 그리고 임원이 외근으로 자리를 비우는 것은 직장에서 근무 중인 부하직원들이 그들의 재량대로 업무를 진행하게 하는 교육의 기회도 된다. 업무와 연관되는 골프도 돈이 많이 드는 주말보다 금전적으로도 저렴한 주중에

오래 가는 직장인

하는 것을 권장한다. 물론 자주하면 안 되겠지만 말이다. 팀장이라면 적어도 월 1회 정도의 외부활동은 권장하고 싶다. 동종업계의 간부들을 만난다거나 각종 전시회나 학술회의 등에 활발하게 참석하는 것이 우물 안의 개구리가 되지 않는 길이다.

내 생각에는 하루 8시간을 기준으로 일상적인 업무가 최고경영자라면 1시간 정도, 임원이라면 2시간 정도가 적당하다고 본다. 나머지 시간은 나름대로의 일정으로 면담, 상담, 공부, 정보수집 등 맡고 있는 조직의 미래를 위해 필요한 일을 하는 데 사용해야 된다. 경영자나 임원은 부하를 통해서 결과를 만들어내는 사람들이기 때문에 적어도 70~80% 정도의 업무시간은 인재를 찾고(채용), 인재를 키우고(지도육성), 부실한 사람을 정리(퇴출)하는 데 할애해야 한다. 왜냐하면 그들이 얼마나 열심히 노력하고 성과를 내느냐가 결국 나의 조직, 우리 회사의 성과를 결정하니까 말이다. 부하들이 신나서 일하게 만드는 것, 나를 중심으로 한 목소리를 낼 수 있게 하는 것, 그것이 리더의 역할이다.

하찮은 일에
목숨 걸지 않는다

여자들이 볼 때 남자들이 이해되지 않는 부분 중 하나가 하찮은 일에 목숨 거는 게 아닌가 한다. 어릴 때 '사자와 호랑이가 싸우면 누가 이길까?'라는 주제를 가지고 시도 때도 없이 끈질기게 싸우던 친구들이 생각난다. 개인적인 생각이지만 특히 우리 남자들이 내기, 도박 등 하찮은 것에서 경쟁하고 정력을 낭비하곤 한다. 또는 누가 먼저 시비를 걸었나 등으로 뜬금없이 논쟁하는 경우를 보기도 한다. 조직사회에서도 마찬가지다. 제3자의 입장에서 보면 아무것도 아닌 것 같은 일에 목숨 걸고 논쟁하고 시간을 허비하는 사람들이 의외로 많다.

예를 들어 상대방의 발언 중간에 토론의 본질과 관계없는 꼬투리를 잡아서 토론을 엉망으로 만든다든지, 발언 내용에 대한 진실 공방을 유도하여 토론이 더 이상 진행되지 않게 하거나, 발언자의 발언 내용 중 사실과 다른 점을 악착같이 찾아내어 토론 내용 전체의 정당성을 부정하는 것 등이다. 특히 발언자의 발언 내용 중 일부에 대한 집요한 진실 공방으로 결국 거짓임을 밝혀낼 경우 이후 두 사람의 관계는 감정의 골이 깊어져서 최악의 상태가 되는 일도 흔하다. 이런 상황에 대한 나의 입장은 '하찮은 일에 목숨 걸지 않는다'이다. 내 좌우명이기도 한데, 자신의 필생의 목표, 비전에 중대한 영향을 주는 것이 아니라면 한 번쯤 웃으면서 양보하자는 것이다. 당장은 나에게 손해가 되는 것 같지만 내가 양보하면 상대는 조금이라도 고마운 마음을 가지기 때문에 언젠가는 나에게 도움을 줄 수도 있다. 비록 상대의 말 중 잘못된 부분이 있어도 여러 사람들 앞에서 공개적으로 망신을 주지 말고 따로 적당한 기회에 일깨워주면 된다. 특히 상사가 틀린 말이나 지시를 할 경우 그 자리에서 틀린 점을 지적하거나 부당함을 강조하지 말고 일단 물러났다가 다소간의 시간이 흐른 뒤에 정확한 논리와 근거를 가지고 조심스럽게 의견을 제시하면 의외로 쉽게 문제가 해결되기도 한다.

또한 상호 간의 이해가 걸려 있는 경우에 리더로서 통 크게 양보하고 참는 미덕을 상대방이나 부하들에게 자주 보여주면 자기희생과 솔선수범하는 모습을 강조할 수도 있고, 목표와 비전을 공유하는 직원들을 많이 육성할 수 있어서 장기적으로 조직에도 큰 도움이 된다. 나는 어떤 상황이 닥치면 항상 이 상황이 내 목표와 연관하여 목숨 걸 정도로 큰일이면 최선을 다해서 대응하되, 대수롭지 않은 일이라고 판단되면 양보하고 져준다. 어떤 상황일지라도 내가 70~80만큼 더 일하거나 양보할 테니 당신은 20~30만큼만 양보하거나 일할 수 있겠느냐고 제안하면 대부분 거절하지 못할 것이다. 이런 업무태도는 훗날 상대방에게서도 통 큰 양보를 얻어내는 보장성 보험이 되기도 한다.

   오래 가는 직장인

큰일을 위해서는
다소 비굴해질 수도 있다

—————————— '하찮은 일에 목숨 걸지 않는다'가 주로 회사 내의 업무와 연관된 나의 좌우명이라면 대관업무 등 회사 밖의 업무와 연관된 좌우명은 '큰일을 위해서는 다소 비굴해질 수도 있다'이다. 여기서 말하는 큰일이라 함은 내가 속한 조직의 목표 또는 나의 필생의 목표와 관련되는 일을 말한다. 누구나, 어느 조직이나 나름대로의 목표와 비전이 있다. 당연히 이런 목표와 비전을 달성하기 위해서는 수많은 난관과 위기를 극복해야 하고, 이 과정에서 자존심을 버리고 치사함과 아니꼬움을 참아야 하는 상황도 겪기 마련이다. 특히 요즘처럼 '갑질'이 만연한 사회에서 '을'의 입장에서 일하는 경우에는 더더욱 견디기 힘든 모욕과 부당한 처사를 당하기 일쑤다. 만약 이런 어려움을 극복해야만 조직이나 나의 큰 목표와 비전을 달성할 수 있다면 다소 비굴하게 아부 또는 입에 발린 립 서비스를 하는 것은 어찌 보면 당연한 것이 아닐까 한다. 나 하나만 참고 견뎌서 조직이나 나의 큰 목표나 비전이 달성될 수 있다면 얼마든지 다소간 비굴해 보일 수 있는 행동도 감내할 수 있지 않을까?

한나라의 유방을 도와서 항우를 물리치고 천하를 통일했던 한신의 고사를 생각해보자. 한신이 자신을 알아주는 주인을 찾지 못하고 방황할 때 저잣거리에서 깡패들과 시비가 붙었다. 이때 깡패들이 자신들의 바짓가랑이 사이를 기어나가면 순순히 보내주겠다고 제안하자 한신은 정말로 그들의 바짓가랑이 사이를 기었고 이때부터 한신은 놀림의 대상이 되었다고 한다. 훗날 유방을 만나 결국에는 대장군이 되어 돌아왔을 때 과거에 한신을 괴롭혔던 깡패들이 찾아와 잘못을 빌었다고 한다. 이때 한신이 말하기를, 그때 당시 화를 못 참고 당신들을 죽여버렸다면 나는 아마 일개 살인자로서 인생을 마감했을 것이다. 그러나 나에게는 천하통일이라는 원대한 목표가 있었기 때문에 한순간의 비굴함을 감수하였고, 그 결과 오늘날의 내가 될 수 있었다고 말하고 오히려 그들을 자신의 수하로 거두었다고 한다.

우리가 한신에게서 본받을 점이라고 생각한다. 세상에 영원한 갑과 을의 관계는 없다. 지금은 상대가 우월한 갑의 입장에서 나에게 비굴함을 강요하고 있지만 언젠가는 상대가 내 앞에서 비굴한 을의 입장이 되지 말라는 법은 없다. 지금 다소의 비굴함을 참는 것은 훗날의 찬란한 영광을 준비하는 과정에서 겪는 고난의 일부라는 점을 명심하자.

창업자와
2세, 3세 경영자

———————————— 대부분의 자수성가한 창업자들을 보면 규모와 상관없이 부지런함, 검소함, 끈기, 통찰력, 인복 등 보통 사람들과는 다른 몇 가지 장점을 가지고 있다. 거기에 참 운도 좋아 보인다. 과거 창업자들은 대부분 그리 높지 않은 교육수준에도 나름의 장점과 시대를 파악하는 능력으로 성공했고, 유능한 인재들을 등용하여 일가를 이룬 경우가 많다. 그들은 못 배운 때문인지 자식들의 교육에 힘써 대부분 외국유학에 MBA는 기본으로 갖추게 했다. 그러나 애석하게도 2세들은 아버지와 비교하면 통찰력, 사업감각, 검소함, 부지런함 등이 많이 부족한 편이라 큰 결단이 필요할 때는 그들의 아버지가 기업가적 감각에 의존했던 것과는 달리 수치화된 보고서에 의존하곤 한다. 그러다 보니 위험이 큰 신사업 추진보다는 위험 회피에 치중하는 경향이 있고, 인재나 직원의 중요성에 대한 인식이 아버지 세대보다 낮은 것 같다. 그래도 2세의 경우에는 아버지가 고생했던 것을 다소나마 옆에서 지켜봤기에 나은 편이지만 3세로 가면 그들은 태어날 때부터 왕자님이었기 때문에 서민 월급쟁이의 애환을 알기 어렵다. 아무리 어린 왕자님이라 할지라도 누가 감히 그 앞에서 안 된다고 말할 수 있을까? 어려서부터 자신이 하고 싶은 대로 하

고 자신의 말은 무조건 옳다고 생각하면서 큰 왕자님이 직원들이 재산이라고 말하는 그들의 아버지, 할아버지의 말을 얼마나 이해할 수 있을까?

'부자는 3대를 못 간다'는 말은 그만큼 부를 유지하기가 힘들다는 말이다. 그 유명한 경주 최 부잣집의 예에서도 알 수 있는 것처럼 지금의 부는 수많은 임직원들의 도움으로 이루어졌고 유지되고 있다고 생각할 수 있어야 한다. 그저 내 덕에 월급 받고 일하는 종업원이라는 생각이 앞서 겸손함을 잃어버리면 과거의 영광은 한순간에 사라질 수도 있을 것이다. 현재 우리나라 제약회사들 대부분이 2세 또는 3세 경영으로 전환되고 있고, 그런 회사에서 나타나는 전형적인 현상은 아버지나 할아버지와 함께 일해왔던 임직원들을 나이순으로 정리하는 것이다. 나도 그렇게 해서 전에 다니던 직장을 떠나온 경우에 해당된다.

그래서 2세, 3세 경영자들에게 부탁을 하나 하고 싶다. 아무래도 좋으니 제발 아버지나 할아버지를 능가하는 경영인으로 거듭나서 지속적으로 회사를 발전시키길 바란다. 전에 근무했던 회사가 내가 떠나온 이후에 더욱더 잘 나가고 발전한다는 소식을 듣고 싶다.

혼자 지내기에
적응하라

집에서나 직장에서는 지위가 높거나 높아질수록 겪게 되는 일반적인 고립현상, 즉 부하나 자식들이 더 이상 놀아주지 않는 현상을 흔히 '상사의 설움'이라고 한다. 보통 부장이나 팀장 정도에서부터 본격적으로 왕따를 당하는데 마음의 준비가 없다면 서운하기도 하고 괘씸한 생각도 들 테지만 지위가 높아지는 데 따른 반대급부라고 생각할 필요가 있다. 대표적인 예가, 분명히 직원들끼리 퇴근 후에 한잔할 것 같아서 물어보면 아니란다. 그러면서 어서 퇴근하시라고 차문을 열어줘 할 수 없이 퇴근했는데 알고 보니 나만 빼놓고 자기들끼리 회식을 했다는 것 등이다. 내 경우에는 가끔 점심을 굶는 때가 있다. 나는 나 자신을 사무실 직원들로부터 일찌감치 고립시켰기 때문에 보통 점심은 혼자서 하는 경우가 많다. 구내식당에 가면 혼자 식사하거나 옆자리가 비어있는 직원이 있으면 그 자리에 앉아서 식사하는데 이때 비교적 많은 대화를 하게 된다. 물론 스스로 내 옆에 와서 앉거나 식사 중 대화가 활발한 직원들에게는 식사 후 편의점에서 꼭 커피나 음료를 대접한다. 가끔 업무에 몰입하다가 점심시간인 줄 모르고 늦을 때가 있다. 사무실 직원들은 당연히 내가 늘 그랬던 것처럼 혼자서 따로 식사하러 갔을 것이라 짐작하고 내 사무실에 불이 켜져 있어도 저희들끼리만 가는 경우가 종종 있다. 늦게 식당에 가보면 아무도 없고 200명이 식사할 수 있는 식당에서 나 혼자 뻘쭘하게 식사하느니 민망해서 식사를 포기해버리곤 한다.

그동안 많은 직원들과 면담해봤지만 식사 중 문득문득 하는 질문에 비교적 직원들이 응대를 잘 해주는 편이고, 경우에 따라서는 애정문제를 포함한 개인사에 대해서도 대화가 오고가는 경우가 많아서 다양한 세대의 직원들 생각과 문화를 이해하는 데 많은 도움을 받고 있다. 이제는 내가 앉아있는 식탁에는 아무도 오지 않는 비극은 점점 줄어들고 있고, 어떤 때는 식판을 들고 두리번거리면 자기들 옆의 빈자리로 오라는 초청도 받는 것으로 볼 때 고립 작전이 어느 정도는 효과가 있는 것 같다. 지위가 높아질수록 혼자 있는 시간이 많아지고 혼자서 결정해야 할 일도 많아지기 때문에 혼자 지내는 방법을 익히고 익숙해질 필요가 있다. 어차피 은퇴하고 늙어지면 혼자 있어야 하는 것이 운명이기 때문에 미리미리 직장에서부터 혼자만의 생활에 적응하는 것도 좋지 않을까 한다.

　　　　　　　　　　　　오래 가는 직장인

중요한 것은 100번씩

100번이라도 강조하라

업무를 하면서 정말로 원칙과 기준이 되는 것들은 100 번씩 100번을 말하는 것을 1번으로 보고 적어도 10번을 말하는 집요함을 보여야 한다. 또한 원칙과 기준은 시간이 지난다고 해도 절대로 변하면 안 되는 것이므로 일관성 있게 왜 중요한지, 그리고 왜 꼭 지켜야만 하는지, 지키지 않으면 어떤 문제가 회사나 직원에게 발생하고 그로 인해 이차적으로 또 어떤 문제가 생기는지를 반복해서 강조해야 한다. 매번 조회나 회의 등을 시작하거나 끝마칠 때 반복해서 말해야 한다. 이 정도는 되어야 직원들이 질려서라도 아니 마지못해서라도 움직이기 시작할 것이고 자신들도 모르게 습관이 될 것이다.

일단 일부 직원들이 따라오기 시작하면 나머지 직원들 역시 늦으면 손해 볼지 모른다는 두려움에서라도 따라오게 된다. 특히 내가 종사하는 제약회사의 경우, 제조위생과 관련된 행동에 대한 주의와 습관이 필수다. 무의식적으로 또는 습관적으로 제조위생에 적합하게 행동하도록 만들기 위해서는 적게는 3개월에서 3년까지도 반복적인 교육을 각오해야 하기 때문에 교육, 훈련 시에 중요한 점을 계속 강조하고 반복해서 훈련시키고 있다.

회사의 기업가치나 비전의 경우도 마찬가지다. 가능하면 회의나 교육시간에 반복적으로 창업자의 말씀이나 과거의 사례 등을 가지고 기업의 가치나 비전에 대해서 설명하고 중요성을 강조해야 하며, 각자의 업무와 연관된 실천 또는 정용방안을 만들어 실행하도록 반복적으로 독려해야 한다. 습관이 되어서 자신도 모르게 저절로 할 수 있을 때까지 말이다. 그런 점에서 이 책의 내용 중에도 반복되는 것들이 몇몇 있을 것이다. 중요하기 때문에 반복해서 강조하고 있다고 이해해주길 바란다.

부르지 말고
찾아가서 결재해주자

———————— 직장 내에서 제일 바쁜 사람은 누구일까? 아마 가장 지위가 낮고 단순 반복적인 일을 하는 직원이 아닐까 한다. 대체로 지위가 낮은 직원일수록 육체적으로 바쁘다. 아무래도 일에 대한 경험이나 요령이 부족하기 때문에 일하는 방법을 잘 모르고 숙련도가 떨어져 효율성이 낮기 때문일 것이다. 이런 직원들은 대개 부가가치가 없는 작업인 이동, 즉 뭔가를 찾거나 나르거나 하는 데 많은 시간을 할애한다. 상대적으로 지위가 높을수록 육체적으로는 여유가 있는 대신에 정신적으로 바빠지는 것이 일반적이다.

자, 여기서 한번 생각해보자. 돌이켜보면 직장생활 초년병 시절에 가장 짜증났던 일이 한참 어떤 업무에 집중하고 있을 때 윗사람의 호출을 받는 것이었다. 특히 뭔가를 고민하며 보고서를 쓰다가 불려 갔다 오면 생각이 끊겨서 힘들었는데, 식사 중에 전화를 받거나 나갔다 오면 밥맛이 떨어지는 것과 비슷하다. 이런 경험 때문에 나는 하루에 2회 정도 모든 작업장을 순례하면서 결재해준다. 실제로 어떤 서류는 너무 무거워서 직원들이 들고 다니기 힘들다. 대개는 그 직원의 자리를 빌려서 결재하는데, 이때 자연스럽게 대화도 하고 현장 분위기도 파악할 수 있으며 의자의 안락한 정도 등 작업환경도 살필 수 있다는 이점이 있다. 업무 중 부하직원에게 뭔가 물어볼 일이 생겨도 인터폰으로 전화를 걸어 그 직원이 바쁜지 확인하고, 안 바쁘면 용건을 해결하지만 바쁘면 하던 일을 끝내고 나서 통화하자고 한다. 전화로 해결하기 어려운 아주 특별한 경우에만 해당 직원이 바쁘지 않을 때 면담하는 식으로 진행한다.

나의 부하들은 모두 나보다 중요한 일을 하고 있다고 생각한다. 내 수고로 직원들이 즐겁고 스트레스를 덜 받으면서 일하는 데 조금이나마 기여할 수 있다면 그것으로 좋다. 직원들의 실적이 좋아질 것이고, 그런 실적이 모이면 결국 공장의 실적이 되고, 그것이 바로 공장장의 실적이 될 테니까 말이다.

오래 가는 직장인

1:20의 원칙

내 생각으로는 임원이면 곧 경영자라고 생각한다. 그러므로 경영자 마인드를 갖는 것은 기본이다. 여기서 경영자 마인드란 항상 나 자신이 CEO라는 생각을 가지고 매사에 임하는 것이다. 구체적으로는 항상 돈 되는 사업을 찾고 이익을 늘릴 수 있는 방법에 대해서 고민하고, 당장의 실적뿐 아니라 3년, 5년, 10년, 20년 후 미래의 먹거리를 찾아 회사를 위대한 회사로 만들 인재들을 육성하며, 어떻게 50년, 100년 이상 기업을 지속시킬 수 있을지 대책을 세우는 마음가짐을 말한다. 그래서 매년 다음해의 사업계획을 작성할 때면 임원의 목표는 자신의 연봉이 1억 원이라면 추구하는 이익은 공장을 기준으로 할 때 적어도 20억 원을 달성해야 한다고 생각한다. 사업계획이 확정된 이후 추가로 투자 또는 지출 요인이 생기면 그에 비례한 이익목표도 늘어나야 한다. 시설투자로 인한 생산성 향상 등으로 원가절감이 발생했다면 그 공은 당연히 회사의 몫이기 때문에 현장의 임원은 자신들의 아이디어와 개선으로 적어도 투자에 따른 원가절감액의 절반 정도는 달성해야 하는 것이 의무다. 팀장이라면 그 비율을 1:5~10 정도로 보면 될 것이다. 즉 팀장이라면 자기 연봉의 5~10배 정도의 이익을 목표로 정하면 될 것이고, 과장이라면 1:5 정도, 즉 자기 연봉의 5배 정도의 이익증대로 회사에 기여해야 한다.

회사는 이익 중 일부를 주주에게 배당으로 지급하고, 일부는 신사업 또는 설비투자에 활용하고, 일부는 종업원의 연봉인상에 사용하고, 나머지는 추가적인 기회를 위해 비축해야 한다. 그러므로 적어도 임원, 팀장 또는 관리자들이 자기만이 아니라 부하직원들의 연봉인상을 위해 5~20배 정도의 이익을 만드는 데 기여해야만 회사가 지속적으로 성장할 수 있다. 기업은 살아있는 생명체와 유사하다. 계속해서 매출과 이익이 증가해야만 경쟁회사와의 경쟁과 예측하기 어려운 환경변화에서 생존할 수 있다. 기업의 성과 역시 각 임직원의 성과의 합이기 때문에 회사 구성원 개개인의 목표달성이 중요한 것이다.

최종결정했습니다

일하다 보면 상사와 의견이 달라 서로의 주장만을 반복하며 잘 진행이 안 되거나 감정적으로 부딪치는 경우가 있다. 특히 임원의 경우는 오너와의 의견이 다를 때 많이 곤란하다. 대부분의 임원은 생산, 영업, 연구 등 전공분야가 있고, 이 분야에서는 오랜 경력으로 최고의 전문가이다. 그렇기 때문에 각각의 전문분야에 대해서는 잘 모르는 오너의 일방적인 의사결정이 발생하면 해당 임원의 논리적인 반대의견이 발생할 수 있다.

이때 임원으로서 취할 수 있는 태도는 대략 두 가지 정도다. 첫째, 오너의 마음이 아직 유동적일 때, 즉 아직 50% 이내로 마음을 굳혔을 때는 완곡하고 우회적으로 그러나 논리와 근거를 가지고 한 번 더 설득을 시도해본다. 이때 미리 조사한 대학교수 등 전문가 의견서 등이 있으면 더 효과적일 것이다. 둘째, 오너의 마음이 이미 되돌리기 어려운 상태로 정해졌다면 이때는 아무리 근거를 가지고 설득해도 오히려 역효과가 날 수 있다. 차라리 최종결정을 하도록 한 다음, 그 결정이 그다지 나쁜 결정이 아니었다는 결과를 만들 수 있도록 최선의 노력을 해서 100%의 성공은 아니더라도 80%의 성공은 만들어내야 하는 것이 임원의 당연한 의무라고 생각한다. 물론 옳은 결정을 했을 때에 비해 2~3배 더 큰 노력이 필요하다. 나쁜 결정에도 불구하고 어느 정도 성과를 얻은 후에는 임직원들의 엄청난 노력이 있었기 때문에 이 정도의 성공이 가능했다는 것을 오너가 알게 해야 한다. 그렇지 않으면 처음부터 오너 자신이 옳은 결정을 했다고 착각할 수도 있고, 앞으로도 계속 일방적인 결정을 밀어붙일 가능성이 크다. 오너의 잘못된 결정을 성공시키려고 아무리 노력했어도 실패로 끝날 수 있고 이 경우에도 마찬가지다.

그러나 오너의 잘못된 결정 때문에 실패했다고 해도 실패의 책임은 결국 임원에게 있음을 항상 기억해야 할 것이다. 즉 누군가가 책임져야 한다면 오너가 아닌 임원이 대신 책임져야 한다. 왜냐하면 그것이 바로 월급쟁이 임원의

오래 가는 직장인

중요한 역할 중 하나이기 때문이다. 내가 과거에 근무했던 직장의 경험으로는, 오너와 함께 했던 중요한 업무결정의 70% 이상은 두 번째 상황이었다. 아마 그 당시 오너는 사사건건 반대만 하는 나의 존재 자체가 싫었을 것이다. 종종 내가 마음에 안 들면 그렇다고 말해달라고 부탁도 했었는데, 그분의 성격으로는 그것도 어려워서 많은 시간 고민했을 테니 지금 생각하면 미안한 마음도 들고 내가 너무 눈치가 없었다.

회사가 지속적으로 성장하려면 각 분야에 최고의 전문가들을 배치하고 오너는 그들의 아이디어를 통합하여 큰 그림을 그려야 한다. 그러므로 각 분야의 책임자인 임원들의 능력은 당연히 오너보다 뛰어나야 하고, 그들의 능력을 최대한 끌어내는 것이 회사 발전의 기본이 된다고 본다. 혹여 부하 임원이 자신보다 유능해 보인다고 해서 경쟁자라고 생각하는 오너가 있다면 다시 한 번 생각하길 간곡히 부탁드린다. 부하 임원들이 능력을 발휘해서 성과를 내면 그것은 바로 오너의 경영성과가 된다는 점을 잊지 말아야 한다.

잘못된 판단에 따른
손실금액

지위가 높아질수록 나의 결정에 따른 결과가 실패일 경우 발생되는 손실금액은 점점 커지게 마련이다. 회사마다 전결제도를 가지고 있고 결제항목에 따라 자율권을 주는 경우가 많기 때문에 잘못된 결정에 따른 손실이 발생하면 사후관리가 필요하다. 보통 부장의 전결금액은 비교적 높지 않기 때문에 별 문제가 아닐 수 있으나 임원으로 일하다 보면 금액이 큰 투자나 프로젝트 등을 결정해야 할 때가 있다. 경우에 따라서는 수억에서 수십억 원짜리 결정도 있다. 그렇다 보니 보통 신경 쓰이는 것이 아니다. 여러 가지 경우에 대해 검토하고 여러 업체에서 견적을 받기도 하고 여러 전문가들에게 조언을 듣기도 한다. 특히 공장을 새로 건축하는 경우에는 건축비와 설비 투자비를 포함하면 그 금액이 수백억이 넘어갈 수도 있기 때문에 설계업체 선정 단계부터 시공사를 선정할 때까지 밤잠을 설쳐가면서 고민하는 일도 허다하다.

일반적인 투자나 프로젝트의 경우 최고경영진의 승낙이 떨어지면 기술적인 검토를 거쳐 업체를 선정하고 금액협상을 하고 계약을 체결하여 진행된다. 이때 투자 결과에 대한 책임은 아무리 최고경영진의 결재를 받았다고 해도 임원이 져야 하며, 잘못되었을 때 손실금액은 수억 원 정도다. 그러나 공장을 새로 세우거나 회사 차원의 큰 프로젝트를 새로 시작하는 경우는 이사회 등에서 논의를 거쳐 결정하지만 최종결정은 최고경영자의 몫이기 때문에 결과에 대한 책임도 온전히 최고경영자가 져야 한다. 이 경우의 손실금액은 수백억이 될 수도 있기 때문에 최종결정 과정에서 참모인 관련 임원들의 의견수렴은 필수라고 생각한다.

과거에 근무했던 회사에서도 이런 문제 때문에 오너 경영자와 여러 번 논쟁을 치렀다. 영업 관련 사항은 영업담당 임원에게, 생산 관련 사항은 생산담당 임원에게 자문을 구하는 것이 상식이지만 현실에서는 다분히 개인적인 성향에 따랐던 것 같다. 물론 몇 번의 큰 실패로 손실이 생겼다. 오너 경영인이 독단적으로 참모들의 반대를 무시하고 결정하여 진행한 사업이었기 때문에 임원들에게 책임이 없다고 볼 수 있으나, 그때 당시 좀 더 적극적으로 반대했으면 지금의 실패는 없었을 것이라는 논리로 책임을 물으면 도저히 빠져나갈 방법이 없다. 그렇게 해서 책임 아닌 책임을 지고 회사에서 밀려나는 임원들이 의외로 많다면 놀랄까?

     오래 가는 직장인

영업, 생산의 말은
50%만 믿어라?

──────────── 이게 도대체 무슨 말인가 싶은 사람도 있을 것이다. 전에 어느 기업의 2세 경영인에게 들었던 말이다. 부하들을 믿을 수가 없어서 일주일 내내 걱정으로 불면증에 시달린다고 했다. 선친과 주위의 믿을 만한 사람들이 영업이나 생산 공장 사람들의 말은 50%만 믿으면 된다고 말해주었고, 실제로도 그렇게 생각된단다. 그래서 영업이나 공장 사람들과 대화하거나 보고를 받으면서도 상대방의 말이나 주장의 50%만을 믿어야 하니 매번 어떤 말을 믿고 어떤 말을 믿지 않아야 되는지를 구별하는 것이 너무나 힘들어서 고민도 되고 잠도 못 잔다는 것이었다. 그러면서 그분은 내가 부럽다면서 어떻게 부하들을 믿고 맡길 수 있느냐는 말도 했다.

그 당시 내가 해준 말은 이렇다. 어차피 회사가 커지고 직원 수가 늘어나게 되면 오너 경영인이 직접 모든 부서의 업무를 챙길 수 없기 때문에 이런 업무를 대신하게 할 목적으로 팀장이나 임원에게 업무를 위임하는 것이라고. 물론 팀장이나 임원 중 믿음이 가지 않는 사람들도 있겠지만 뾰족한 수가 없는 한 울며 겨자 먹기로라도 위임할 수밖에 없다. 그들이 속일지 몰라 불안한 마음에 모든 업무나 행동에 대해 세세하게 지침이나 규정을 정해서 운영하는 방법도 있겠으나, 그러면 조직의 창의성과 융통성은 완전히 사라져버리고 모든 직원들이 기계처럼 되어 결국 조직은 쇠퇴하게 된다고 말이다.

나 역시 처음부터 부하들에게 위임하는 것이 쉬웠던 것은 아니다. 때로는 이를 악물고 참으면서 기다린 끝에 이제는 어느 정도 위임하면서도 위험을 관리할 수 있는 수준이 되었다. 그러니 일단 위임이 필요하다고 판단했다면 그 업무에 대해서는 최소한의 간섭만 하는 것이 좋다. 오히려 결과에 대한 책임 역시 위임한 사람이 지겠다는 것을 공개적으로 선언하고 가급적 업무진행도 공개적으로 하면 어느 순간 위임을 잘하는 사람으로 변하게 될 것이다. 오너

혼자서는 모든 업무를 다할 수 없어 위임하는 것이므로 잠 못 들면서 고민한다고 해결되지 않는다. 만약 사장이 임직원들을 믿지 못해서 잠들지 못한다는 것을 임직원들이 알게 된다면 나부터도 열심히 일하기보다는 회사를 떠날 생각을 하게 될 것이다. 적어도 최고경영자라면 부하들이 알게 되었을 때 회사에 해가 될 행동이나 생각이 설혹 있더라도 결코 눈치채지 않도록 해야 한다. 물론 빨리 태도를 바꿔서 억지로라도 부하들을 믿는 것이 회사를 지속적으로 유지할 수 있는 최선의 방법이다.

아마 지금도 그분은 부하들을 믿지 못해서 여전히 불면증에 시달리고 있을 것이다. 내가 보기에 그분의 그릇이 너무 작아서 회사라는 큰 조직을 담기에는 역부족인 것으로 판단되며 쉽지는 않겠지만 용기를 내서 전문경영인에게 경영을 넘기고 그냥 대주주로만 남는 것이 최선이 아닐까 생각된다. 최근의 최순실 사태를 보면서 최종결정권자가 맹목적으로 특정 인물만을 병적으로 믿고 그 이외의 사람들은 믿지 못할 경우 어떻게 되는지 전 국민이 명확히 알게 되었다. 위에서 언급한 그 오너와 오너가 신뢰할 것으로 판단되는 측근들과 함께 골프를 친 적이 있었다. 그런데 5시간 가까운 라운딩과 이후 2시간의 식사시간까지 계속 남의 집안행사에 초대받은 손님 같은 기분이 들었다. 분명히 내가 다 알고 있는 단어로 대화하면서 연신 웃고 떠들어대는데도 도저히 무슨 의미인지 파악하기가 힘들었다. 내가 알 수 없도록 그들만의 은어나 약어를 사용했으니 말이다.

지위가 높아질수록 입은 닫고
귀와 지갑은 열어라

젊어서 진보적인 성향으로 활동하면서 기성세대의 보수적인 성향을 비판하던 사람들도 나이가 들어가면서 점점 보수화되는 경향이

오래 가는 직장인

있다. 육체적으로도 체력이 떨어져서 젊은 사람들과 동등하게 활동하기가 어려워지고, 호흡이 딸려서 빠른 노래는 부를 수 없게 되며, 특히 남성은 갱년기가 되면 드라마를 보면서도 나도 모르게 눈물을 흘리게 된다. 살아온 경험이 있는지라 젊은 사람들의 행동을 보면 불안해서 자꾸만 간섭하고 끼어들게 되며, 이런 점들이 싫은 젊은 세대의 뻣뻣한 태도에 서운해하고 삐치게 된다.

자신들의 육체적인 노화 현상을 인식하기 시작하면 혹시 자식이나 젊은이들이 무시하지 않을까 하는 초조함과 두려움에 자꾸 말이 많아지는지도 모른다. 어른들 입장에서는 아직 자식이나 후배들이 어려서 걱정한다고 하지만 정보통신의 발달로 그들은 자신들의 관심분야에서는 기성세대보다 더 많은 지식과 간접경험을 가지고 있을 것이다. 나는 자식이 넷인데 옆에서 그들의 대화를 가만히 지켜보고 있자면 그들 사이에서도 소위 세대차이가 느껴진다. 하물며 젊은이들과 기성세대 간의 세대차는 얼마나 클지 짐작이 간다.

지난 30 몇 년간의 직장생활에서 가장 활발하게 활동한 시기는 과장이었을 때로 기억한다. 물론 시행착오도 많았다. 이후로 점점 지위가 높아짐에 따라 내 말 한마디의 영향력이 커지고, 나의 무심하고 부주의한 말 한마디가 때로는 부하의 운명을 바꿀 수 있다는 생각에 점점 조심하게 되었다. 공정하고 옳은 결정을 하기 위해 부하들의 말을 경청했으며, 부하들을 야단칠 때도 가급적 기분 나쁘지 않고, 사기가 떨어지지 않게 하려고 나름대로 연구도 했다.

결론은 이렇다. 그들, 즉 자식과 후배들은 나보다 생각이 없지도 않고 일방적이지도 않으며 내가 아무리 걱정하고 막아도 틀림없이 다음 세대의 주인공이 될 사람들이다. 현실적으로는 그들의 월급에서 공제하는 국민연금보험료는 나의 노후를 책임져줄 든든한 재원이 될 것이니 오히려 그들에게 감사해야 한다. 그러므로 상사와 아버지는 가급적 입을 닫고(말을 적게 하고) 귀를 열고(열심히 경청하고) 살아야 하며 지갑을 활짝 열어서 자식과 후배들을 열심히 접대해야 한다고 생각한다.

찍혔다!

직장에서 가장 많이 듣는 말 중 하나가 '찍혔다'는 말이다. 찍혔다는 말은 상사 특히 힘 있는 실세나 오너의 눈 밖에 났다는 것을 의미하기 때문에, 그게 사실이라면 이제까지의 내 경험으로 볼 때 그 사람은 그 조직이나 회사에서의 생활을 계속하는 것이 어렵게 됐다는 뜻이다. 얼핏 생각해보면 항상 실세나 오너의 지근거리에서 근무하면서 업무능력이나 태도 등의 문제로 그런 경우가 많을 것 같지만, 실제로는 1년에 한 번도 실세나 오너와 대화하기 어려운 사람들이 찍힌다. 왜 그럴까? 오너나 실세는 무슨 근거와 정보를 가지고 그 사람을 찍었을까? 물론 정상적인 보고, 결재라인으로 상사를 통해서 반복적이고 부정적인 피드백을 받았을 수도 있겠지만 내 경험으로는 별도의 보고라인 소위 비선라인이 존재할 수도 있다.

나의 경험을 얘기해볼까 한다. 전에 근무했던 직장에서 나 역시 회장님께 찍혔었다고 한다. 물론 나는 그런 사실을 모르고 있었고 승승장구하다가 부장이 된 후 7년간이나 승진하지 못했는데 나중에 그 이유 때문이라는 것을 알게 되었다. 회장님의 오해가 풀린 것, 즉 찍힌 상태가 풀린 것은 우연히 회장님과 함께 문제를 해결할 기회가 생긴 것이 결정적이었다. 당시 의약분업의 영향으로 판매 중이던 70여 개 품목 중 40여 품목의 품절이 발생했었다. 내가 이 문제를 주관하게 되었고, 처음 약속했던 6개월보다 빠른 3개월 만에 일을 해결하면서 자주 회장님과 대화하고 일일보고를 하는 시기가 있었다. 품절을 완전히 해소시킨 시점에서 회장님은 이렇게 말씀하셨다. "지금까지 내가 자네를 잘못 보고 오해했던 것 같네. 아마 자네가 나에게 찍혔다가 풀린 최초의 직원일 걸세."

지금도 이해가 안 가는 것은 회장님께 찍혔다는 때를 전후로 1년 이내에 내가 회장님과 직접 대면한 적도 없었고 딱히 문제가 될 만한 사건도 없었으며 매년 생산성 향상과 원가절감은 물론 나의 제안으로 시작한 OEM 활성화와 일본 수출까지 성공적으로 마무리했었기 때문에 특별히 찍힐 이유가 없었다는 것이다. 회장님 입장에서 어느 직원에게 문제가 있다는 사실 또는 소문을 정상적인 보고라인이나 비선을 통해 들었더라도 굳이 본인이 직접 확인할 필요까지 느끼기는 쉽지 않다는 것을 안다. 그러나 찍힌 당사자는 인생에 있어 아주 큰 고난이 될 수도 있기 때문에 한 사람의 인생을 좌우할 수 있다는 생각으로 측근을 통해서가 아니라 직접 확인했다면 얼마나 고맙겠는가. 그렇게 해서 만에 하나 억울한 직원을 한 명이라도 줄일 수 있다면 그 직원은 아마 목숨 바쳐 회장님께 충성할 것이다.

12장 정치력 트레이닝
자신의 진정한 가치를 구현하는 방법

사람은 누구나 자기 나름대로의 관점을 가지고 있고 그에 따라 크고 작은 편견을 가지고 있다고 생각한다. 편견은 왜 생기는 것일까? 편견은 장소, 시간, 사고의 제약에 따라서 생긴다고 한다. 먼저 장소의 제약에 따른 편견으로는 우물 안 개구리를 생각해볼 수 있다. 개구리가 생각하는 하늘의 크기는 우물 속에서 올려다볼 때 보이는 작은 동그라미에 불과하다. 이런 개구리에게 아무리 하늘이 크다고 한들 이해하지 못할 것이다. 개구리가 우물 밖으로 나와서 직접 하늘을 보기 전에는 말이다.

다음은 시간의 제약에 따른 편견이다. 하루살이에게 아무리 계절의 변화를 설명한들 이해할 수 있겠는가. 오랜 시간을 살아온 아버지와 어린 아들 사이의 세대차이도 시간의 제약에 따른 편견의 한 예일 것 같다. 아버지는 이미 살아보고 경험해봤기 때문에 당연하다고 생각하지만 아직 경험해보지 못한 아들은 전혀 이해하지 못할 수도 있다. 이는 직장에서도 많은 경험을 가진 상사

오래 가는 직장인

와 젊은 부하직원과의 소통을 어렵게 만드는 문제이기 때문에 한 번쯤 심각하게 생각해볼 필요가 있다.

마지막으로 가장 심각한 것이 세상을 보는 시각, 즉 사고에 문제가 있는 사람의 편견이다. 이런 사람들은 자신은 모르고 있지만 모든 것을 삐뚤게만 보기 때문에 항상 문제를 일으키고 주위 사람들과 충돌하고 사람들 사이에 불화를 조장한다. 이런 삐뚤어진 사고에 따른 편견이 가장 심각하며 본인 스스로의 전향적이고 획기적인 노력 없이는 결코 고칠 수 없다.

만약 편견에 사로잡혀 있는 사람의 지위가 높거나 사회나 조직에 대한 영향력이 크다면 얼마나 많은 사람들이 피해를 입게 될지 상상해보라. 세상에서 가장 위험한 사람은 책을 딱 한 권만 읽은 사람이라고 한다. 그 사람이 읽은 책이 성경책이거나 백과사전이라도 된다면 그나마 다행이겠지만, 그 사람은 자기가 읽은 그 한 권의 책에서 얻는 지식만 가지고 모든 것을 판단하려고 할 테니 얼마나 위험한가. 다양한 독서는 그런 면에서도 중요하다. 책을 통해서 다른 사람의 견해를 접하고, 내가 몰랐던 지식을 얻고, 간접적으로 다양한 경험도 하면서 편견을 없애가는 과정이 꼭 필요하다고 본다.

골품제도는
신라에만 있었다?

신라에는 골품제도가 있었다. 부모 모두가 왕족이면 성골, 부모 중 하나만 왕족이면 진골, 부모 모두가 왕족이 아니면 6두품, 5두품, 4두품 하는 식이다. 어쩌면 지금의 금수저, 흙수저와 비슷하다 싶다. 성골이 아니면 왕이 될 수 없고, 모든 고위층은 진골이어야만 하고, 나머지 골품은 골품별로 올라갈 수 있는 직위를 정해놓아서 아무리 능력이 뛰어나도 그 능력을 펼칠 기회조차 주지 않는 제도다. 우리가 잘 알고 있는 최치원 선생도 당나라에서 높은 벼슬을 하다가 큰 뜻을 품고 신라로 귀국했지만 골품제도의 벽에 막혀 초야에 묻히는 삶을 살았다고 한다.

그런데 내가 보기에는 지금도 실질적인 골품제도가 존재하는 것 같다. 어느 조직은 특정 지역 출신이, 어느 조직은 특정 학교 출신이, 어느 조직은 특정 회사 출신들이 주류를 이루고, 이 주류에 포함되지 않은 사람들은 아무리 능력이나 실적이 좋아도 승진 등의 대우에서 차별이나 불이익을 받는다. 왜 이런 문제점이 개선되지 않을까?

위에서 말한 특정 주류에 속한 사람들은 자신들이 주류에 속하지 않은 사람들보다 조직에 대한 충성심이 강하고 신뢰할 수 있으며 조직에 더 많이 기여하고 있다고 믿는다. 그런 사람도 있을 것이다. 그러나 주류에 포함되지 않은 사람들은 주류에 속한 사람들이 대부분 내가 하면 로맨스, 당신들이 하면 불륜이라는 내로남불 논리로 무장되어 있고, 오너가 현실을 정확히 파악할 수 없도록 인의 장막을 치고 있어 조직의 문제점이 외부로 드러날 때까지 그 심각성을 모르게 만든다는 것을 확실히 볼 수 있다. 심각성을 알아차렸을 때는 이미 주류를 대신할 만한 인재들은 모두 조직을 떠났을 가능성이 크기 때문에 결국 조직은 몰락하는 것이다.

현실적으로 오너가 직접 회사 내의 모든 사람들을 관리할 수 없어서 대리인인 관리자나 임원을 통해서 관리하다 보니 서로의 신뢰가 높지 않으면 그 조직은 잘 돌아가지 않는다. 그래서 신뢰의 조건으로 학연, 지연, 혈연 등을 중시하는 것 같은데 결국 이 역시 골품제도와 마찬가지가 아닌가 생각해본다. 오너들은 모든 임직원을 능력과 실력에 따라 채용하고 중용한다고 하나같이 주장하고 있는 것 또한 현실이다.

전에 근무했던 직장에서의 일이다. 회장님 친척이 함께 근무하고 있었는데 어느 날 재고조사 과정에서 이 친척이 상당히 많은 물건을 빼돌려 팔아먹어 큰 문제가 되었다. 그때 회장님은 이렇게 말했다. "누가 해먹어도 해먹었을

오래 가는 직장인

텐데 차라리 그 놈이 친척이어서 그나마 다행이다." 그만큼 부하들을 신뢰하기가 어렵고 힘든 것이 현실이라는 생각이 들었었다. 강아지를 키우면 본능적으로 자기를 예뻐하는 사람을 찾아 따른다더라. 하물며 사람인데 상사나 오너가 자신을 믿고 신뢰하는지 여부를 왜 모르겠는가. 그러므로 당신이 상사나 오너라면 부하를 마음으로 믿고 신뢰하거나 아니면 적어도 믿지 않는다는 것을 부하들이 눈치채지 못하도록 표정이나 행동 관리에 더 많이 신경 써야 한다.

한마디만 더 하자면 배신은 믿었던 사람에게 당하는 것이다. 그러므로 주로 가족이나 친구, 친척 또는 아끼던 부하들에게서만 당할 수 있는 것이 배신이다. 결국 믿지 않았던 사람이나 부하가 나에게 해가 되는 행동을 했다면 그것은 배신이 아니라 예견된 상황일 수도 있다는 점을 강조하고 싶다.

소나기는
피하면 그만이다

누구나 소나기가 오면 남의 집 추녀 밑으로라도 잠시 피하면 된다는 것을 잘 알고 있다. 어차피 소나기는 금방 그친다는 것을 알고 있으니 말이다. 그러나 가랑비는 다르다. 언뜻 보면 우산이 없어도 될 것 같은데 비를 맞다 보면 어느새 온몸이 젖어버리는 경험을 한두 번은 해봤을 것이다. 리더의 말과 행동은 소나기가 아니라 가랑비 같아야 한다. 그래야 부하들이 자기도 모르는 사이에 흠뻑 젖게 되는 즉, 자신도 모르게 습관이 되고 저절로 행동하게 되는 효과가 있다. 당장에는 소나기처럼 부하들을 몰아붙이면 혼나는 것이 싫어서 움직이기야 하겠지만 소나기를 피해 남의 집 추녀 밑에 잠깐 피신한 것과 같다. 아마 소나기가 그치고 다시 해가 나오면 소나기가 왔었다는 사실조차 잊어버릴 것이다. 진짜로 중요하고 부하들에게 필수적인 것이 있다면 가랑비에 옷 젖는 것처럼 생활의 일부로 습관이 되는 것이 중요하다. 모든 회의나 모임에서 항상 언급하고 강조하다 보면 언제부턴가 부하들의 행동이 조금씩 달라지고 있다는 점을 느끼게 될 것이고, 이런 행동의 변화가 결국에는 애초에 의도했던 거대한 변화의 원동력이 될 것이다.

자식에게 문제가 있다면 그것은 부모의 잘못이라고 생각한다. 물론 부모들의 주장처럼 나쁜 친구를 사귄 탓도 있겠지만 어려서부터 알게 모르게 항상 부모들의 행동거지를 보고 배운 대로 자신도 모르게 행동했을 뿐이다. 시집살이를 심하게 겪은 며느리가 더 심한 시어머니가 된다는 말도 그런 것일 것이다. 욕하면서 배운다는 말도 있다. 아무리 마음에 들지 않는 상사일지라도 3년 정도 함께 근무하면 자기도 모르게 닮게 되는 것이 현실이다. 리더의 태도는 그 자신에서 끝나는 것이 아니라 모든 부하들의 태도에 영향을 주기 때문에 자주 화내고 소리 지르는 리더 밑에서 3년 이상 근무하면 자연스럽게 부하도 소나기형 리더가 된다는 점을 기억하기 바란다.

그러므로 상사가 정말 마음에 안 들면 3년 이내에 타 부서로 이동해야 한다. 바람직한 리더가 있는 부서로 가면 더욱 좋고, 이동이 어렵다면 상사를 닮지 않기 위한 노력이 필요하다. '욕하면서 배운다'는 속담을 항상 기억하자. 또하나 팁을 주자면 미친개는 피하는 게 상책이다.

해고해주셔서 고맙습니다

2012년 봄은 나에게 아주 힘든 시기였다. 불과 몇 개월 전에 아버지가 돌아가셨고 어머니의 정신적인 안정이 필요했으며, 3명의 자식들이 대학생인 관계로 금전적인 부담도 상당히 컸던 상황이었다. 즉 정신적, 육체적, 금전적으로 한계상황에 처했을 때 24년을 근무한 직장에서 해고 통

오래 가는 직장인

보를 받았는데 이상하게 화도 나지 않았었던 것으로 기억한다. 그냥 덤덤하게 해고통보를 받아들였는데 그날 해고 통보를 전달한 오너의 측근 역시 나의 반응이 덤덤한 것에 놀랐다고 한다. 나중에 들었는데 그 당시 내가 너무 선선히 받아들여서 오너가 고마워했다고 한다. 그 측근 역시 3개월 뒤에 해고되었다니 아이러니하다. 그래도 퇴직금과 차량 회수에 따른 소액의 퇴직 위로금을 지급받아 당장 필요하던 금전문제를 해결할 수 있었고, 빚 없이 자식들의 학업을 계속시킬 수 있었다. 다행히 지금 다니는 회사에 취업되면서 점차 안정을 찾게 되었다.

만약에 그때 해고되면서 퇴직금을 받지 않았다면 빚을 졌어야 했을지도 모르는데 마침 해고돼서 무사히 자식들의 학업을 마칠 수 있었으니 오히려 고마워해야 할 것 같다. 새로 시작한 직장에서는 나의 소신대로 의욕적으로 공장을 운영하고, 회장님과도 자주 대화할 수 있고, 기술적인 문제까지 일일이 간섭하고 의심하는 데 따른 업무 스트레스도 적다. 결과적으로는 다 잘된 일이다. 다소 아쉬운 점이 있다면 이전 직장의 경우 5년이 지난 지금까지 매출액이 정체되어 있다는 것이다. 반면에 현재의 직장은 매출 700억 원에서 시작하여 5년 만에 매출 1650억 원으로 성장하는 데 일조할 수 있었다. 고마운 일이다.

잔소리란?

어느 방송매체의 프로그램에서 봤던 기억이 난다. 잔소리에 대한 정의를 내려달라는 사회자의 부탁에 한 어린이가 말했다. 잔소리란 '맞는 말인데 왠지 들을 때는 기분 나쁜 말이다'였다. 결국 충고나 조언 자체는 옳은 것이라 머리로는 이해가 되지만 왠지 들으면 기분이 나빠진다는 말인데, 아무래도 충고하는 방식의 문제가 아닌가 생각된다. 특히 부모와 자식, 상사와 부하 등 실생활에서 밀접한 관계에 있거나 친구 사이처럼 친한 사이일수록 너무 쉽게 상대방에 대한 배려 없이 자기 생각을 직설적으로 말해버리게 된다. 상대방은 충고 자체의 옳고 그름보다는 충고하는 말투나 아무렇게나 말한다는 느낌 때문에 자존심에 상처를 입게 되고, 충고를 받아들이기보다는 반발부터 하게 되지 않나 싶다.

물론 말하는 사람은 당연히 자신의 조언에 따라 상대방이 움직였으면 하는 바람에서 하는 말이지만 받아들이는 사람이 반발하거나 기분이 나빠서 반대 방향으로 움직이면 결과적으로는 의도에서 완전히 빗나간 것이 된다. 그러므로 잔소리의 원래 의도대로 상대방이 움직이길 진심으로 바란다면 이제 잔소리나 충고, 조언하는 방법을 바꿔볼 필요가 있다. 먼저 잔소리를 유발하게 된 상대방의 의도나 행동을 파악하기 위해 질문을 해야 한다. 전혀 엉뚱한 질문도 좋다. 상대방이 기분이 나빠 보이면 "혹시 내가 너를 화나게 했니?"라든지 "혹시 나 때문에 기분이 나쁜 거니?" 등으로 시작하자. 적어도 '예, 아니오'라는 대답은 들을 수 있다. 이렇게 대화를 시작해서 상대방의 의도나 행동의 배경이 파악되면 '이렇게 해라'라는 식의 결론보다는 "그래, 너는 어떻게 할 생각인데?"라고 질문하거나 '나라면 이렇게 할 것 같다, 내 생각으로는 이렇다'라는 식으로 말하자. 받아들일지 여부는 상대방의 판단에 맡기고 상대방의 문제에 대해서 진정으로 함께 고민하고 있다는 점을 인식시키면 된다.

부모와 자식, 상사와 부하 사이의 대화 역시 자주하면 습관이 되어 자연스러워지고 쉬워진다. 처음 대화를 시작할 때는 가벼운 주제 또는 공통의 관심사에 대해서 이야기하고 상대가 마음의 문을 여는 정도에 따라 무거운 주제에 대해서 대화하는 식으로 속도를 조절하면 된다. 언제부터인가 자식이나 부하가 먼저 대화를 요청하거나 술 한잔하자는 제안을 받게 된다면 그때부터는 당신의 충고나 조언이 더 이상 잔소리로 취급받지 않을 것이다.

경계업무

　　　　　　　　　　　　집에서나 직장에서나 지위고하를 막론하고 각자의 업무 영역이 정해져 있다. 거의 대부분의 업무는 책임과 담당이 정해져 있다는 말이다. 그런데 일하다 보면 딱히 누구 또는 어느 부서의 업무인지 정해져 있지 않고 애매한 일이 있게 마련이다. 이런 업무를 소위 경계업무라고 한다. 물론 운영체계가 잘 갖춰져 있고 잘 돌아가는 조직이라면 상대적으로 경계업무도 적을 뿐 아니라 있다고 해도 서로가 적극적으로 업무분장을 조정해서 해결하기 때문에 별로 문제가 되지 않는다. 그러나 애석하게도 보통의 조직이나 갑작스럽게 규모가 커진 기업은 운영체계가 미비한 경우가 많아 경계업무도 많고 처리 역시 부서 이기주의 등으로 지연되거나 기피되곤 한다. 경계업무가 발견될 때마다 담당자를 지정하거나 규정과 매뉴얼을 제정하여 해결하면 되는데, 실제 현실에서는 부서 간의 이견으로 해결이 쉽지 않다.

　이럴 때는 두 부서 간의 경계업무를 두 부서를 관장하는 최고 책임자가 적극적으로 책임지고 해결해야 한다. 공장 또는 회사 간의 경계업무의 최종 해결 책임자는 공장장 또는 사장이라고 보면 된다. 두 부서 간의 문제라면 부장일 것이다. 예를 들어보자. 공장 주변에 쓰레기가 많이 있는데 아무도 치우는 사람이 없다면 그것은 경계업무이고, 당연히 공장장이 해결해야 할 업무이며 공장장이 치워야 한다. 만약 공장장이 치우기 싫다면 규정을 제정해서 쓰레기 치우는 책임을 명확히 하거나 담당자를 정해서 책임지고 치우게 하면 된다. 이렇게 경계업무를 실시간으로 해결하다 보면 어느새 그 조직은 팀워크가 좋은 조직으로 변화되고 있을 것이다.

　부하들은 당연히 수동적이라고 생각해야 한다. 그들은 결코 알아서 일을 처리하지 않으려는 경향이 있다. 그렇기 때문에 알아서 모든 일을 처리해주기를 기대하면 안 된다. 계속해서 지시하다 보면 언젠가는 일하는 요령이 습관화되고, 시간이 흐르면 공장 또는 회사가 공장장 또는 사장의 업무 스타일로 바뀌게 되고, 이것을 사람들은 그 공장 또는 회사의 문화라고 말한다. 결국 좋은 기업 문화는 그 기업 리더의 평판과 같다.

인맥 만들기

나는 애석하게도 약학대학 1기생이다. 졸업하고 사회에 나와 보니 어렵고 힘들 때 도움받고 기댈 선배가 없다는 것이 많이 아쉬웠다. 그래서 내 나름대로 선배의 기준을 바꾸기로 했다. 즉 나보다 먼저 졸업하신 분들은 모두 선배라고 정의하니 주변에 선배가 너무도 많았다. 실제로 사회생활을 통해 경험한 바로는 악한 사람이 의외로 많지 않았고 대부분의 경우 도움을 요청하면 흔쾌히 도와주셨다. 참 좋은 세상이다.

대학교 입학시험을 치르고 합격자 발표를 확인하러 대전에 갔을 때의 일이었다. 대전역 앞에서 버스표를 판매하는 아주머니에게 합격자 발표장까지 가는 길을 물어보고 걸어가고 있었다. 그때는 차비가 부족해서 걸어갈 수밖에 없을 정도로 집이 가난했었다. 뒤에서 방금 전의 그 아주머니가 불렀다. 이유를 물어보니 분명히 합격자 발표를 보러 온 학생 같은데 발표를 보러 갈 때는 아직 희망이 있으니 힘든 줄 모르겠지만 만에 하나 떨어지기라도 하면 돌아올 때는 다리에 힘이 풀려 어떻게 걸어오겠느냐면서 버스표 2장을 주셨다. 그때의 고마움 때문인지 지금도 그때의 그 버스표 판매점이 있던 근처를 지나갈 때면 행복하다.

30년 넘게 직장생활을 하면서 도와주신 분들께 감사한 마음을 느낀 바가 커서 뭔가 보답할 방법을 찾게 되었고, 그중 한 가지가 개인적 또는 업무적으로 가까운 이들에게 매일 아침 맞춤형 정보를 제공하는 것이다. 벌써 15년 넘게 해오고 있는 것 같다. 1천여 명은 되는데 매일매일 내 생활의 일부로 자리 잡아서 하루라도 빼먹으면 마음이 불안해진다. 물론 나에게 좋은 정보를 제

오래 가는 직장인

공해주는 스폰서도 몇 분 있다. 지면을 빌어 그분들에게도 감사의 말씀을 전한다.

매일 이메일로 나름대로 유익한 정보를 보내다 보니 실제로는 몇 년 만에 만나도 자주 만난 사람처럼 반가워해서 오히려 깜짝 놀랄 때도 많다. 금전적으로 부담되는 것도 아니고 내가 할 수 있는 조그마한 노력으로 뭔가 타인들에게 조금이나마 도움을 주고 있다고 생각하면 하루라도 정보제공을 거를 수가 없다. 사정이 있어 하루라도 정보제공을 거르면 오늘은 왜 이메일을 안 보냈냐는 흐뭇한 항의를 받기도 한다. '처음 만나는 사람일지라도 나를 만나고 헤어질 때 뭔가 즐겁거나 얻은 것이 있다고 생각할 수 있도록 늘 준비하고 배려하는 것이 인간관계의 기본이 아닐까' 하고 나 자신에게 다짐한다.

조건 없는 배려가 서로의 관계를 좀 더 끈끈하게 해주는 것 같다. 그래서 나는 내 사무실을 방문하는 사람들을 위해 항상 초콜릿이나 사탕을 준비해 놓는다. 그것을 통해서라도 달콤함을 느끼라고 말이다.

겸손하라
겸손한 척이라도 하라

────────────── 사람과 사람의 관계에서 한 번 만나고도 오랫동안 좋은 이미지로 기억되는 가장 좋은 방법 중의 하나가 바로 '겸손'이 아닌가 한다. 겸손하다는 이미지는 사람들의 무장을 해제시키고, 즉 경계심을 풀게 하고 거리감을 줄이는 효과가 있다. 특히 보통 사람들의 범위를 벗어나는 겸손, 예를 들어 고위층, 지도층 인사인데 평범한 사람들에게 겸손한 모습을 보인다든지 하는 경우에는 더더욱 좋은 이미지를 심어줄 수 있다. 그래서 정치인들은 선거철만 되면 갑자기 재래시장을 찾고 노인회관을 방문하면서 자신이 겸손하고 소탈하다는 점을 부각시키려고 애를 쓰지 않는가 말이다. 물론 뒷배가 없

는 일반 사람들이라면 고위층이나 부유층 인사들 앞에 서면 주눅이 들고 자동으로 나도 모르게 겸손해지는 측면이 있지만 부유층, 고위층의 자녀들의 경우 어려서부터 왕자님, 공주님 대접을 받고 성장했을 가능성이 크고, 주위에서도 항상 그들의 의사에 따라 원하는 대로 행동했을 것이기 때문에 소위 서민들의 어려움을 모르는 경우가 많다. 의외로 돈을 잘 쓰지 않고, 오히려 잔돈이 없다고 택시비 좀 달라고 하는 등 짠돌이도 많다고 한다.

인간이면 누구나 지위나 직급이 높아질수록 조직 내에서의 영향력이 커질수록 자신의 권한이나 힘을 과시하고 싶고 교만해질 가능성이 큰 것이 어찌 보면 당연한 현상이다. 그래서 그럴 것이라고 예상되는 사람이 오히려 겸손하게 행동할 경우 많은 사람들의 존경을 받게 된다. 부모로부터 기업을 물려받았거나 후계자 수업을 받고 있는 분들을 만나면 항상 부탁하는 말이 있다. 아랫사람들에게 겸손하게 행동하라고. 그러면 그들은 자신이 존경 또는 인정받았다는 생각으로 충성을 다할 것이라고. 그럼에도 불구하고 원래 태어나기를 겸손과 먼 성격으로 태어났거나 가정교육을 잘못 받아서 도저히 겸손할 수 없으면 '겸손한 척이라도 하라'고 말이다. 왜냐고? 그것이 돈을 가장 적게 쓰면서 가장 큰 효과를 볼 수 있는 방법이니까. 가끔 2세, 3세들의 일탈과 갑질로 언론을 뜨겁게 하는 것을 보면 그 이유를 따로 설명하지 않아도 잘 알 수 있을 것이다.

최종가격 협상은
누가 하나요?

직장생활, 특히 뭔가를 구매하는 제조업 직장에서 근무하는 임직원들은 크고 작은 기계, 설비, 비품, 원자재 등을 구매하는 업무를 경험하게 된다. 물론 사용부서에서는 해당 물품의 사양을 정하고 여러 공급업

오래 가는 직장인

체에 접촉하여 원하는 물품의 구매의사를 전달하고 견적을 받게 된다. 고가 물품의 경우에는 따로 공급업체별로 설명회도 개최하고, 내부 관련자들이 모여 해당 물품의 성능, 가격, A/S, 유지관리비용 등을 면밀히 검토해 최종견적을 받게 된다. 이때 최종가격 협상(Nego)을 어느 부서의 누가 하는가는 매우 중요하다. 회사에 따라 사용부서 즉 공장의 경우는 공장장이 담당하기도 하고, 어떤 회사는 구매부서에서 담당하기도 하며, 어떤 회사는 회사의 최고경영자가 맡기도 한다. 누가 최종가격 협상자인가에 따라 중요하게 보는 관점이 다를 수 있기 때문에 담당자가 누구인가는 매우 중요하다.

공장에서 담당하게 되면 무엇보다도 물품의 성능, A/S, 유지관리비용 등을 중요시하겠지만, 구매부서나 최고경영자가 담당자라면 아무래도 가격 자체가 중요하다. 이로 인해 실제 현장에서 원하는 물품이 아니라 현장의 요구사항이 무시된 가격만 저렴한 물품을 구입하여 현장에서 사용 중에 많은 애로사항이 발생한다. 특히 최종결정에 최고경영자가 개입할 경우 공급업체는 최고경영자와 협상만 잘하면 되기 때문에 현장에 물품이 입고된 후 사용상 불만의 해결, A/S 등에서 애로가 발생한다. 공급업체는 최고경영자의 선택만 받으면 되기 때문에 굳이 현장 담당자들의 생각까지 중요하게 보지 않기 때문이다.

내 경험을 예로 들면 과거에 공장을 신축하는 업무를 진행한 적이 있었다. 이때 최종가격협상과 관련하여 여러 건축업체를 초청하여 우리의 요구사항을 제시하였고, 최고경영자가 최종가격협상을 공장장이 전담할 것이니 최종견적가격을 공장장에게 보내고, 공장장과의 가격협상 결과를 그대로 따를 것이라고 선언했다. 이를 믿고 공장장은 건축업체들과 끈질기게 협상을 했고 충분한 검토를 거쳐서 이 중 한 업체를 우선협상대상자로 선정하여 오너에게 보냈다.

문제는 이후에 발생됐다. 오너는 나 몰래 우선협상대상 업체를 불러서 추가로 가격인하를 해주지 않으면 계약하지 않겠다고 협박했고, 결국 4시간에 걸친 협박과 회유에 굴복하여 적지 않은 금액을 인하해주게 되었다. 나중에 알게 됐지만 그 금액은 그 업체의 이익예상액의 대부분이었다. 공사 시작 전부터 그 회사는 이익을 남기기 위해 여러 가지 편법을 동원했고, 끊임없이 우리 회사 담당자와 갈등을 겪게 되었음은 물론이다. 결국 건축업체는 적자를 기록했고 자금압박으로 몇 년 못 가서 부도를 내고 파산하고 말았다.

공장장 역시 중간에서 입장이 곤란해졌다. 더 이상 낮출 수 없는 가격으로 최종가격을 결정했다고 오너에게 보고했는데 건축업체가 덜컥 오너에게 추가로 수억 원을 인하해줬으니 공장장은 자기 연봉의 몇 배가 되는 금액을 깎을 수 있는데도 못 깎아 회사에 손실을 끼친 무능한 임원이 되어버린 것이다. 여기서 월급쟁이들에게 조언하자면 가능하면 최종가격협상은 오너에게 양보하라. 아니면 죽을 각오로 최종가격을 협상하고, 공급업체에게도 아무리 오너가 추가로 가격인하를 요구해도 거래를 안 하면 안 했지 도저히 추가인하는 불가하다고 할 정도의 최종가격을 요구해야 한다.

큰물을
담는 방법

자식이 태어나면 그 성장과정에 맞춰 공부를 시킨다. 자식의 그릇을 키울 때 공부보다 더 쉽고 더 많은 성과를 얻을 수 있는 효과적인 방법이 없기 때문일 것이다. 마찬가지로 회사 같은 조직에서는 같은 월급을 주더라도 더 많이 회사에 기여하는 사람을 원한다. 그래서 끊임없이 자기계발을 독려하고, 교육훈련을 시키고 각종 인센티브를 당근으로 제시하거나 성과와 연봉을 연계시켜서 성과가 좋으면 연봉이나 인센티브를 더 많이 주기도 한다. 당연히 직원들 개개인의 가성비, 즉 월급 대비 회사 기여도를 높이는 것이 목표인데 이는 결국 직원들 개개인의 그릇을 키우려는 것이기도 하다. 그러나 현실에서는 직원들의 그릇을 키우는 일이 생각처럼 쉽지 않다. 직

   오래 가는 직장인

원들의 그릇을 키우는 데 소요되는 시간, 노력, 비용에 비해 그 효과는 회사가 원하는 만큼 크지 않다는 것이 문제다. 이런 이유로 이미 회사가 원하는 만큼 크다고 생각되는 그릇, 즉 경력사원을 외부에서 영입하곤 하는데 이것이 어쩌면 현실적이고 효율적일지도 모른다.

그러나 내 경험으로 볼 때 경력사원 중 애초 그 경력사원을 영입할 때 회사가 기대했던 만큼의 능력을 발휘하는 경우는 20% 정도에 불과한 것 같다. 반대로 직원들의 입장에서 보면 나름대로 열심히 노력하고 있고 언젠가는 내가 가야 할 자리를 외부에서 영입한 경력자가 차지해버리기 때문에 심각한 사기 저하 문제가 되기도 한다. 회사 입장에서 보면 교육을 시켜도 원하는 속도만큼 빨리 직원들이 따라오지 못하고, 그렇다고 외부인재를 영입하면 직원들의 사기가 떨어지니 고민거리다.

충분한 시간이 있다면 모르겠지만 회사가 빠른 속도로 성장하고 있고, 주변 환경이 빠르게 변하고 있다면 직원들을 회사의 성장과 환경변화에 빠르게 적응시켜야 한다. 그리고 부족한 부분은 외부인재 영입으로 해결할 수밖에 없다. 내가 생각하는 팀장 또는 임원 중 외부인재 영입 비율은 50% 정도가 적당하다고 본다. 너무 외부인재가 많으면 기존 장기근무 직원들이 일시에 퇴출되는 부작용이 발생하고, 너무 적으면 기존 장기근무 직원들의 비협조나 텃세로 인해 영입 효과를 발휘할 수 없기 때문이다. 50% 즉 1:1 정도로 비율을 맞출 경우 서로 윈-윈 할 수 있다고 생각한다.

가족회의와
민주주의

나는 딸 셋에 아들 하나, 즉 4명의 자식이 있다. 지금은 장성해서 큰딸은 충남 아산에서 살고 있고, 둘째딸은 일본 도쿄에서, 막내딸은 호주 시드니에서 살고 있고, 아들만 함께 지낸다. 자식들이 어릴 때는 부모님을 포함해서 8명의 가족이 대가족을 이루어 살았기 때문에 특히 아내에게는 하루하루가 매우 힘들었던 시절이었다. 자식들이 많다 보면 여러 가지로 힘든 점이 많은데 외식메뉴를 정한다거나 야유회 장소를 결정하는 것조차 쉽지 않다. 한번은 아이들 4명을 데리고 외식을 하러 시내로 나간 적이 있었다. 그날도 역시 메뉴 선정에서 의견이 좁혀지질 않았다. 아이들이 각자 자기가 좋아하는 음식을 먹어야 한다고 주장하는 바람에 자칫하면 외식 자체를 포기해야 하는 상황까지 갔는데, 그냥 집으로 돌아가려는 나에게 아내는 각자 먹고 싶어 하는 것을 먹게 해주자고 제안했다. 결국 큰딸에게는 스파게티 식당에 가서 스파게티를 시켜주고, 둘째딸에게는 중국 음식점에 가서 짜장면을, 막내딸에게는 갈비탕을 사주는 식으로 주문해주고 나니 아내와 나는 결국 식사도 못 하고 집에 와서 라면을 먹었다.

이렇게 개성이 뚜렷한 자식들을 합리적으로 키우기 위해 아내와 내가 나름의 민주적인 제도를 생각해냈는데 그것이 바로 '가족회의'다. 이름만으로는 별로 특이할 것도 없지만 내용은 조금 다르게 운영했다. 엄마, 아빠, 큰딸, 둘째딸, 막내딸, 아들까지 가족회의의 구성원은 모두 동등한 권한과 책임을 가진다. 구성원 중 누구라도 가족회의 개최를 제안할 수 있고 엄마와 아빠는 가족회의를 제안받으면 무조건 가족회의 준비를 진행해야 한다. 특별하게 따로 준비할 것은 없다. 가벼운 다과와 음료수 정도면 되는데 모든 구성원이 모여서 제안자의 설명을 듣고 토론에 들어간다. 이때는 나이나 족보상의 서열은 의미가 없고 결과에 대해서는 온 가족이 무조건 따르는 것이 불문율이다.

주된 토론 내용은 가족여행, 외식 등이었지만 아이들의 진로문제, 이성문제, 땡땡이, 비교육적이거나 예의 없는 행동 등 구성원의 비리 등에 관한 것이었으며 치열하게 토론하지만 반드시 결론을 내야만 한다. 이런 식이다. 자식들 중 한 명이 공부를 게을리하고 이성문제에 집착하는 것을 보고 다른 아이가 가족회의를 제안했다면, 회의 중에 엄마나 아빠는 말 한마디 안 해도 저희들끼리 격렬하게 토론하여 결론을 내기 때문에 오히려 엄마나 아빠가 충고나 잔소리보다 효과가 좋았던 것으로 기억한다. 물론 엄마나 아빠는 결코 공부하라는 말을 하지 않았지만 형제들끼리는 공부하라고 다소 심하게 충고하더라도 부모의 충고에 대한 저항보다는 약했고, 그 효과는 지금 생각해도 100점짜리였다.

직장에서도 마찬가지다. 상사가 회의 서두에서 먼저 의견을 말하고 나서 부하들의 의견을 구한다면 아무리 민주적인 회의진행을 강조하며 기탄없이 발언하라고 주문해도 결코 처음 상사가 말한 의견의 범주를 벗어나기 힘들 것이다. 만약 상사가 정말로 회의를 민주적으로 진행하고 싶고 다양한 의견을 수용할 자세가 되어 있다면 가급적 상사의 의견은 말하지 않아야 하고 회의 결과에 대해 전적으로 동의하겠다고 선언해야 한다. 실제로 결과를 받아들여야만 하기 때문에 부하들에 대한 전폭적인 신뢰가 전제되어야 하고 대단한 용기가 필요하다.

모자가 너무 크면 앞을 못 보고
신발이 너무 크면 걷지 못한다

임원이 해야 될 가장 중요한 업무 중 하나는 인재를 확보하고, 지도하고, 능력이나 실적이 미달하는 직원을 코칭하여 인재로 만드는 한편 도저히 적응하지 못하거나 성과가 미달되는 직원을 내보내는 일이다. 즉 사람 관련 업무의 비중이 전체 업무의 절반 이상을 차지한다. 여기에서는 인재육성과 관련된 내용에 대해 말하고자 한다. 보통 신입사원이 입사하면 공통연수교육, 현장직무교육 등을 거친 후 본격적으로 현장에서 업무를 시작하게 되는데 업무를 시작하고 3~6개월 정도 지나면 신입사원 중 눈에 띄는, 즉 적응 잘하고 일 잘하는 직원과 잘 적응하지 못하는 직원들이 구별되기 시작한다. 그중 일 잘하는 직원에 대해서는 좀 더 빠르게 성장시키고 관리자나 팀장으로 육성하기 위해 더 많은 기회를 주기도 한다.

주기적으로 새로운 업무를 경험하게 하기도 하고, 해외출장이나 타 회사 견학 등의 기회도 제공한다. 별도로 외부교육을 통해 관리자의 자질을 연마시키고 몇 명 정도의 소그룹을 직접 관리해보는 기회를 주는 등의 배려가 그것이다. 이렇게 해서 어느 정도 자질이 검증된 직원들의 경우 새로운 팀이 생기거나 팀장이 공석이 되었을 때 새로운 팀장으로 보임되는데, 이때 예기치 못한 문제가 발생하기도 한다. 분명히 유능한 관리자로서의 자질도 보였고 담당하던 소그룹 관리에도 문제가 없었는데 팀장이 되고 나자 갑자기 업무체계가 없어지고 계획의 수립 및 실행도 힘들어하며 여기저기서 사고가 발생한다. 원인을 파악하기 위해 팀장과 팀원들을 면담해보면 대개는 업무나 인원 등 갑자기 커진 관리영역을 감당하지 못해서, 특히 육체적으로 바빠지니 여유가 사라져 정신적으로도 중심을 못 잡고 헤매는 현상이 나타나는 것이다.

어제까지는 분명 소그룹을 잘 운영했지만 팀장이 되는 순간 관리해야 할 대상은 몇 배로 늘어난다. 충분한 마음의 준비나 적응 시나리오가 부족한 상황이라 쉽게 결정하지 못하는 결정장애 현상을 일으켜 업무 진행을 지연시키거나 엉뚱한 결정으로 사고를 유발하기도 하는 것이다. 분명히 경력이나 경험으로 볼 때 충분히 팀장이 될 수 있다고 판단되어도 실제로는 팀장이라는 자리가 너무 큰 모자나 너무 큰 신발이 되어서 잘 보지 못하고 잘 움직이지 못하게 만든다. 이런 식으로 팀원으로서는 유능했지만 팀장으로서는 무능한 사람이 되어버리는 경우가 종종 발생한다.

그래서 적어도 팀장 재목으로 생각되는 직원이 있다면 팀장에게 특별한 사정이 생겼을 때 단기간 업무대행 등을 경험하게 한다든지, 팀장회의를 참관하게 하여서 팀장으로서의 권한과 책임에 미리 대비할 수 있는 훈련과 시간이 필요하다. 또한 업무를 매뉴얼화하거나 과거 선배들의 사례를 문서화하면 권한과 책임이 명확해지고 선배들의 시행착오를 미리 경험할 수 있기 때문에 이 또한 팀장이 되었을 때의 혼란을 줄일 수 있는 방법이다.

돈 안 드는 베풂
립 서비스

흔히 임직원들의 사기를 높이고 근무 의욕을 향상시키기 위해서 월급인상, 보너스나 인센티브 지급, 복지개선 등을 시행하곤 한다. 그러나 이러한 금전적인 보상은 그 효과가 채 3개월 정도밖에는 지속되지 않는다는 연구결과가 있다. 오히려 많은 학자들의 연구에 따르면 임직원들에게 성취감을 주고 인정받는 느낌을 가지게 한다든지 상사로부터 신뢰받고 있다고 생각하게 만드는 것이 보다 지속적인 효과가 있다고 한다.

어떤 직원에게 팀장이 어깨를 쳐주면서 당신은 일을 잘하고 있다, 나는 당신을 믿는다고 말하면서 격려하면 그 직원의 사기와 의욕이 향상될 것이고 그 효과는 적어도 1주일 정도는 지속될 것이다. 만약 임원이 그렇게 격려해주면 그 효과는 1개월 정도는 지속될 것이다. 그런데 회장님이 이름을 기억하며 어깨를 두드리고 격려해줬다면 그 효과는 6개월, 아니 1년 이상 지속될 수도 있을 것이다. 이것이 대표적인 립 서비스의 예이다.

가족이나 사랑하는 연인 사이에서는 키스나 뽀뽀가 최고의 립 서비스가 되겠지만 회사와 같은 조직에서는 상사가 분명하게 부하에게 나는 당신을 신뢰하고 있으니 열심히 일하라고, 당신이 있어서 든든하다고 말로 표현해주는 것이 돈 안 드는 최고의 동기유발 방법이 되는 것이다. 현실에서는, 특히 나이가 많은 상사일수록 칭찬과 격려가 부족하다. 오히려 많은 노력과 고생 끝에 이루어낸 성과에 대해서도 칭찬은 고사하고 과거의 내 경험으로 볼 때 이 정도는 아무것도 아니라는 식의 말로 부하들의 사기를 꺾어버리는 경우가 많다. 상사가 먼저 부하에게 "수고했다. 역시 당신은 나를 실망시키지 않는다. 앞으로 더 잘할 수 있도록 우리 함께 조금 더 노력하자. 나도 당신의 발전을 위해 열심히 노력하겠다."라고 말해준다면 부하들은 얼마나 신나고 사기충천하겠는가? 립 서비스의 중요성을 강조하기 위해서 여기에 《7분의 기적》이라는 책의 내용 일부를 인용해본다.

당신의 한마디

당신의 한마디에 격려받고
당신의 한마디에 꿈을 꾸고
당신의 한마디에 생기가 돋는다.
당신의 한마디에 분노를 느끼고
당신의 한마디에 실망하고
당신의 한마디에 운다.
당신의 사소한 한마디는 불가사의한 힘을 지녔다.
당신의 사소한 한마디가
그 한마디가 사람을 살리고
그 한마디가 사람을 죽인다.

의사결정의 중요성

1-10-100원칙

사람은 누구나 어떤 경우에나 크고 작은 결정과 선택을 하게 된다. 하찮은 결정이야 별로 부담되지 않기 때문에 쉽게 할 수 있지만,

오래 가는 직장인

그 결정이 돈과 연결되면 결정 자체가 쉽지 않게 되고 결정하는 행위가 그 사람의 능력과도 연결된다. 급변하는 환경변화에 대응하기 위해서는 신속 정확한 결정이 매우 중요한데 어느 조직이나 결정을 힘들어하거나 결정자체를 잘하지 못하는 소위 결정장애 환자들이 넘쳐나고 있는 것도 현실이다. 회사 내에서 구성원의 지위와 이들의 결정에 따른 비용과의 관계를 살펴보자. 내가 속한 직장에서는 보통 팀장급이면 1억 원 내외의 집행이나 투자결정을 한다. 이 경우 의사결정이 잘못되면 1억 원 내외의 손실이 발생한다. 마찬가지로 임원이라면 10억~수십억 원 정도의 의사결정을 하는데 이 역시 의사결정에 문제가 있다면 그만큼의 손실을 가져오게 된다.

CEO라면 어떨까? 아마 100억~수백억 원 아니면 그 이상의 의사결정을 하게 될 것이고, 그만큼 엄청난 손실이 발생함은 물론 자칫하면 회사가 망할 수도 있다. 그렇기 때문에 어떤 의사결정 전에는 나름대로 사장상황도 분석하고 미래도 예측해보고 여러 분야의 참모들과 상의도 하는 등의 준비를 거친다. 그러나 최종결정은 CEO 본인이 하는 것이다. 결국 결정의 결과에 대한 책임은 최종결정자에게 있다는 말이다. 아울러 결정을 앞두고는 당연히 결정의 결과가 가져올 좋거나 나쁜 결과에 대한 대응계획을 수립할 필요가 있다. 항상 최선의 계획뿐만 아니라 그 계획대로 잘 되지 않았을 때를 대비한 차선의 계획인 플랜 B를 준비하는 치밀함이 필요하다.

여기서 나의 경험을 얘기하고 싶다. 전에 근무했던 직장에서의 일이다. 최고경영자가 진행하고자 하는 사업에 대해서 시장조사 자료, 전문가의 연구검토 보고서 등 여러 가지 근거와 논리를 가지고 위험성이 크기 때문에 좀 더 검토해야 한다고 지속적으로 반대 입장을 주장했던 적이 있었다. 계속해서 사업의 위험성을 지적하자 결국 그 오너는 화를 내기 시작했고 급기야는 사업진행 자체에 대한 부정적인 언급 자체를 금지시키고 자신의 뜻대로 밀어붙였다. 시간이 흐른 뒤 임원들이 예상했던 대로 그 사업은 실패로 끝났고, 그 오너 역시 이사회에서 자신의 잘못을 인정하는 사태에까지 도달했다.

문제는 그 이후에 발생했다. 그 오너의 측근으로부터 전해들은 이야기로는 나에게 큰 단점이 있는데 그것은 바로 자기주장을 끝까지 밀어붙이지 않고 어느 순간부터는 주장을 중단해버리는 것이란다. 만약 그때 당시 내가 목숨 걸고 주장을 계속했더라면 오늘의 실패는 없었을 것이라는 말이었다. 결국 누군가 책임질 사람이 필요했다는 것이고, 이것이 내가 그 회사를 떠나게 되는 계기가 되었다. 이후에 나의 후임 공장장도 비슷한 이유로 그 회사를 떠난 것으로 알고 있다.

공장장을 이기는 세 가지 방법

나는 공장 임직원들에게 나를 이기는, 즉 나를 설득할 수 있는 방법이 세 가지 있다고 말하곤 한다. 크고 작은 업무를 진행하다 보면 항상 크든 작든 결정을 해야만 하고 대부분의 결정은 공장장의 결재나 승인을 받아야 하는 경우가 많다. 이때 기안자나 승인신청자의 생각과는 달리 공장장이 쉽게 결재나 승인을 해주지 않는 경우에 공장장을 이기는 혹은 설득시키는 방법에 관한 것이다.

첫째, 가장 바람직한 경우에 해당하는 것으로 논리와 과학적인 근거를 제시하는 것이다. 부하가 합리적인 논리와 과학적인 근거를 제시하면서 합법적이고 회사에 도움까지 되는 아이디어를 제시하는데 반대하는 상사는 당연히 없다. 그러나 대부분 부하의 아이디어는 허점도 많고 논리나 근거가 빈약한 것이 현실이기 때문에 현실감은 많이 떨어지는 방법이 되겠다.

둘째, 인정에 호소하는 방법이다. 공장장도 사람인지라 그동안 함께했던 시간이나 어려움을 나누었던 경험 등을 내세우면서 간절한 눈빛으로 애원하는

 오래 가는 직장인

부하를 이길 수 있는 상사는 의외로 많지 않은 것 또한 현실이다. 아주 큰 비용이 필요하거나 위험부담이 큰 경우라면 모를까 대부분의 경우에 의외로 잘 통하는 방법이다.

셋째, 다소의 배짱이 필요한 방법으로 어느 정도 혼날 것을 감안하고 반복적으로 상사를 귀찮게 하는 것이다. 처음 승인을 요청했을 때 상사가 승인하지 않은 사유를 보강해서 다시 승인 요청하고 또 상사가 거부하면 다시 또 보완해서 또 승인 신청을 하는 식으로 상사를 귀찮게 하는 작전이다.

내가 근무하던 회사에서의 경험을 예로 들어보겠다. 내 생각에는 아무리 생각해도 꼭 필요했고 그래서 시설 구입을 기안한 적이 있었다. 그런데 사장님은 내 생각과는 달리 필요를 못 느끼셨던 것 같았다. 기안 반려 사유가 "다음 달에 다시 기안하세요."였던 것으로 기억한다. 그래서 다음 달 1일에 다시 기안을 올렸는데 또다시 다음 달 기안 조건으로 반려되기를 12번, 마침내 13번째 기안서에서 사장님의 승인을 받았다. 이때 결재란 옆에는 '에이, 독한 놈'이라는 메모가 붙어있었다. 그래도 다행스러운 것은 그렇게 투자해서 실험실이 달라지자 사장님께서는 외부 귀빈들이 오면 공장 견학 시에는 꼭 실험실에 들러 자랑하곤 했다. 이 일로 나에 대한 강한 이미지를 사장님에게 심어주기는 했는데, 아마 지금이라면 엄두도 내지 못할, 즉 젊은이의 특권이 아니었나 싶다.

자기관리

사람들은 누구나 조직생활을 하면서 크고 작은 스트레스를 받게 된다. 특히나 직장생활에서는 더 심한 스트레스에 시달리게 되는데 질병에 걸리거나 죽을 수도 있다고 하니 나름대로 스트레스를 덜 받을 수 있거나 해소시키는 방법을 찾아야 한다.

나는 성격이 매우 내성적이기 때문에 새로운 사람들을 상대하는 업무에서 스트레스를 많이 받는 편이다. 그래서 어릴 때부터 내 나름대로의 스트레스를 푸는 방법 또는 스트레스를 덜 받는 방법을 가지고 있다. 그중 하나가 엉덩이를 가볍게 하는 것이다. 무슨 일이 생기거나 무슨 일을 해야 한다고 생각하면 망설이지 않고 즉시 행동으로 옮긴다. 즉 현장으로 달려가서 직접 내 눈으로 확인하거나 일단 행동을 시작하고 나서 행동과 생각을 동시에 진행하면 자리에 앉아서 생각하고 고민하면서 받는 스트레스를 줄일 수 있다. 만약 뭔가를 하기로 결정했다면 가급적 빨리, 가장 좋기로는 지금 당장 실행에 옮긴다. 어느 날 담배를 끊어야겠다는 생각이 들어서 그 즉시 끊어버렸고, 아침에 일찍 일어나거나 하루에 1만 보 이상 걷는 것도 결심한 그 순간부터 즉시 실행했기 때문에 불필요하게 고민하거나 망설일 시간을 주지 않게 되어 스트레스 역시 적게 받았다고 생각한다.

또 다른 방법은 코미디를 본다든지 하는 식으로 웃을 수 있는 상황을 찾거나 억지로라도 큰소리로 웃는 것이다. 아무리 기분이 나빴어도 억지로 큰소리로 웃고 나면 왠지 기분이 전환되는 효과가 있다. 한 번 해보길 권한다. 만약 직장이나 대인관계 또는 업무적으로 심각한 어려움에 처하거나 기분이 상했다면 나는 내가 평소에 정해놓은 기준에 따라 이런 경우에는 30분짜리, 이번 경우는 3시간짜리, 이번에는 다소 심각하니까 3일짜리 하는 식으로 기분 나빠 하거나 고민하는 시간을 정해놓고 그 시간 동안만 열심히 기분 나빠하거나 고민한다. 그 후에는 깨끗하게 마음을 정리하는 습관을 가지고 있다.

물론 나도 사람이기 때문에 완전하게 감정의 정리가 되지 않아서 가끔은 생각나고 기분이 나빠지는 경우도 있지만 자꾸 연습하다 보니 이제는 어느 정도 습관으로 굳어져 스스로 놀랄 정도로 나 자신에 대한 관리가 가능해졌다. 세상이란 놈은 참 불평등해서 내가 아무리 노력해도 나를 잘 알아주는 경우가 많지 않다. 그렇다고 화내고 고민하면서 스트레스받아 봤자 결국 나만 손해가 아닌가. 스트레스받아서 위장병이라도 걸리면 속 쓰린 것 때문에 또 스

     오래 가는 직장인

트레스를 받을 테니 말이다.

차라리 남들과 나를 비교하지 말자. 나의 경쟁 상대는 나라는 생각으로 나와의 약속을 철저히 지키고, 내가 세운 기준대로 내 나름의 길을 가면 그렇게 해서 나를 이기면 그것이 진정한 승리가 아닐까. 나와의 싸움에서 이길 때의 기쁨은 이겨본 사람만 알 수 있다. 나와의 싸움에서 많이 이겨본 사람은 결국 자기관리에 철저한 것이고 결국에는 성공할 것이라고 믿는다.

결정장애

요즘 유행하는 말 중에 결정장애라는 것이 있다. 작은 것으로는 짜장인가 짬뽕인가부터, 어떤 옷을 입을 것인가도 쉽게 결정하지 못해서 대신 결정해주는 스마트폰 어플까지 생겼다고 하니 심각한 수준이라 하겠다. 미국에서는 대신 결정해주는 직업까지 생겼다고 한다. 나는 이런 결정장애의 근본 원인이 우리나라의 가정교육에서부터 시작되었다고 생각한다.

아주 어려서부터 모든 것을 부모님이 결정해주는 것에 익숙하다 보니 정작 사회에 나와서 직장생활에서도 매사를 쉽게 결정하지 못하고 고민만 하면서 시간을 끌다가 일을 망쳐버리는 것이 아닐까. 업무를 통해 두세 번 비슷한 경험을 하게 한 후 다음부터는 전에 했던 것을 참고로 혼자 해보라고 맡기면 전혀 진행하지 못하고 고민만 하고 있거나 아예 포기해버리는 직원들도 제법 많다. 이럴 때 상사들은 그런 직원들이 아무 생각이 없는 것 같다고 평가하는데, 비단 신입사원이나 말단 직원뿐 아니라 관리자들 중에도 결정이 필요한 상황에서 쉽게 결정을 내리지 못하고 끙끙거리거나 다른 관리자 또는 다른 부서로 결정권을 넘겨버리려고 하는 경우도 있다.

전에 근무했던 직장에서의 일이다. 처음 공장장으로 임무를 시작하고 나서 회사의 중장기 발전계획을 작성하여 보고하면서 주사제 공장의 신축을 포함해 기존 공장의 리모델링이 필요하다고 주장했었다. 그 후 이런 나의 주장은 매년 계속되었고 결국 9년 뒤에야 주사제 공장을 건축하기로 결정이 되었다. 그러나 이미 시기적으로 늦었기 때문에 주사제 공장의 건축은 더이상 의미가 없다고 판단했고, 그래서 이번에는 반대하는 주장을 하게 되었다. 그럼에도 불구하고 주사제 공장의 건축은 강행되었지만 이미 사업성이 나빠졌기 때문에 많은 아쉬움이 남았던 기억이 있다. 만약 1년만 빨리 공장을 지었더라면 더 많은 사업 기회가 있었을 텐데 말이다. 전형적인 오너의 결정장애의 예라고 할 수 있을 것이다.

결정장애 환자가 최고 결정권자라고 상상해보자. 여러 가지 상황을 근거로 최종결정을 적기에 내려야 하는데 이런저런 이유로 결정을 못하고 우물쭈물 시간만 보내고 있다면 그 조직의 앞날은 뻔하지 않은가. 모든 결정에는 그 결과에 따른 위험이 존재한다. 그래서 어느 정도 용기도 필요하고 성공 또는 실패에 따른 추가대책도 생각해야 하기 때문에 적기에 결정하지 못하면 그 피해는 상상 이상이 되기도 한다는 점을 기억해야 한다. 자신의 능력이나 판단력으로 결정이 어렵다고 생각되면 그 즉시 상위자에게 넘겨서 적기에 결정할 수 있도록 해야 한다. 결정을 못 하고 질질 끌다 발생된 피해는 당연히 본인의 책임이지만 상사에게 넘기면 책임을 모면할 수 있으니 말이다. 물론 계속해서 결정을 상사에게 넘기면 결국은 상사로부터 인정받지 못해 출세에는 지장이 있을 것이다. 리더는 어려운 상황에서 용기 있게 결정하고 결정한 대로 실행에 옮겨서 성과를 만들어내야만 한다. 때문에 승진승급 등을 통해 신분상승을 원한다면 힘들더라도 적기에 결정하는 능력은 필수이다.

오래 가는 직장인

우수한 직원을
육성하려면

———————————— 대부분 처음 회사를 창업할 때는 몇 명으로 시작하는 경우가 많다. 회사가 점점 커지면 당연히 직원 수도 늘어나게 될 것이고 부서나 팀의 수나 규모도 계속해서 회사의 발전과 함께 성장해갈 것이다. 그러나 창업 초기에는 원하는 직원은 고사하고 직원을 뽑는 것 자체가 힘들기 때문에 아무래도 학력이나 능력보다는 함께 어려움을 견디며 묵묵히 일할 수 있는 소위 머슴형 직원들이 대부분을 이루게 된다. 실제로도 똑똑하고 능력 있는 직원들은 약간의 경력만 쌓여도 좀 더 조건이 좋은 타 회사로 가버리는 것 또한 현실이고 중견기업이나 대기업에서도 과거와는 달리 경력직원을 선호하기 때문에 중소기업의 경우에는 특히 인력난이 심하다. 사세 확장에 따라 인재를 확보하고 키워야 하는데 상대적으로 급여조건이나 복지제도가 열악하다 보니 채용 자체도 힘들고 어렵게 확보한 인재를 육성하거나 유지하기는 더 힘들다. 조건도 그렇지만 더 큰 그 이유 중 하나는 과거에 인재확보가 어려울 때 뽑아서 현재까지 근무하고 있는, 회사 입장에서 볼 때 능력은 다소 떨어지지만 근무경력이 오래된 직원들이다.

회사에서는 필요에 의해 학력이나 능력이 우수한 직원들을 어렵게 채용한다. 그러나 그들이 현장에 배치되면 그 주변에는 회사에 오래 있었지만 상대적으로 학력이나 능력이 떨어지는 직원들이 대부분이다. 그들도 회사에서 왜 자신들보다 능력이 우수한 신입사원이나 경력직원을 뽑았는지 이미 알고 있고, 머리로는 납득이 가지만 감정적으로는 무조건 환영하지 못하는 것 또한 현실이다. 현재 내가 근무하는 공장만 봐도 처음 공장장으로 부임하여 업무를 파악해보니 생산현장에 대졸 신입사원을 10명 뽑아서 배치하면 1년 이내에 9명이 퇴사하고 남아있는 1명은 상대적으로 능력이 떨어지는 직원이었다. 원인을 자세히 조사해보기 위해 기존 직원들과 면담해보니 의외로 자신들이 무슨 일이든지 다할 테니 대졸사원을 뽑지 않았으면 좋겠다는 의견이 있었다. 대졸사원의 경우 나이도 어리고 처음에는 기존 직원들이 모든 것을 가르쳐야 하지만 곧 능력과 학력이 우수한 그들이 기존 직원들의 상사로서 업무를 수행하게 될 것이라는 현실을 알고 있기 때문일 것이다.

기존 직원들은 미래에 대한 불안 때문에 회사에 우수한 인재가 필요한 것을 알면서도 관리 사각지대인 작업현장에서 알게 모르게 신입 또는 경력사원에 대한 왕따 또는 텃세를 부린다는 것도 알게 되었다. 대책은 의외로 간단하다. 대졸 또는 경력사원을 뽑을 때는 가급적 복수로 뽑아서 같은 부서나 팀에 배치해 비슷한 상황에서 함께 헤쳐나가게 하면 된다. 힘들면 퇴근 후에 함께 술이라도 한잔하면서 속상함을 달래게 해주고 자주 따로 불러서 지금은 비록 힘들지만 몇 년 만 참고 견디면 충분한 실력과 권한을 가지게 될 것이고 기존 직원들도 너희를 함부로 대하지 못할 것이라는 점을 이해시키면서.

배신예찬

가정이든 직장이든 어느 조직에서나 크고 작은 배신은 흔하다. 아주 작은 약속을 지키지 않는 것부터 심한 경우 직장을 그만두게 되는 상황까지 다양한데, 믿었던 부하나 동료들의 배신은 직장생활에 치명적이다. 나는 전에 근무했던 직장에서 근무한 24년 동안에 심각한 부하, 동료들의 배신을 두 번 경험했었다. 분위기상 무조건 잘못했다고 빌거나 아니면 조용히 회사를 떠나야 하는 상황이었고 마침 아내가 심하게 아프던 터라 직장에서까지의 예기치 못한 사태는 정말로 힘들었다. 시간이 지나면서 다행히 나의 무고함이 밝혀졌고 사태의 중심에 있었던 회장님이 당신 조카를 대신해 사과하는 선에서 마무리되었다. 물론 이때의 사건으로 나는 회장님께 소위 완전히 찍혔었다는 것을 나중에 알게 됐지만 말이다.

시간이 지나면서 곰곰이 생각해보니 이런 사태의 원인이 적어도 일부는 나에게 있었다는 점을 알게 되었다. 입장 바꿔 생각해보니 어느 정도는 그들의 처지도 이해가 가기 시작했다. 어느 조직이라도 개혁을 필요로 하는 시기에는 개혁에 위협을 느끼고 거부하는 방법의 하나로 개혁 주체세력 중의 일부를 공격하여 희생양 삼아 개혁을 저지하려 했던 것이고, 마침 내가 그 희생양이었던 것 같다. 그때만 해도 젊은 혈기에 개혁의 선봉에 서서 열심히 뛰어다녔다. 그 과정에서 위기의식을 느끼고 두려워했을 사람도 많았을 텐데 그 점을 알지 못했던 것이 나의 잘못이었다.

지금 생각해도 그때는 하루하루가 참 생동감 있고 몸으로 부딪치며 뭔가를 성취하는 재미가 있었다고 생각한다. 두 번의 사태를 통해서 나는 삶의 패러다임을 바꿨다. 아무리 내 생각이 옳은 길이라 해도 결국 실제로 현장에서 일하는 직원들의 도움이 없으면 아무 의미가 없기 때문에 다소 시간이 걸리더라도 보통 3년 정도는 인간적으로 친해지면서 기다리고 반복적으로 목표를 공유하기 위한 설득을 병행하고 있다. 의외로 효과는 빨리 나타났다. 진정성을 가지고 사심 없이 애쓰는 모습을 보자 직원들은 조금씩 마음의 문을 열기 시작했고 대략 3년이 지났을 때 우리 모두는 우리들의 변한 모습을 보면서 서로를 대견하게 생각하게 되었다. 한때 나를 힘들게 했지만 그들 중 일부는 끝까지 함께 일하다 정년퇴직을 했고, 일부는 좀 더 나은 대우를 받고 타 회사로 전직해서 승승장구하고 있다는 점을 강조하고 싶다.

한 가지 더 말하자면 흔히 배신은 부하들이나 동료들이 하는 것이라고 생각할 수도 있겠지만 내 생각으로는 배신의 시작은 상사가 먼저라고 본다. 어느 선배의 경험을 예로 들어보겠다. 그 선배는 지금도 잘 나가는 모 중견기업의 창업멤버였다. 창업 초기에는 오너와 함께 밤도 새우고 열심히 노력해서 어느덧 말만 하면 누구나 알 수 있을 정도의 회사로 성장시킨, 자타가 공인하는 공로자이기도 했다. 한참 고생하던 시절 오너와 함께 목욕탕에서 서로 등도 밀어주고, 포장마차에서 값싼 안주로 소주잔도 기울이면서 항상 이런 말을 들었다고 한다. "나는 당신을 내 친동생이라고 생각한다. 우리 죽을 때까지 변치 말고 함께 가자." 그러던 그분이 세월이 흐르고 자신의 아들을 후계자로 세우게 되자 어느 날 따로 불러서 이제는 집에서 쉬라고 하더란다. 수십 년을 일했는데 별도의 위로금도 없이 그냥 나가라 하니 너무하는 것 아니냐고 항의했더니, 그동안 월급주고 자녀 장학금도 대주어서 지금 이만큼 살게 됐으면 충분한 것 아니냐는 대답을 들었다고 한다. 매우 섭섭하다고 원망하고 있었다.

그러나 잘 생각해보라. 그 오너가 처음부터 정말로 그 선배를 동생처럼 생각했다면 그 회사 주식 한 주라도 주지 않고 있었겠는가 말이다. 그것도 모르고 순진하게 평생을 한눈팔지 않고 오로지 회사만을 위해 일한 그 선배가 어찌 보면 너무나 순진한 것은 아닐까 생각해본다. 월급쟁이는 그저 월급쟁이일 뿐이라는 것을 그 선배만 몰랐을까?

2보 전진을 위한
1보 후퇴

직장인이 직장을 떠나는 대부분의 이유는 상사와의 불화 때문이다. 처음 직장생활을 시작할 때 좋은 상사나 선배를 만날 수 있으면 좋겠지만 현실은 그렇지 않은 경우가 더 많다. 직장에서 내가 상사를 선택할 수는 없기 때문에 확률은 매우 낮지만 좋은 상사를 만난다는 것은 당신의 직장생활이 이미 반쯤은 성공했다는 뜻이기도 하다. 어느 조직이나, 내 생각에는 공무원 조직이 제일 심할 것 같은데 혈연, 지연, 학연 등으로 인해 그들만의 세상을 가지고 있기 때문에 여간 노력하지 않고는 그 세계에 파고들어 가기가 쉽지 않다. 물론 공식적으로는 그런 보이지 않는 유대는 없다고 하겠지만 분명히 존재한다. 직원이 나름대로 궁리하여 아이디어를 내도 상사의 경험

오래 가는 직장인

또는 회사에서의 관례가 없음을 이유로 무시당하기 일쑤다.

자, 상사가 내 의견을 무시할 때는 좀 참고 정중하게 상사의 조언을 요청해 보자. 당신이 일에 대한 열정을 보이고 있는 한 상사도 나름대로 도움을 요청하는 부하나 후배에게는 약한 법이다. 반대로 상사가 무리한 지시를 할 경우에도 안 된다고 무조건 거부할 것이 아니라 일단 조사하는 척이라도 한 후에 에둘러서 논리적인 근거를 가지고 무리가 있다고 설명하는 것이 까다롭거나 어려운 상사와의 관계를 무난하게 하는 방법이다. 즉 2보 전진을 위한 1보 후퇴 작전이다. 결국 상사와 코드가 맞지 않아서 다른 부서로 전출을 가더라도 상사와 감정적인 충돌이 있을 경우 두고두고 족쇄로 작용하거나 같은 업종으로 이직한 후에도 그 상사의 영향력이 작동할 수 있기 때문에 당신의 장기적인 직장생활을 위해서도 2보 전진을 위한 1보 후퇴 작전은 매우 중요하다. 나아가서 지금은 직속 상사가 아닌 다른 부서의 상사라도 언젠가는 직속상사와 부하로서 만날 수 있기 때문에 좋은 평판을 유지하는 것은 중요하다. 지금 이웃집 아저씨 정도의 위치에 있다고 무시하거나 우습게 대한다면 그 아저씨가 당신의 승진을 도와주지는 못해도 얼마든지 저지할 수는 있다는 점을 항상 명심해야 한다.

인복(人福)과
인덕(人德)

──────────── 대부분의 사람들은 조직을 운영하는 데 가장 중요한 자원이 사람이라고 말한다. 이를 증명하는 것처럼 대부분의 성공한 CEO 옆에는 유능한 참모들이 있다. 즉 사업에 성공하려면 유능한 인재가 필요하다는 말인데, 인재가 억지로 구한다고 구해지는 것도 아닌 관계로 대부분의 경영자들은 인재가 없다고 한탄한다. 얼마나 적합한 인재를 적기에 확보하여 적소에 배치하고 얼마나 많은 직원을 유능한 인재로 육성해내느냐가 지속경영

이 가능한 회사를 만드는 기본 중 기본이다.

우수한 인재를 얻기 위해 조직마다 나름대로의 노하우를 가지고 있겠으나 그래도 현실에서 인재를 얻는 것이 어찌 쉬운 일이겠는가. 나의 경험을 뒤돌아보면 항상 인재가 필요해서 간절하게 찾으면 필요한 인재가 제 발로 찾아오곤 했다. '인복(人福)이 있다'는 표현 그대로다. 지금 당장 혁신적인 인재는 아니더라도 나름대로 가르치고 키워서 인재가 될 수 있다면 이 역시 인복이 있는 것이다. 이렇게 확보된 인재를 계속 성장시키고 함께 회사 발전에 기여하게 하기 위해서는 우수한 상사 외에도 회사의 정책, 제도, 환경, 대우 등이 뒷받침되어야 하는데 다행히 이런 요소들이 잘 갖추어져서 필요한 인재들을 잘 유지시킬 수 있다면 '인덕(人德)이 있다'고 표현할 수 있겠다.

회사의 지명도가 올라가고 브랜드 가치가 상승하면 비교적 우수한 인재를 확보하기가 쉽다. 그러나 이런 인재들을 계속해서 회사와 함께 발전시키기란 쉽지 않다. 인재의 능력에 맞게 급여나 복리후생 등으로 대우하지 않으면 언제든지 더 좋은 조건의 다른 회사나 조직으로 떠날 준비가 되어 있는 사람들과 함께 근무하고 있다는 점을 잊으면 안 된다. 열심히 가르치고 키워서 부하의 능력이 향상됐으면 그 능력에 합당한 대우를 해주어야 하고, 그 능력에 맞는 업무를 부여해야 계속해서 함께 할 수 있다. 만약 회사가 부하의 능력에 맞는 대우를 못 해준다면 당당하게 합당한 대우를 해줄 것을 회사에 요청해야 하고, 도저히 회사의 능력으로 정당한 대우가 불가능하다면 업무를 통한 성취감 또는 조직 내의 끈끈한 유대감이라도 있어야 한다. 아니면 과감하게 부하의 능력에 맞는 대우가 가능한 타 회사로의 이직이나 새로운 사업을 할 수 있도록 도와야 하는 것이 리더의 의무라고 생각한다.

인재유치가 어려운 중소기업일수록 우수한 인재를 뽑기 힘들다고 한탄만 할 것이 아니라, 삼류 직원을 뽑아서 열심히 가르치고 키워 일류 인재로 만들겠다는 자세가 필요하다. 결국 일류 인재로 성장한 직원이 많아질수록 인덕이 있는 회사가 되는 것이다. 유능한 리더 한 명이 수백 명의 운명을 바꿀 수 있는 시대이다.

그러나 현실은 좀 다른 것 같다. '잡은 고기에 미끼를 주랴'라는 말도 있지 않은가? 처음 인재를 유인할 때는 각종 혜택과 희망을 주었지만 일단 회사에 출근하면 달라져서 아무래도 속은 느낌을 들게 한다면 아마 오래 근무하지 못할 것이다. 이런 나쁜 첫인상은 나중에 회사를 떠나는 결심을 할 때 중요하게 작용한다. 반대로 영입된 인재 입장이라면 넓은 물에서 어렵게 먹이를 찾아 다니지 않고 편하게 살게 되었다는 이유로 과거의 활력과 노력에 비해 성과를 내기 위한 열정이 식었다면 이 또한 문제가 된다는 점을 잊지 말자. 나는 조직에서 과연 인복이 있는지 아니면 인덕까지 갖추고 있는지 각자 생각해보길 바란다.

하루에 한 번은
하늘을 보자

바쁘게 살다가 저녁에 집에 왔는데 아내가 오늘 날씨가 어땠는지를 묻는다. 그 말에 다시 밖으로 나갔다 들어와 날씨를 말해주었던 적이 몇 번 있다. 나뿐 아니라 어쩌면 바쁜 생활을 하는 대부분의 사람들이 하루에 한 번도 하늘을 보지 않고 살고 있는지도 모른다. 해 뜨기 전에 일터로 출근하고 어쩌면 점심식사도 구내식당에서 해결하고 해가 진 뒤에 퇴근하는 일상을 반복하다 보면 일주일 내내 하늘을 못 보는 경우도 있을 것이다. 그래서 무조건 적어도 하루에 한 번은 하늘을 보자고 생각하게 되었다. 아무리 바빠도 하늘을 보면서 조금은 몸과 마음의 여유를 갖자는 말이다. 일과 중에 잠깐이라도 짬을 내어 잠시 하늘을 보면서 날씨도 살펴보고 크게 심호흡도 해보고, 가벼운 산책이라도 하면 어떨까 한다. 특히 잘 풀리지 않는 문제가 있거나 아무리 생각해도 뾰족한 수가 떠오르지 않을 때면 모든 것을 잠시 접어놓고 인간의 본능으로 돌아가 자연을 느껴보는 것이 오히려 문제나 난관을 해결하는 데 도움이 되기도 한다. 특히 컴퓨터나 문서작업처럼 눈을 많이 사용하는 업무를 하는 경우라면 하늘처럼 파란색 계통의 색깔을 잠깐씩 바라보는 것만으로도 눈의 피로를 많이 줄일 수 있다고 한다.

하루하루가 거의 똑같은 직장인들에게 특히 필요한 것이 일상에서의 탈출, 늘 하던 것과 다른 것을 시도해보는 것이라고 생각한다. 혼자보다는 여럿이서 함께 작당해서 하늘 보기 같은 작은 일부터 시작해서 점점 대담한 일탈을 시도해보는 것도 좋겠다.

책을 마치면서

처음 책을 써야겠다는 마음을 가지게 된 것은 2014년 초봄쯤으로 기억된다. 마침 KAIST에서 진행하는 기업체 고위 임원들을 대상으로 한 '글로벌 중견기업 아카데미'라는 교육 프로그램에 참가했을 때였다. 주로 경영자가 갖춰야 할 지식과 리더십, 급변하는 미래에 대해서 공부하는 일종의 MBA 코스였다고 생각되는데 프로그램이 진행되고 가끔은 교육 후 따로 식사도 하면서 교육 내용과 관련하여 이런저런 대화를 했었다. 교육과정이 진행되면서 무언가 풀리지 않는 갈증 같은 것이 생기기 시작했는데, 그것은 바로 현장에서 바로 써먹을 수 있는 실천적인 내용이 부족하다는 것이었다. 교수님들은 다분히 옳은 말씀을 해주셨고 실제로도 많은 도움이 되었다고는 생각하지만 막상 현장으로 돌아와서 배운 것을 활용하기에는 이론적, 원론적인 내용들이 대부분이어서 실제로는 큰 도움이 되지 못했다. 이런 문제점에 대해 교수님들께 구체적인 대안제시를 요청해봤지만 생산현장에 대해 잘 모르기 때문에 시원스러운 해답을 얻지는 못했다. 그 과정에서 종종 내 나름의 의견을 주장하고 현장에서의 경험도 소개하곤 했는데 의외로 교수님들의 반응이 좋았다. 특히 지도교수였던 김갑수 교수님이 적극적으로 칭찬과 격려를 아끼지 않으셨는데, 이런 시간들이 현장경험을 책으로 써보면 좋겠다는 마음을 굳히는 계기가 되었다.

처음에는 그동안 틈틈이 기록했던 자료들을 취합하고 목차를 만드는 작업 자체가 신나고 재미있었다. 특히 아내의 적극적인 격려와 물질적 지원 약속 덕분에 힘든 줄 몰랐는데 회사일이 바빠지고 마음의 여유가 없다 보니 중간중간 책 쓰기가 중단되고 그럴 때마다 포기하고 싶은 마음이 생기기 시작했다. 그래서 생각해낸 방법이 내가 책을 쓰고 있다는 것을 많은 사람들에게 소문 내는 것이었다. 전체 분량 중 약 70% 정도가 진행됐을 즈음에는 거의 일 년간 한 페이지도 쓰지 못했다. 그사이에 큰 딸이 결혼을 하고 딸을 출산하면서 무럭무럭 자라는 손녀딸을 보며 다시금 마음을 다잡게 되었다. 더구나 너무 많은 분들에게 책을 쓴다고 소문을 냈기 때문에 의무감도 무시할 수 없었다. 그렇게 해서 다시 책을 쓰기 시작한 지 거의 3년 만에 초고를 완성할 수 있었다.

책을 쓰는 시간 내내 책을 쓴다는 것이 결코 쉽지 않다는 생각이 들었다. 말로는 몇 시간이고 할 수 있는 이야기들을 막상 글로 쓰려니 한 페이지 채우기도 힘들다. 그러나 이제는 새로운 목표가 생겼다. 계속해서 책을 쓰고 싶다. 지금 생각으로는 죽기 전에 최소한 다섯 권의 책은 쓰고 싶다.

이 책은 지난 34년간의 직장생활 경험을 바탕으로 생산현장에서 내가 직접 활용해서 효과를 본 내용들을 중심으로 기술한 것이다. 실제로 몇몇 중소기업 사장님들의 애로사항을 듣고 내 경험을 근거로 조언하기도 하는데, 나중에 기업경영에 효과가 있었다는 말을 들으면 보람을 느끼기도 한다. 혹시라도 이 책을 읽고 좀 더 구체적인 도움이 필요한 분이 있다면 기꺼이 청해주기 바란다. 작은 도움이나마 전할 수 있게 된다면 그 또한 영광이다.

내일도 무사히 출근했습니다

2018년 2월 21일 초판 1쇄 인쇄
2018년 2월 28일 초판 1쇄 발행

지은이 | 우경명
펴낸이 | 이준원
펴낸곳 | ㈜황금부엉이

주소 | 서울시 마포구 양화로 127 (서교동) 첨단빌딩 5층
전화 | 02-338-9151
팩스 | 02-338-9155
인터넷 홈페이지 | www.goldenowl.co.kr
출판등록 | 2002년 10월 30일 제 10-2494호

본부장 | 홍종훈
편집 | 신정원
교정 | 주경숙
본문 디자인 | 윤선미
전략마케팅 | 구본철, 차정욱, 나진호, 이동후, 강호묵
제작 | 김유석

ISBN 978-89-6030-500-7 13320

황금부엉이에서 출간하고 싶은 원고가 있으신가요? 생각해보신 책의 제목(가제), 내용에 대한 소개, 간단한 자기소개, 연락처를 book@goldenowl.co.kr 메일로 보내주세요. 집필하신 원고가 있다면 원고의 일부 또는 전체를 함께 보내주시면 더욱 좋습니다.
책의 집필이 아닌 기획안을 제안해주셔도 좋습니다. 보내주신 분이 저 자신이라는 마음으로 정성을 다해 검토하겠습니다.